全国"七五"普法统编教材

QUANGUO QIWU PUFA TONGBIAN JIAOCAI

U0679585

# 非公有制企业和商会

## 学法用法读本

中国社会科学院法学研究所法治宣传教育与公法研究中心◎组织编写

总顾问：张苏军

总主编：李　林　　本册主编：张　军　李长涛

中国出版集团
中国民主法制出版社

全国百佳图书
出版单位

图书在版编目（CIP）数据

非公有制企业和商会学法用法读本：以案释法版 / 中国社会科学院法学研究所法治宣传教育与公法研究中心组织编写. --北京：中国民主法制出版社，2016.6

全国"七五"普法统编教材

ISBN 978-7-5162-1212-7

Ⅰ. ①非… Ⅱ. ①中… Ⅲ. ①法律－中国－普及读物 Ⅳ. ①D920.5

中国版本图书馆CIP数据核字(2016)第132887号

责任编辑 / 杨　文
装帧设计 / 郑文娟　张照雷

书　　名 / 非公有制企业和商会学法用法读本（以案释法版）
作　　者 / 张　军　李长涛

出版·发行 / 中国民主法制出版社
社　　址 / 北京市丰台区右安门外玉林里7号（100069）
电　　话 / 010-62155988
传　　真 / 010-62151293
经　　销 / 新华书店
开　　本 / 16开　710mm×1000mm
印　　张 / 14.5
字　　数 / 260千字
版　　本 / 2016年6月第1版　　2016年6月第1次印刷
印　　刷 / 北京精乐翔印刷有限公司

书　　号 / ISBN 978-7-5162-1212-7
定　　价 / 38.00元
出 版 声 明 / 版权所有，侵权必究。

# 丛书编委会名单

# 总　序

## 搞好法治宣传教育
## 营造良好法治氛围

　　全面推进依法治国，是坚持和发展中国特色社会主义，努力建设法治中国的必然要求和重要保障，事关党执政兴国、人民幸福安康、国家长治久安。

　　我们党长期重视依法治国，特别是党的十八大以来，以习近平同志为总书记的党中央对全面依法治国作出了重要部署，对法治宣传教育提出了新的更高要求，明确了法治宣传教育的基本定位、重大任务和重要措施。十八届三中全会要求"健全社会普法教育机制"；十八届四中全会要求"坚持把全民普法和守法作为依法治国的长期基础性工作，深入开展法治宣传教育"；十八届五中全会要求"弘扬社会主义法治精神，增强全社会特别是公职人员尊法学法守法用法观念，在全社会形成良好法治氛围和法治习惯"。习近平总书记多次强调，领导干部要做尊法学法守法用法的模范。法治宣传教育要创新形式、注重实效，为我们做好工作提供了基本遵循。

　　当前，我国正处于全面建成小康社会的决定性阶段，依法治国在党和国家工作全局中的地位更加突出，严格执法、公正司法的要求越来越高，维护社会公平正义的责任越来越大。按照全面依法治国新要求，深入开展法治宣传教育，充分发挥法治宣传教育在全面依法治国中的基础作用，推动全社会树立法治意识，为"十三五"时期经济社会发展营造良好法治环境，为实现"两个一百年"奋斗目标和中华民族伟大复兴的中国梦作出新贡献，责任重大、意义重大。

　　为深入贯彻党的十八大和十八届三中、四中、五中全会精神，贯彻落实习近平总书记系列重要讲话精神特别是依法治国重要思想，深入扎实地做好"七五"普法工作，中国社会科学院法学研究所联合中国民主法制出版社，经过反复研究、精心准备，特组织国内从事法律教学、研究和实务的专家学者，在新一轮的五年普法规划实施期间，郑重推出"全面推进依法治国精品书库（六大系列）"，即《全国"七五"普法统编教材（以案释法版，25册）》《青少年法治教育系列教材（法治实践版，30册）》《新时期法治宣传教育工作系列丛书（30册）》《"谁执法谁普法"系列丛书（以案释法版，70册）》《"七五"普法书架——以案释法系列丛书（60册）》和《"谁执法谁普法"

系列宣传册（漫画故事版，70册）》。六套丛书均注重采取宣讲要点、以案释法、图文并茂、通俗易懂的形式，紧紧围绕普法宣传的重点、法律规定的要点、群众关注的焦点、社会关注的热点、司法实践的难点，结合普法学习、法律运用和司法实践进行了全面阐释。丛书涵盖了中国特色社会主义法律体系的方方面面，系统收录了各类法律法规和规章，筛选了涉及经济、政治、文化、社会和生态文明建设的各类典型案例，清晰展现了法律教学研究和司法工作的生动实践，同时兼顾了领导干部、青少年学生、工人和农民等不同普法对象的学习需求，具有很强的实用性和操作性，对于普法学习、法学研究和司法实务均具有较好的参考价值。

丛书的出版，有助于广大公民深入学习中央关于全面推进依法治国的战略布局，系统掌握宪法和法律规定，学会运用多样的权利救济途径表达诉求、维护合法权益；有助于广大行政执法人员和法律工作者进一步优化知识结构，丰富相关法律知识储备，强化能力素质和提高工作水平；有助于广大司法实务工作者准确把握法律应用方面的最新进展，解决实际工作中存在的司法疑难问题。

诚然，中国特色社会主义的建设日新月异，依法治国的实践也在不断丰富和发展。丛书出版后，还需要结合普法实践新进展，立法工作新动态和执法司法新需求，及时进行修订完善和内容更新，以确保读者及时、准确掌握中央全面推进依法治国的新要求、立法执法的新进展，使丛书的社会应用价值不断提升。

全面建成小康社会、实现中华民族伟大复兴的中国梦，必须全面推进依法治国；落实依法治国基本方略，必须不断提高全社会的法律应用水平。衷心希望这六套丛书的出版，能够在普法学习宣传、法学理论研究和教学、法律工作实务方面起到应有作用，切实有助于广大公务人员能够更好地运用法治思维和法治方式推动工作，带头在宪法法律范围内活动；有助于执法司法工作人员始终坚持严格执法、公正司法，不断提升执法司法能力；有助于广大干部群众坚持依法治理，加强法治保障，运用法治思维和法治方式化解社会矛盾，更好地营造学法尊法守法用法的良好氛围。

本书编委会
2016年6月

# 目　　录

# 第一章　全面推进依法治国的重大战略布局

本 章 要 点

★依法治国，就是广大人民群众在党的领导下，依照宪法和法律规定，通过法定形式管理国家事务，管理经济文化事业，管理社会事务，保证国家各项工作都依法进行，逐步实现民主制度化、法律化，建设社会主义法治国家。

★全面推进依法治国，是我们党从坚持和发展中国特色社会主义，实现国家治理体系和治理能力现代化，提高党的执政能力和执政水平出发，总结历史经验、顺应人民愿望和时代发展要求作出的重大战略布局。

★全面推进依法治国，必须坚持中国共产党的领导，坚持人民主体地位、坚持法律面前人人平等，坚持依法治国和以德治国相结合，坚持从中国实际出发。

★坚持依法治国、依法执政、依法行政共同推进，坚持法治国家、法治政府、法治社会一体建设，实现科学立法、严格执法、公正司法、全民守法，促进国家治理体系和治理能力现代化。

★"七五"普法有七项主要任务。

## 第一节　依法治国方略的形成与发展过程

依法治国，从根本上讲，就是广大人民群众在党的领导下，依照宪法和法律规定，通过法定形式管理国家事务、管理经济文化事业、管理社会事务，保证国家各项工作都依法进行，逐步实现民主制度化、法律化，建设社会主义法治国家。

全面推进依法治国的提出，是对我们党严格执法执纪优良传统作风的传承，是对党的十五大报告提出的"依法治国，建设社会主义法治国家"的深化。历史地看，我们党依法治国基本方略的形成和发展，经历了一个长期的探索发展过程。

　　早在革命战争年代，我党领导下的革命根据地红色政权就陆续制定和颁布过《中华苏维埃共和国宪法大纲》《中国土地法大纲》《陕甘宁边区施政纲领》等一系列法律制度规定，为新生红色政权的依法产生和依法办事，为调动一切抗日力量抵御外来侵略者，为解放全中国提供了宪法性依据和法律遵循。遵守法纪、依法办事成为这一时期党政工作的一大特色。尽管从总体上看，为适应战时需要，当时主要实行的还是政策为主、法律为辅，但在战争年代，尤其是军事力量对比实力悬殊的情况下，我们党依然能够在革命根据地和解放区坚持探索和实践法制建设，充分显示了一个无产阶级政党领导人民翻身解放、当家作主的博大胸怀。

　　1949年中华人民共和国的建立，开启了中国法治建设的新纪元。从1949年到20世纪50年代中期，是中国社会主义法制的初创时期。这一时期中国制定了具有临时宪法性质的《中国人民政治协商会议共同纲领》和其他一系列法律、法令，对巩固新生的共和国政权，维护社会秩序和恢复国民经济，起到了重要作用。1954年第一届全国人民代表大会第一次会议制定的《中华人民共和国宪法》，以及随后制定的有关法律，规定了国家的政治制度、经济制度和公民的权利与自由，规范了国家机关的组织和职权，确立了国家法制的基本原则，初步奠定了中国法治建设的基础。20世纪50年代后期以后，特别是"文化大革命"十年（1966年－1976年）动乱，中国社会主义法制遭到严重破坏。

　　20世纪70年代末，中国共产党总结历史经验，特别是汲取"文化大革命"的惨痛教训，作出把国家工作中心转移到社会主义现代化建设上来的重大决策，实行改革开放政策，并明确了一定要靠法制治理国家的原则。为了保障人民民主，必须加强社会主义法制，使民主制度化、法律化，使这种制度和法律具有稳定性、连续性和权威性，使之不因领导人的改变而改变，不因领导人的看法和注意力的改变而改变，做到有法可依，有法必依，执法必严，违法必究，成为改革开放新时期法治建设的基本理念。在发展社会主义民主、健全社会主义法制的基本方针指引下，现行宪法以及刑法、刑事诉讼法、民事诉讼法、民法通则、行政诉讼法等一批基本法律出台，中国的法治建设进入了全新发展阶段。

　　20世纪90年代，中国开始全面推进社会主义市场经济建设，由

此进一步奠定了法治建设的经济基础，也对法治建设提出了更高的要求。1997年召开的中国共产党第十五次全国代表大会，将"依法治国"确立为治国基本方略，将"建设社会主义法治国家"确定为社会主义现代化的重要目标，并提出了建设中国特色社会主义法律体系的重大任务。1999年，将"中华人民共和国实行依法治国，建设社会主义法治国家"载入宪法。中国的法治建设揭开了新篇章。

进入21世纪，中国的法治建设继续向前推进。2002年召开的中国共产党第十六次全国代表大会，将社会主义民主更加完善，社会主义法制更加完备，依法治国基本方略得到全面落实，作为全面建设小康社会的重要目标。2004年，将"国家尊重和保障人权"载入宪法。2007年召开的中国共产党第十七次全国代表大会，明确提出全面落实依法治国基本方略，加快建设社会主义法治国家，并对加强社会主义法治建设作出了全面部署。

2012年，党的十八大召开以来，党中央高度重视依法治国。2014年，党的十八届四中全会专门作出《中共中央关于全面推进依法治国若干重大问题的决定》，描绘了全面推进依法治国的总蓝图、路线图、施工图，标志着依法治国按下了"快进键"、进入了"快车道"，对我国社会主义法治建设具有里程碑意义。在新的历史起点上，我们党更加重视全面依法治国和社会主义法治建设，强调落实依法治国基本方略，加快建设社会主义法治国家，必须全面推进科学立法、严格执法、公正司法、全民守法进程，强调坚持党的领导，更加注重改进党的领导方式和执政方式；依法治国，首先是依宪治国；依法执政，关键是依宪执政；新形势下，我们党要履行好执政兴国的重大职责，必须依据党章从严治党、依据宪法治国理政；党领导人民制定宪法和法律，党领导人民执行宪法和法律，党自身必须在宪法和法律范围内活动，真正做到党领导立法、保证执法、带头守法。

现在，全面建成小康社会进入决定性阶段，改革进入攻坚期和深水区。我们党面对的改革发展稳定任务之重前所未有、矛盾风险挑战之多前所未有，依法治国在党和国家工作全局中的地位更加突出、作用更加重大。全面推进依法治国是关系我们党执政兴国、关系人民幸福安康、关系党和国家长治久安的重大战略问题，是完善和发展中国特色社会主义制度、推进国家治理体系和治

宪 法

理能力现代化的重要方面。我们要实现党的十八大和十八届三中、四中、五中全会作出的一系列战略部署，全面建成小康社会、实现中华民族伟大复兴的中国梦，全面深化改革、完善和发展中国特色社会主义制度，就必须在全面推进依法治国上作出总体部署、采取切实措施、迈出坚实步伐。

## 🔍 以案释法 ⑪

### 严肃法纪、引以为戒

【案情介绍】1937年10月5日傍晚，延河边刮着寒风，河滩上扬着尘土，红军抗日军政大学第三期6队队长黄克功与第二期15队学员刘茜沿河滩漫步。两人因情感纠葛再次发生争执。黄克功为了挽回这段恋情，情急之下拔出手枪。本想吓阻刘茜改变主意、回心转意，可他得到的回应是冷峻的眸子、厉声的斥责和响亮的耳光。呼！呼！黄克功手里的勃朗宁手枪响了……

"黄克功事件"在边区内外引起了巨大的反响。一时间，人们议论纷纷，有的探询事件细节，有的揣测如何处理。有人主张，黄克功刚刚经过二万五千里长征，是红军的重要干部，民族解放战争正需要这样的人去冲锋陷阵，应当给他戴罪立功的机会。

在黄克功提出戴罪立功请求，干部群众提出依法偿命和从轻发落不同意见的情况下，作为时任陕甘宁边区高等法院代院长、本案审判长的雷经天，在坚持依法审理的同时，又及时向毛泽东主席报告了案情和惩处意见。

鉴于本案案情重大，具有典型的法制教育意义，边区政府及高等法院根据党中央的指示，于10月11日在被害人所在单位——陕北公学大操场，召开了数千人的大会，进行公开审判。公审大会上，雷经天接到并当着黄克功本人的面，当场宣读了毛主席的回信。

雷经天同志：

你及黄克功的信均收阅。

黄克功过去的斗争历史是光荣的，今天处以极刑，我及党中央的同志都是为之惋惜的。但他犯了不容赦免的大罪，一个共产党员、红军干部而有如此卑鄙的，残忍的，失掉党的立场的，失掉革命立场的，失掉人的立场的行为，如赦免他，便无以教育党，无以教育红军，无以教育革命，根据党与红军的纪律，处他以极刑。正因为黄克功不同于一个普通人，正因为他是一个多年的共产党员，正因为他是一个多年的红军，所以不能不这样办。共产党与红军，对于自己的党员与红军成员不能不执行比一般平民更加严格的纪律。当此国家危急革命紧张之时，黄克功卑鄙无耻残忍自私至如此程度，他之处死，是他自己的行为决定的。一切共产党员，一切红军指战员，一切革命分子，都要以黄克功为前车之鉴。请你在公审会上，当着黄克功及到会群众，除宣布法庭判决外，并宣布我这封信。对刘茜同志之家属，应给以安慰与体恤。

毛泽东

1937年10月10日

随着雷经天宣读的声音停止，大家再将目光转向黄克功时，如梦初醒的他，高高地扬起头，连呼"中华民族解放万岁！""打倒日本帝国主义！""中国共产党万岁！"口号三遍，呼罢，跟着行刑队走出会场……

【以案释法】法治是治国理政的重要途径，是社会秩序的根本保障，是文明进步的显著标志。黄克功一案的处理从一个侧面反映，我们党历来有着严肃法纪、强调依法办事的优良传统。红色根据地时期，我们党立即在夺取政权后的边区治理中注重立法、完备法制，并严格依法办事，为新中国成立后的法治建设奠定了基础。

时任抗大副校长的罗瑞卿强调："黄克功敢于随便开枪杀人，原因之一就是自恃有功，没有把法律放在眼里，如果我们不惩办他，不是也没有把法律放在眼里吗？任何人都要服从法律，什么功劳、地位、才干都不能阻挡依法制裁。"黄克功案判决书中也载明："刘茜今年才16岁，根据特区的婚姻法律，未达到结婚年龄。黄克功是革命干部，要求与未达婚龄的幼女刘茜结婚，已属违法，更因逼婚未遂，以致实行枪杀泄愤，这完全是兽行不如的行为，罪无可逭。"

著名民主人士李公朴先生评价此案："它为将来的新中国成立了一个好的法律榜样。"

## 🔍 以案释法 ⑫

## 治国就是治吏

【案情介绍】1952年2月10日，在河北省保定东关校场，两声清脆的枪声，结束了原天津地委书记刘青山、专员张子善的生命。这两个党的高级干部，因贪污腐化而被判处死刑，这在新中国成立之初尚属首次，也是我党建国之后反腐败的第一大案。

刘青山，曾任中共天津地委书记，被捕前任中共石家庄市委副书记。张子善，曾任中共天津地委副书记、天津专区专员，被捕前任中共天津地委书记。经查，在短短的两年内，刘青山、张子善二人先后盗窃国家救济粮、治河专款、干部家属救济粮、克扣民工粮、机场建筑款及骗取国家银行等，总计达170.6272亿元（旧币1万元约折合今人民币1元）。

最后，河北省人民法院在公判大会上宣布，奉中央人民政府最高人民法院令，判处大贪污犯刘青山、张子善死刑，立即执行，并没收其本人全部财产。同案其他各犯另行审判。

【以案释法】刘青山、张子善贪污案，被称为新中国开国第一大案。刘青山和张子善作为战争年代的革命功臣，建国后因居功自傲、贪污腐化堕落成犯罪分子。我们党向党内腐败行为开的第一刀，杀的就是身居高位的刘、张两人。相比今天的巨贪来说，刘青山、张子善的贪污案的案值可能并不算大，那么为什么一定要对他们处以极刑？这在当时是经过审慎权衡的。刘青山、张子善贪污案披露后，在河北省各级干部中引起极大的震动。一些干部特别是当年曾和刘青山、张子善一起出生入死闹革命的干部，感到惋惜，有不少的议论。有的说："他们是有功之臣，不能杀呀！"有的认为："可以判个重刑，让他们劳动改造，重新做人。"有的呼吁："希望中央能刀下留情！"有的感叹："三十多岁正是好年华，说杀就杀了，实在可惜，应该给他们一个立功赎罪的机会。"

由于刘青山、张子善的地位和影响，以及广大干部在认识上的不尽一致，因而对刘、张的量刑十分审慎。在广泛听取各种不同意见的基础上，毛泽东同志明确表示：是要他们俩，还是要新中国？正因为他们两人的地位高，功劳大，影响大，所以才要下决心处决他们。只有处决他们，才可能挽救20个、200个、2000个、2万个犯有各种不同程度错误的干部。我建议重读一下《资治通鉴》。治国就是治吏！我说过的，杀人不是割韭菜，要慎之又慎。但是事出无奈，不得已啊！问题若是成了堆，就要积重难返了啊！

显然，建国之初，我们党从革命党成功转型为执政党，新生的红色政权刚刚建立，战后的中国正值百废待兴之际，端正党风、严肃法纪、惩治贪腐事关民心所向、社稷安危，一旦腐败蔓延开来就会危及党的生死存亡。

## 🔍 以案释法 ⑬

## 严格依法办事、坚持从严治党

【案情介绍】2015年5月22日，天津市第一中级人民法院鉴于周永康案中一些犯罪事实证据涉及国家秘密，依法对周永康案进行不公开审理。

天津市第一中级人民法院经审理认为，周永康受贿数额特别巨大，但其归案后能如实供述自己的罪行，认罪悔罪，绝大部分贿赂系其亲属收受且其系事后知情，案发后主动要求亲属退赃且受贿款物全部追缴，具有法定、酌定从轻处罚情节；滥用职权，犯罪情节特别严重；故意泄露国家秘密，犯罪情节特别严重，但未造成特别严重的后果。

根据周永康犯罪的事实、性质、情节和对于社会的危害程度，天津市第一中级人民法院于2015年6月11日宣判，周永康犯受贿罪，判处无期徒刑，剥夺政治权利终身，并处没收个人财产；犯滥用职权罪，判处有期徒刑七年；犯故意泄露国家秘密罪，判处有期徒刑四年，三罪并罚，决定执行无期徒刑，剥夺政治权利终身，并处没收个人财产。

周永康在庭审最后陈述时说，我接受检方指控，基本事实清楚，我表示认罪悔罪；有关人员对我家人的贿赂，实际上是冲着我的权力来的，我应负主要责任；自己不断为私情而违法违纪，违法犯罪的事实是客观存在的，给党和国家造成了重大损失；对我问题的依纪依法处理，体现了全面从严治党、全面依法治国的决心。

【以案释法】周永康一案涉及建国以来第一例因贪腐被中纪委立案审查的正国级领导干部。周永康的落马充分反映了我们党全面从严治党、全面依法治国的坚定决心。说明反腐没有"天花板"，无论任何人，不管位有多高，权有多大，只要违法乱纪，一样要严惩不贷。周永康一案的宣判表明，无论是位高权重之人，还是基层党员干部，都应始终要敬畏党纪、敬畏国法，不以权谋私，切忌把权力当成自家的"后花园"。通过办案机关依法办案、文明执法，讲事实、讲道理，周永康也认识到自己违法犯罪的事实给党的事业造成的损失，给社会造成了严重影响，并多次表示认罪悔罪。

综观周永康一案从侦办、审理和宣判，整个过程都坚持依法按程序办案，很好地体现了"以法治思维和法治方式反对腐败"的基本理念。这充分说明，我们党敢于直面问题、纠正错误，勇于从严治党、依法治国。周永康案件再次表明，党纪国法绝不是"橡皮泥""稻草人"，无论是因为"法盲"导致违纪违法，还是故意违规违法，都要受到追究，否则就会形成"破窗效应"。法治之下，任何人都不能心存侥幸，都不能指望法外施恩，没有免罪的"丹书铁券"，也没有"铁帽子王"。

上述三个案例，尽管时间上跨度很大，分别为新民主主义革命时期、新中国成立初期和中国特色社会主义建设时期，但共同显示出我们党严格依法办事和从严治党的决心与信心没有变。

## 第二节　全面推进依法治国的重大意义

全面推进依法治国，是我们党从坚持和发展中国特色社会主义、实现国家治理体系和治理能力现代化、提高党的执政能力和执政水平出发，总结历史经验、顺应人民愿望和时代发展要求作出的重大战略布局，具有重大的现实意义和深远的历史意义。

## 一、全面推进依法治国开启了法治中国建设新的历程

法治是治国理政的重要手段，是政治文明的重要标杆，我们党长期重视法治建设。早在新民主主义革命时期，我们党就在局部执政的革命根据地，颁布宪法法律，探索和实践依法行政。1949年新中国成立，我们党由革命党成功转型为执政党后，宪法和一大批法律法规相继出台，法治建设步入快车道。但由于对社会主义条件下如何搞法治建设的成功经验不足、思想准备不够、社会基础不牢，以至于"左倾"冒进、急功近利思想逐步占据上风，由反右斗争扩大化逐渐酝酿成灾难性的"文化大革命"。在此期间，各级人民代表大会长期休会，各级人民政府被革命委员会取代，公检法被砸烂，法治被废弛。"文化大革命"的深刻教训再次表明，法治昌明，则国泰民安；法治松弛，则国乱民怨。

1978年党的十一届三中全会郑重提出，为了保障人民民主，必须加强社会主义法制，使民主制度化、法律化，使这种制度和法律具有稳定性、连续性和极大的权威，做到有法可依，有法必依，执法必严，违法必究。1984年10月，党的十二届三中全会明确提出，社会主义经济是在公有制基础上的有计划的商品经济；1992年10月，党的十四大进一步提出了建立社会主义市场经济体制的改革目标，为推进法治建设注入了市场经济的内在动力。1997年9月，党的十五大把依法治国确立为基本治国方略。2002年11月，党的十六大明确提出发展中国特色社会主义民主政治，必须坚持党的领导、人民当家作主、依法治国有机统一。2007年10月，党的十七大提出要全面落实依法治国基本方略，加快建设社会主义法治国家。2012年11月，党的十八大明确提出要全面推进依法治国。2013年11月，党的十八届三中全会明确提出，建设法治中国，必须坚持依法治国、依法执政、依法行政共同推进，坚持法治国家、法治政府、法治社会一体建设。

上述情况表明，在我国，法治建设经历了一个从局部实践到全面实施，从徘徊挫折到坚定不移，从专项部署到整体规划的逐步发展和升华过程。当前，我们党所处的执政方位和执政环境发生了深刻变化，面临着复杂严峻的执政考验、改革开放考验、市场经济考验、外部环境考验，存在着精神懈怠的危险、能力不足的危险、脱离群众的危险、消极腐败的危险。严峻的现实表明，我们党要提高执政能力、巩固执政地位，实现长期执政，就必须更加自觉地运用法治思维和法治方式加强党的执政能力建设，推进党执政的制度化、规范化、程序化，提高依法治国、依法执政

水平，巩固党执政的法治基础。正是在这样的关键时刻，2014年11月，党的十八届四中全会就全面推进依法治国的重要性和必要性、全面推进依法治国的指导思想、总体目标、基本原则，以及立法、行政、司法、守法、队伍建设、党的领导等各方面的工作，作了全面部署，开启了法治中国建设新的历程。

## 二、全面推进依法治国为全面深化改革提供了良好的法治平台

为了确保到2020年实现全面建成小康社会的宏伟目标，党的十八届三中全会作出了全面深化改革的战略部署。当前，我国正处于全面建成小康社会的决定性阶段，改革进入攻坚期和深水区，国际形势复杂多变，国内经济社会发展面临着增长速度换挡期、结构调整阵痛期、前期刺激政策消化期的三期叠加态势。党和国家所面对的改革发展稳定任务之重前所未有、矛盾风险挑战之多前所未有，依法治国在党和国家工作全局中的地位更加突出。此外，经过多年的深化改革，剩下的改革任务都触及最深层次利益关系调整，医疗、教育、住房、食品安全、环境保护等，每个领域的改革都互相牵扯、互相交织，涉及错综复杂的利益再调整。唯有通过全面推进依法治国，发挥法治的引领和保障作用，为全面深化改革提供良好的法治平台，推进国家治理体系和治理能力现代化，才能更好地整合社会利益、化解社会矛盾、凝聚社会力量，使各项改革发展有序推进，各项改革成果惠及全体人民。

## 三、全面推进依法治国为实现中国梦提供了有力的法治保障

法治作为治国理政的基本方式，作为国家治理体系的重要依托，在党和国家事业发展上，发挥着带有根本性、全局性、稳定性的制度保障作用。推进全面依法治国，不仅有助于极大地巩固党的执政地位，而且可以通过妥善的制度安排和有效的制度执行，确保党的路线方针政策的延续性，进而确保全党、全国上下始终不渝地为实现中华民族伟大复兴的中国梦而努力奋斗。

中国梦的基本内涵是实现国家富强、民族振兴、人民幸福。奋斗目标是，到2020年国内生产总值和城乡居民人均收入在2010年的基础上翻一番，全面建成小康社会；到本世纪中叶建成富强民主文明和谐的社会主义现代化国家。实现中华民族伟大复兴的中国梦，是一项既崇高伟大、又艰巨繁重的历史重任，对国家治理体系和治理能力提出了新的更高的要求。我们党要提高执政能力、巩固执政地位，实现长期执政，就必须更加自觉地运用法治思维和法治方式，加强党的执政能力建设，大力推进党执政的制度化、规范化、程序化，不断巩固党执政的法治基础。

全面推进依法治国，从制度体系上把法治同整个国家的发展、把党领导人民的奋斗目标、人民的幸福生活、社会的和谐稳定等一系列重大问题紧密结合起来，从而为实现中华民族复兴的中国梦提供了有力的法治保障和内生动力。

## 四、全面推进依法治国是反腐治权的治本之举

全面推进依法治国，形成完备的法律规范体系、高效的法治实施体系、严密的

法治监督体系、有力的法治保障体系，完善的党内法规体系，坚持依法治国、依法执政、依法行政共同推进，法治国家、法治政府、法治社会一体建设，实现科学立法、严格执法、公正司法、全民守法。这对完善权力制约和监督机制，把权力放进法律制度的笼子里，充分运用法治思维和法治方式推进反腐治权，切实从体制、机制和法治上遏制并解决权力腐败问题具有重大意义，是反腐治权的治本之举。

实践表明，尽管公权力腐败表现形式五花八门，公权力腐败原因不尽相同，但归根结底都属于权力寻租。各类主体的腐败，基本上都是政府官员和公职人员，同属掌握和行使公权力者。全面推进依法治国，形成严密的法治监督体系，就是要依法分权治权，从严治官治吏。全面推进依法治国，有助于从制度设计上扎紧反腐防腐的篱笆，使腐败行径受制于将然之时、受惩于已然之际。形成严密的不敢腐、不能腐、不想腐的法治氛围。

## 第三节　全面推进依法治国必须坚持的基本原则

全面推进依法治国是一项系统工程，是国家治理领域一场广泛而深刻的革命，需要付出长期艰苦努力，这一过程中，既要避免不作为，又要防范乱作为。为此，党的十八届四中全会明确提出了全面推进依法治国必须要坚持的基本原则，即坚持中国共产党的领导，坚持人民主体地位，坚持法律面前人人平等，坚持依法治国和以德治国相结合，坚持从中国实际出发。

### 一、党的领导原则

党的领导是中国特色社会主义最本质的特征，是社会主义法治最根本的保证。把党的领导贯彻到依法治国全过程和各方面，是我国社会主义法治建设的一条基本经验。我国宪法确立了中国共产党的领导地位。坚持党的领导，是社会主义法治的根本要求，是党和国家的根本所在、命脉所在，是全国各族人民的利益所系、幸福所系。党的领导和社会主义法治是一致的，社会主义法治必须坚持党的领导，党的领导必须依靠社会主义法治。只有在党的领导下依法治国、厉行法治，人民当家作主才能充分实现，国家和社会生活法治化才能有序推进。依法执政，既要求党依宪依法治国理政，也要求党依据党内法规管党治党。实践证明，只有把依法治国基本方略的贯彻实施同依法执政的基本方式统一起来，把党领导立法、保证执法、支持司法、带头守法统一起来，把党总揽全局、协调各方同人大、政府、政协、审判机关、检察机关依法依章程履行职能，开展工作统一起来，把党领导人民制定和实施宪法法律同党坚持在宪法法律范围内活动统一起来，才能确保法治中国的建设有序推进、深入开展。

## 二、人民主体原则

在我国，人民是依法治国的主体和力量源泉，法治建设以保障人民根本权益为出发点和落脚点。法治建设的宗旨是为了人民、依靠人民、保护人民、造福人民。因此，全面推进依法治国，必须要保证人民依法享有广泛的权利和自由、承担应尽的义务，维护社会公平正义，促进共同富裕。

全面推进依法治国，就是为了更好地实现人民在党的领导下，依照法律规定，通过各种途径和形式管理国家事务，管理经济文化事业，管理社会事务。法律既是保障公民权利的有力武器，也是全体公民必须一体遵循的行为规范，因此全面推行依法治国，必须要坚持人民主体原则，切实增强全社会学法尊法守法用法意识，使法律为人民所掌握、所遵守、所运用。

## 三、法律面前人人平等原则

平等是社会主义法律的基本属性。法律面前人人平等，要求任何组织和个人都必须尊重宪法法律权威，都必须在宪法法律范围内活动，都必须依照宪法法律行使权力或权利、履行职责或义务，都不得有超越宪法法律的特权。全面推行依法治国，必须维护国家法制统一、尊严和权威，切实保证宪法法律有效实施，任何人都不得以任何借口任何形式以言代法、以权压法、徇私枉法。必须规范和约束公权力，加大监督力度，做到有权必有责、用权受监督、违法必追究。坚决纠正有法不依、执法不严、违法不究行为。

## 四、依法治国和以德治国相结合原则

法律和道德同为社会行为规范，在支撑社会交往、维护社会稳定、促进社会发展方面，发挥着各自不同的且不可替代的交互作用，国家和社会治理离不开法律和道德的共同发挥作用。全面推进依法治国，必须要既重视发挥法律的规范作用，又重视发挥道德的教化作用，要坚持一手抓法治、一手抓德治，大力弘扬社会主义核心价值观，弘扬中华传统美德，培育社会公德、职业道德、家庭美德、个人品德。法治要体现道德理念、强化对道德建设的促进作用，道德要滋养法治精神、强化对法治文化的支撑作用，以实现法律和道德相辅相成、法治和德治相得益彰。

## 五、从实际出发原则

全面推进依法治国是中国特色社会主义道路、理论、制度实践的必然选择。建设法治中国，必须要从我国基本国情出发，同改革开放不断深化相适应，总结和运用党领导人民实行法治的成功经验，围绕社会主义法治建设重大理论和实践问题，深入开展法治建设，推进法治理论创新。

# 第四节　全面推进依法治国的总体要求

十八届四中全会是我党历史上，第一次通过全会的形式专题研究部署、全面推进依法治国问题。全会在对全面推进依法治国的重要意义、重大作用、指导思想和基本原则作了系统阐述的基础上，站在总揽全局、协调各方的高度，对全面推进依法治国进程中的人大、政府、政协、审判、检察等各项工作提出了工作要求。

## 一、加强立法工作，完善中国特色社会主义法律体系建设和以宪法为核心的法律制度实施

（一）建设中国特色社会主义法治体系，坚持立法先行，发挥立法的引领和推动作用，抓住提高立法质量这个关键

立法工作要恪守以民为本、立法为民理念，贯彻社会主义核心价值观，要符合宪法精神、反映人民意志、得到人民拥护。要把公正、公平、公开原则贯穿立法全过程，完善立法体制机制，坚持改废释并举，增强法律法规的及时性、系统性、针对性、有效性。坚持依法治国，首先要坚持依宪治国、坚持依宪执政。一切违反宪法的行为都必须予以追究和纠正。

为了强化宪法意识，党和国家还确定，每年12月4日定为国家宪法日。在全社会普遍开展宪法教育，弘扬宪法精神。建立宪法宣誓制度，凡经人大及其常委会选举或者决定任命的国家工作人员正式就职时公开向宪法宣誓。

（二）完善党对立法工作中重大问题决策的程序

凡立法涉及重大体制和重大政策调整的，必须报党中央讨论决定。党中央向全国人大提出宪法修改建议，依照宪法规定的程序进行宪法修改。法律制定和修改的重大问题由全国人大常委会党组向党中央报告。

健全有立法权的人大主导立法工作的体制机制。建立由全国人大相关专门委员会、全国人大常委会法制工作委员会组织有关部门参与起草综合性、全局性、基础性等重要法律草案制度。增加有法治实践经验的专职常委比例。依法建立健全专门委员会、工作委员会立法专家顾问制度。

加强和改进政府立法制度建设，完善行政法规、规章制定程序，完善公众参与政府立法机制。重要行政管理法律法规由政府法制机构组织起草。

明确立法权力边界，从体制机制和工作程序上有效防止部门利益和地方保护主义法律化。明确地方立法权限和范围，依法赋予设区的市地方立法权。

（三）深入推进科学立法、民主立法

加强人大对立法工作的组织协调，健全立法起草、论证、协调、审议机制，健全向下级人大征询立法意见机制，建立基层立法联系点制度，推进立法精细化。更

多发挥人大代表参与起草和修改法律作用。充分发挥政协委员、民主党派、工商联、无党派人士、人民团体、社会组织在立法协商中的作用，拓宽公民有序参与立法途径，广泛凝聚社会共识。

### （四）加强重点领域立法

依法保障公民权利，加快完善体现权利公平、机会公平、规则公平的法律制度，保障公民人身权、财产权、基本政治权利等各项权利不受侵犯，保障公民经济、文化、社会等各方面权利得到落实，实现公民权利保障法治化。增强全社会尊重和保障人权意识，健全公民权利救济渠道和方式。

## 二、深入推进依法行政，加快建设法治政府

各级政府必须坚持在党的领导下、在法治轨道上开展工作，创新执法体制，完善执法程序，推进综合执法，严格执法责任，建立权责统一、权威高效的依法行政体制，加快建设职能科学、权责法定、执法严明、公开公正、廉洁高效、守法诚信的法治政府。

### （一）依法全面履行政府职能

完善行政组织和行政程序法律制度，推进机构、职能、权限、程序、责任法定化。行政机关要坚持法定职责必须为、法无授权不可为，勇于负责、敢于担当，坚决纠正不作为、乱作为，坚决克服懒政、怠政，坚决惩处失职、渎职。行政机关不得法外设定权力，没有法律法规依据不得作出减损公民、法人和其他组织合法权益或者增加其义务的决定。

### （二）健全依法决策机制

把公众参与、专家论证、风险评估、合法性审查、集体讨论决定确定为重大行政决策法定程序，确保决策制度科学、程序正当、过程公开、责任明确。

建立重大决策终身责任追究制度及责任倒查机制，对决策严重失误或者依法应该及时作出决策但久拖不决造成重大损失、恶劣影响的，严格追究行政首长、负有责任的其他领导人员和相关责任人员的法律责任。

### （三）深化行政执法体制改革

根据不同层级政府的事权和职能，按照减少层次、整合队伍、提高效率的原则，合理配置执法力量。

推进综合执法，大幅减少市县两级政府执法队伍种类，重点在食品药品安全、工商质检、公共卫生、安全生产、文化旅游、资源环境、农林水利、交通运输、城乡建设、海洋渔业等领域内推行综合执法，有条件的领域可以推行跨部门综合执法；严格实行行政执法人员持证上岗和资格管理制度，未经执法资格考试合格，不得授予执法资格，不得从事执法活动。严格执行罚缴分离和收支两条线管理制度，严禁收费罚没收入同部门利益直接或者变相挂钩。

**（四）坚持严格规范公正文明执法**

依法惩处各类违法行为，加大关系群众切身利益的重点领域执法力度。完善执法程序，建立执法全过程记录制度。明确具体操作流程，重点规范行政许可、行政处罚、行政强制、行政征收、行政收费、行政检查等执法行为。严格执行重大执法决定法制审核制度。

全面落实行政执法责任制，严格确定不同部门及机构、岗位执法人员执法责任和责任追究机制，加强执法监督，坚决排除对执法活动的干预，防止和克服地方和部门保护主义，惩治执法腐败现象。

**（五）强化对行政权力的制约和监督**

加强党内监督、人大监督、民主监督、行政监督、司法监督、审计监督、社会监督、舆论监督制度建设，努力形成科学有效的权力运行制约和监督体系，增强监督合力和实效。

加强对政府内部权力的制约，对财政资金分配使用、国有资产监管、政府投资、政府采购、公共资源转让、公共工程建设等权力集中的部门和岗位实行分事行权、分岗设权、分级授权，定期轮岗，强化内部流程控制，防止权力滥用。改进上级机关对下级机关的监督，建立常态化监督制度。完善纠错问责机制，健全责令公开道歉、停职检查、引咎辞职、责令辞职、罢免等问责方式和程序。

完善审计制度，保障依法独立行使审计监督权。对公共资金、国有资产、国有资源和领导干部履行经济责任情况实行审计全覆盖。

**（六）全面推进政务公开**

坚持以公开为常态、不公开为例外原则，推进决策公开、执行公开、管理公开、服务公开、结果公开。各级政府及其工作部门依据权力清单，向社会全面公开政府职能、法律依据、实施主体、职责权限、管理流程、监督方式等事项。重点推进财政预算、公共资源配置、重大建设项目批准和实施、社会公益事业建设等领域的政府信息公开。

涉及公民、法人或其他组织权利和义务的规范性文件，按照政府信息公开要求和程序予以公布。推行行政执法公示制度。推进政务公开信息化，加强互联网政务信息数据服务平台和便民服务平台建设。

**三、保证公正司法，提高司法公信力**

必须完善司法管理体制和司法权力运行机制，规范司法行为，加强对司法活动的监督，努力让人民群众在每一个司法案件中感受到公平正义。

（一）完善确保依法独立公正行使审判权和检察权的制度

建立领导干部干预司法活动、插手具体案件处理的记录、通报和责任追究制度。任何党政机关和领导干部都不得让司法机关做违反法定职责、有碍司法公正的事情，任何司法机关都必须执行党政机关和领导干部不得违法干预司法活动的要求。对干预司法机关办案的，给予党纪政纪处分；造成冤假错案或者其他严重后果的，依法追究刑事责任。

（二）优化司法职权配置

健全公安机关、检察机关、审判机关、司法行政机关各司其职，侦查权、检察权、审判权、执行权相互配合、相互制约的体制机制。

完善审级制度，一审重在解决事实认定和法律适用，二审重在解决事实法律争议、实现二审终审，再审重在解决依法纠错、维护裁判权威；建立司法机关内部人员过问案件的记录制度和责任追究制度。完善主审法官、合议庭、主任检察官、主办侦查员办案责任制，落实谁办案谁负责。

（三）推进严格司法

健全事实认定符合客观真相、办案结果符合实体公正、办案过程符合程序公正的法律制度。加强和规范司法解释和案例指导，统一法律适用标准。全面贯彻证据裁判规则，严格依法收集、固定、保存、审查、运用证据，完善证人、鉴定人出庭制度，保证庭审在查明事实、认定证据、保护诉权、公正裁判中发挥决定性作用。明确各类司法人员工作职责、工作流程、工作标准，实行办案质量终身负责制和错案责任倒查问责制，确保案件处理经得起法律和历史检验。

（四）保障人民群众参与司法

坚持人民司法为人民，依靠人民推进公正司法，通过公正司法维护人民权益。在司法调解、司法听证、涉诉信访等司法活动中保障人民群众参与。推进审判公开、检务公开、警务公开、狱务公开，依法及时公开执法司法依据、程序、流程、结果和生效法律文书，杜绝暗箱操作。

（五）加强人权司法保障

强化诉讼过程中当事人和其他诉讼参与人的知情权、陈述权、辩护辩论权、申请权、申诉权的制度保障。健全落实罪刑法定、疑罪从无、非法证据排除等法律原则的法律制度。完善对限制人身自由司法措施和侦查手段的司法监督，加强对刑讯逼供和非法取证的源头预防，健全冤假错案有效防范、及时纠正机制。

（六）加强对司法活动的监督

完善检察机关行使监督权的法律制度，加强对刑事诉讼、民事诉讼、行政诉讼的法律监督。完善人民监督员制度，重点监督检察机关查办职务犯罪的立案、羁押、扣押冻结财物、起诉等环节的执法活动。

依法规范司法人员与当事人、律师、特殊关系人、中介组织的接触、交往行为。严禁司法人员私下接触当事人及律师、泄露或者为其打探案情、接受吃请或者收受其财物、为律师介绍代理和辩护业务等违法违纪行为，坚决惩治司法掮客行为，防止利益输送。

## 四、增强全民法治观念，推进法治社会建设

弘扬社会主义法治精神，建设社会主义法治文化，增强全社会厉行法治的积极性和主动性，形成守法光荣、违法可耻的社会氛围，使全体人民都成为社会主义法治的忠实崇尚者、自觉遵守者、坚定捍卫者。

（一）推动全社会树立法治意识

坚持把全民普法和守法作为依法治国的长期基础性工作，深入开展法治宣传教育，引导全民自觉守法、遇事找法、解决问题靠法。坚持把领导干部带头学法、模范守法作为树立法治意识的关键，完善国家工作人员学法用法制度，把法治教育纳入国民教育体系，从青少年抓起，在中小学设立法治知识课程。

健全普法宣传教育机制，各级党委和政府要加强对普法工作的领导，宣传、文化、教育部门和人民团体要在普法教育中发挥职能作用。实行国家机关"谁执法谁普法"的普法责任制，建立法官、检察官、行政执法人员、律师等以案释法制度。把法治教育纳入精神文明创建内容，开展群众性法治文化活动，健全媒体公益普法制度，加强新媒体新技术在普法中的运用，提高普法实效；加强社会诚信建设，健全公民和组织守法信用记录，完善守法诚信褒奖机制和违法失信行为惩戒机制，使尊法守法成为全体人民共同追求和自觉行动；加强公民道德建设，弘扬中华优秀传统文化，增强法治的道德底蕴，强化规则意识，倡导契约精神，弘扬公序良俗。发挥法治在解决道德领域突出问题中的作用，引导人们自觉履行法定义务、社会责任、家庭责任。

（二）推进多层次多领域依法治理

深入开展多层次多形式法治创建活动，深化基层组织和部门、行业依法治理，支持各类社会主体自我约束、自我管理。发挥市民公约、乡规民约、行业规章、团体章程等社会规范在社会治理中的积极作用。建立健全社会组织参与社会事务、维护公共利益、救助困难群众、帮教特殊人群、预防违法犯罪的机制和制度化渠道，发挥社会组织对其成员的行为导引、规则约束、权益维护作用。

（三）建设完备的法律服务体系

完善法律援助制度，扩大援助范围，健全司法救助体系，保证人民群众在遇到法律

问题或者权利受到侵害时获得及时有效法律帮助。

（四）健全依法维权和化解纠纷机制

强化法律在维护群众权益、化解社会矛盾中的权威地位，引导和支持人们理性表达诉求、依法维护权益。建立健全社会矛盾预警机制、利益表达机制、协商沟通机制、救济救助机制，畅通群众利益协调、权益保障法律渠道。把信访纳入法治化轨道，保障合理合法诉求依照法律规定和程序就能得到合理合法的结果。

健全社会矛盾纠纷预防化解机制，完善调解、仲裁、行政裁决、行政复议、诉讼等有机衔接、相互协调的多元化纠纷解决机制。

完善立体化社会治安防控体系，有效防范化解管控影响社会安定的问题，保障人民生命财产安全。依法严厉打击暴力恐怖、涉黑犯罪、邪教和黄赌毒等违法犯罪活动，绝不允许其形成气候。依法强化危害食品药品安全、影响安全生产、损害生态环境、破坏网络安全等重点问题治理。

此外，十八届四中全会还就法治工作队伍建设、党对全面推进依法治国的领导等重大问题提出了加强和改进要求。

## 以案释法 04

### 让人民群众在司法案件中感受到公平正义

【案情介绍】欠债还钱，天经地义，支付罚息，也理所应当。但是，银行却在本金、罚息之外，另收"滞纳金"，并且还是按复利计算，结果经常导致"滞纳金"远高于本金，成了实际上的"驴打滚"。中国银行某高新技术产业开发区支行起诉信用卡欠费人沙女士，请求人民法院依法判令沙女士归还信用卡欠款共计375079.3元（包含本金339659.66元及利息、滞纳金共计35419.64元）。银行按每日万分之五的利率计算的利息，以及每个月高达5%的滞纳金，这就相当于年利率高达78%。受理本案的人民法院认为，根据合同法、商业银行法，我国的贷款利率是受法律限制的，最高人民法院在关于民间借贷的司法解释中明确规定：最高年利率不得超过24%，否则就算"高利贷"，不受法律保护。但问题在于，最高法的司法解释针对的是"民间高利贷"，而原告是根据中国人民银行的《银行卡业务管理办法》收取滞纳金的，该如何审理？

【以案释法】在我国社会主义法律体系中，宪法是国家的根本大法，处于最高位阶，一切法律、行政法规、司法解释、地方性法规和规章、自治条例和单行条例都不得与宪法和法律规定精神相违背。依法治国首先是必须依宪治国。十八届四中全会重申了宪法第五条关于"一切违反宪法和法律的行为，必须予以追究"的原则，强调要"努力让人民群众在每一个司法案件中感受到公平正义"。此案中，法官引述了宪法第三十三条第二款规定："中华人民共和国公民在法律面前一律平等。"法官认为："平等意味着对等待遇，除非存在差别对待的理由和依据。一方面，国家以贷款政策限制民间借款形成高利；另一方面，在信用卡借贷领域又形成超越民间借贷限制一倍或者几倍的利息。这显然极可能形成一种'只准州官放火，不许百姓点灯'的外在不良观感。"法官从宪法"平等权"等多个层面，提出应对法律作系统性解释，认为"商业银行错误将相关职能部门的规定作为自身高利、高息的依据，这有违于合同法及商业银行法的规定"，从而最终驳回了银行有关滞纳金的诉讼请求，仅在本金339659.66元、年利率24％的限度内予以支持。

**思考题**

1. 全面推进依法治国的重大意义是什么？
2. 全面推进依法治国必须坚持的基本原则有哪些？
3. 全面推进依法治国的总体要求是什么？

# 第二章　建设中国特色社会主义法治体系

★★★ 本 章 要 点 ★★★

　　★ 全面推进依法治国，总目标是建设中国特色社会主义法治体系，建设社会主义法治国家。

　　★ 从"法律体系"到"法治体系"是一个质的飞跃，是一个从静态到动态的过程，是一个从平面到立体的过程。

　　★ 建设中国特色社会主义法治体系是在法治领域为推进国家治理现代化增添总体效应的重要举措。

　　★ 中国特色社会主义法治体系包括完备的法律规范体系、高效的法治实施体系、严密的法治监督体系、有力的法治保障体系、完备的党内法规体系五个子系统。

　　★ 以高度自信建设中国特色社会主义法治体系。

## 第一节　建设中国特色社会主义法治体系的提出

　　中国特色社会主义法律体系是在中国共产党领导下，适应中国特色社会主义建设事业的历史进程而逐步形成的。法律体系是指由一国全部现行法律规范分类组合为不同法律部门而形成的有机整体，党的十五大报告将它正式上升到政策层面。十五大报告提出了21世纪第一个十年国民经济和社会发展的远景目标，确立了"依法治国，建设社会主义法治国家"的基本方略，明确提出到2010年形成中国特色社会主义法律体系。截至2011年8月底，我国已制定现行宪法和有效法律共240部、行政法规706部、地方性法规8600多部，涵盖社会关系各个方面的法律部门已经齐全，各个法律部门中基本的、主要的法律已经制定，相应的行政法规和地方性法规比较完备，法律体系内部总体做到科学和谐统一。作为一项法治建设目标，中国特色社会主义法律体系在实践中如期基本形成。

十八届四中全会通过的《中共中央关于全面推进依法治国若干重大问题的决定》提出："全面推进依法治国，总目标是建设中国特色社会主义法治体系，建设社会主义法治国家。"这是我们党的历史上，第一次提出建设中国特色社会主义法治体系的新目标。从"法律体系"到"法治体系"是一个质的飞跃，是一个从静态到动态的过程，是一个从平面到立体的过程。

## 一、中国特色社会主义法治体系的提出是观念创新

党的十八届四中全会决定，在表述"全面推进依法治国"总目标时突显了在目标上的新认识。习近平总书记对此作了详细说明，即"提出这个总目标，既明确了全面推进依法治国的性质和方向，又突出了全面推进依法治国的工作重点和总抓手。一是向国内外鲜明宣示我们将坚定不移走中国特色社会主义法治道路。中国特色社会主义法治道路，是社会主义法治建设成就和经验的集中体现，是建设社会主义法治国家的唯一正确道路。在走什么样的法治道路问题上，必须向全社会释放正确而明确的信号，指明全面推进依法治国的正确方向，统一全党全国各族人民认识和行动。二是明确全面推进依法治国的总抓手。全面推进依法治国涉及很多方面，在实际工作中必须有一个总揽全局、牵引各方的总抓手，这个总抓手就是建设中国特色社会主义法治体系。依法治国各项工作都要围绕这个总抓手来谋划、来推进。三是建设中国特色社会主义法治体系、建设社会主义法治国家是实现国家治理体系和治理能力现代化的必然要求，也是全面深化改革的必然要求，有利于在法治轨道上推进国家治理体系和治理能力现代化，有利于在全面深化改革总体框架内全面推进依法治国各项工作，有利于在法治轨道上不断深化改革。"

所谓"抓手"，就是政策的制度落脚点。将"建设中国特色社会主义法治体系"形容为全面推进依法治国的总抓手，对于深刻领会党的十八届四中全会首次明确将"建设中国特色社会主义法治体系"作为全面推进依法治国总目标的意义非常重要。党的十八届三中全会通过的《中共中央关于全面深化改革若干重大问题的决定》首次提出了"推进法治中国建设"的概念，"法治中国"相对于"法治国家"来说，突出了法治国家中的"国家"的主权特征，使得法治国家具有了明确的空间效力，故法治中国是落实法治国家的一个重要制度抓手。党的十八届四中全会决定提出了"建设中国特色社会主义法治体系"并明确其内涵，在实践中解决了"依什么法、治什么国、如何实现"等问题。既有明确的实现目标，又有具体的制度设计，对推进依法治国和法治中国建设具有科学性和实践性的指导作用。

这个总抓手可以从两个方面来理解。一是从依法治国的角度来看。党的十五大报告在政策指导层面上对"依法治国"的内涵作了比较明确的解释。即"依法治国，就是广大人民群众在党的领导下，依照宪法和法律规定，通过各种途径和形式管理

国家事务，管理经济文化事业，管理社会事务，保证国家各项工作都依法进行，逐步实现社会主义民主的制度化、法律化，使这种制度和法律不因领导人的改变而改变，不因领导人看法和注意力的改变而改变"。从制度落实角度来看，党的十五大报告提出的"依法治国"并没有说明具体如何加以落实，仍然停留在政策指导层面。"依法治国"的理论价值只体现在"破"上，也就是说，强调"依法治国"有利于打破"人治"和各种非法治思想的禁锢和干扰，有利于进一步解放思想，但是，"依法治国"在"破"的过程中要"立什么"，特别是要在制度上具体怎样做，"依法治国"概念并没有给予明确的回答。在法治实践中必然就会遇到"依什么法""治什么国"等类似问题的挑战。"依法治国"要"立什么"的问题如果在理论上不说清楚，在实践中如何落实到具体的制度设计和安排上不清晰，就会严重影响"依法治国"作为治国方略所具有的科学性和对法治实践的具体指导作用。党的十八届四中全会决定则从理论体系、实践体系和具体法治体系三个角度明确了"中国特色社会主义法治体系"的内涵。如果全面和有效地按照全面推进依法治国的决定要求将法治体系建设落到实处，就必须要采取一系列制度措施。这些制度措施的采取必然就要体现"依法治国"的要求，因此，从逻辑上来看，建设中国特色社会主义法治体系的各项具体要求必然就是落实"依法治国"的各项制度措施，故"建设中国特色社会主义法治体系"成了"全面推进依法治国"的制度"抓手"。二是从建设社会主义法治国家的角度来看。虽然"法治中国"在一定程度上可以视为"法治国家"的制度"抓手"，但"法治中国"只是在空间效力上体现了"法治国家"的制度要求，对于"法治国家"中各项具体制度的特征以及"法治国家"在制度上的表现状态等，这些"制度指标"并不能通过"法治中国"这个单向度的制度"抓手"指标完全得到体现。"建设中国特色社会主义法治体系"从理论和实践、抽象与具体相结合的角度对建设社会主义法治国家进行了制度构建。从逻辑上看，如果中国特色社会主义法治体系在制度上基本建成，即形成完备的法律规范体系、高效的法治实施体系、严密的法治监督体系、有力的法治保障体系以及完善的党内法规体系，那么，社会主义法治国家的制度表现形式也就基本上完成了。所以，在形式意义上，"中国特色社会主义法治体系"的建成可以视为制度上判断是否建成了"法治国家"的具体标准，是"法治国家"是否在制度上得以实现的"抓手"，只要在制度上建成了"中国特色社会主义法治体系"，就可以确定社会主义法治国家基本建成。

因此，建设中国特色社会主义法治体系作为全面推进依法治国的总抓手，使得我国"依法治国"基本方略在路径与目标两个方面的制度内涵都更加清晰。只要抓好建设中国特色社会主义法治体系各项工作，抓出具体成效，就能够充分体现中国特色社会主义法治理论的指导意义，形成中国特色社会主义法治道路的主要特征，全面推进依法治国的各项措施也就能够得到有效贯彻落实，社会主义法治国家的实现程度和状况也就有了制度上的最有效的判断标准。

## 二、准确把握中国特色社会主义法治体系的内涵

中国特色社会主义法治体系，指的是立足中国国情和实际，适应全面深化改革和推进国家治理现代化需要，集中体现中国人民意志和社会主义属性的法治诸要素、结构、功能、过程内在协调统一的有机综合体。之所以要以体系化的方法全面推进依法治国，是因为中国特色社会主义法治本身就是一个要素众多、结构复杂、功能综合、规模庞大的系统工程，各系统要素相互联系、相互作用、相互促进，当其协调一致时可以发挥最大功效，但当某一环节或系统出现了毛病，就会影响整体的正常运行和功能的发挥。为此，必须对中国特色社会主义法治的体系特征有一个客观、准确的认识。

**（一）中国特色社会主义法治体系是法治诸要素、结构、功能、过程内在协调统一的有机综合体**

法治体系是国家治理体系的重要组成部分，同时法治体系本身也是一个系统：第一，中国特色社会主义法治体系由众多要素组成，这些要素从存在形态入手可将其从总体上分为硬件要素和软件要素两大类。第二，中国特色社会主义法治体系并不等同于法治诸要素相加之和，它必须对法治诸要素进行组织、搭配和安排，实现法治结构的科学设置，并决定中国特色社会主义法治体系的功能。第三，中国特色社会主义法治体系不仅要求相互间具有有机联系的组成部分结合起来，而且要成为一个能完成特定功能的总体。第四，与法律体系不同，法治体系不是一个静止的存在，而是一个动态的过程，包括法律的制定、实施、监督、实现、发挥作用、反馈等阶段性过程的接续。

**（二）中国特色社会主义法治体系是中国特色社会主义制度体系的规范表达**

法治具有相对的独立性，同时也具有鲜明的政治性；法治不仅要以相应的政策、组织和权力构架作为基础，而且其实现程度又受制于政治文明的发展程度；法治不仅为政治建设提供权力运行的规则和依据，而且是政治的规范化表达。因此，要把"中国特色社会主义制度"和"法治体系"作为一个整体看待。法治体系是中国特色社会主义制度在法治领域的表达方式，中国特色社会主义是法治体系的本质属性。因此，建设中国特色社会主义法治体系，必须做到"七个坚持"：坚持中国共产党领导；坚持人民主体地位；坚持中国特色社会主义制度；坚持中国特色社会主义法治理论；坚持法律面前人人平等；坚持依法治国和以德治国相结合；坚持从中国实际出发。

**（三）中国特色社会主义法治体系是社会主义法治国家的自觉建构**

全面推进依法治国，总目标是建设中国特色社会主义法治体系，建设社会主

法治国家。前后两句话是一个整体，不能断章取义理解。那么，"两个建设"之间是一个什么关系呢？这个关系可以概括为：中国特色社会主义法治体系是社会主义法治国家的自觉建构。特色形成于解决问题的实践，中国特色社会主义法治体系既是法治的一般理论与中国法治实践特殊问题的结合，更是对社会主义法治国家的自觉建构。这种自觉构建，避免将资本主义与法治捆绑在一起进入西方范式陷阱，是在立足中国国情创建本土化法治发展道路的实践，是针对需求回应问题面向未来的法治探索。

### 三、充分认识建设中国特色社会主义法治体系的意义

法治，其"义"在于通过法律治理国家；其"要"在于使权力和权利得到合理配置；其"功"在于比其他治理方式更多地供给人民福祉、经济繁荣和国家稳定。法治体系是对法治的要素、结构、功能、过程在总体上的一个统合，它根植于一国法治实践之中，反映法治现实，对法治实践起着指导和推动作用。中国特色社会主义法治体系，反映和指引着中国特色社会主义法治的性质、功能、目标方向、价值取向和实现途径。建设中国特色社会主义法治体系的意义主要体现在以下几个方面：

**（一）建设中国特色社会主义法治体系是在法治领域为推进国家治理现代化增添总体效应的重要举措**

习近平总书记强调，今天，摆在我们面前的一项重大历史任务，就是推动中国特色社会主义制度更加成熟更加定型，为党和国家事业发展、为人民幸福安康、为社会和谐稳定、为国家长治久安提供一整套更完备、更稳定、更管用的制度体系。这项工程极为宏大，必须是全面的系统的改革和改进，是各领域改革和改进的联动和集成，在国家治理体系和治理能力现代化上形成总体效应、取得总体效果。中国特色社会主义法治尽管自成体系，但并不是一个封闭的、孤立的体系，而是一个开放的、动态的体系，是国家治理体系的重要组成部分。建设中国特色社会主义法治体系，全面推进依法治国，并不是最终的目的，其目的是要在中国法治建设领域通过改革和完善实现国家治理方面的总体效应和总体效果。建设中国特色社会主义法治体系、建设社会主义法治国家是实现国家治理体系和治理能力现代化的必然要求，也是全面深化改革的必然要求，有利于在法治轨道上推进国家治理体系和治理能力现代化，有利于在全面深化改革总体框架内全面推进依法治国各项工作，有利于在

法治轨道上不断深化改革。

## （二）建设中国特色社会主义法治体系是在新的历史起点上全面推进依法治国、建设社会主义法治国家的骨干工程

依法治国是我们党在总结长期的治国理政经验教训基础上提出的治国基本方略，是社会主义法治的核心内容。全面推进依法治国，是根据中国社会的发展阶段和形势任务提出来的重要部署。自改革开放以来，尤其是自1997年党的十五大把"依法治国、建设社会主义法治国家"确立为治国基本方略以来，党和国家大力加强法治建设，有力地保障了我国社会的持续稳定，为发展中国特色社会主义事业创造了长期稳定和谐的社会环境。然而，新的形势和任务对中国法治建设提出了更高的要求，建设中国特色社会主义法治体系是在新的历史起点上全面推进依法治国的骨干工程。

## （三）建设中国特色社会主义法治体系是在法律体系形成后实现法治建设重心战略转移的必然要求

在我国，以宪法为统师，以宪法相关法、民法商法等多个法律部门的法律为主干，由法律、行政法规、地方性法规等多个层次的法律规范构成的中国特色社会主义法律体系已经形成。法律体系形成之后，中国法治建设的重心应当从立法向建设法治体系转移。中国特色社会主义法律体系是中国特色社会主义法治体系的逻辑起点和初级阶段，中国特色社会主义法治体系是中国特色社会主义法律体系的高级阶段和发展方向。中国特色社会主义法律体系的形成，总体上解决了有法可依的问题，在这种情况下，有法必依、执法必严、违法必究的问题就显得更为突出、更加紧迫，这也是广大人民群众普遍关注、各方面反映强烈的问题。十八届四中全会提出，建设中国特色社会主义法治体系，要求中国的法治建设不仅要有一个法律体系，而且要实现国家各项工作都要依法进行，社会领域各个方面都要遵法守法，实际上就是对人民群众普遍关注的法律实施问题的回应。

## （四）建设中国特色社会主义法治体系是以体系化视野掌舵法治建设降低成本减少风险的有效途径

法治是一种整体的社会现象与社会状态，但也有微观和中观层面的空间和状态。以体系化的视野掌舵法治建设，有助于理解法治的全局性，防止将法治理解为一个自治的封闭系统；有助于把握法治建设的整体性，防止法治建设畸形发展；有助于在全面推进依法治国过程中确保法治的全面性，防止将法治建设片面化；有助于认清法治的过程性和长期性，防止将法治建设简单化为一场运动。运动方式固然有利于法治的快速推进一面，但也存在着难以恒久坚持的问题。

## 第二节　建设中国特色社会主义法治体系的主要内容

中国特色社会主义法治体系包括完备的法律规范体系、高效的法治实施体系、严密的法治监督体系、有力的法治保障体系、完备的党内法规体系五个子系统。其中，"完备的法律规范体系"是静态意义上的法规范体系，该体系是以宪法为核心的"中国特色社会主义法律体系"，包含了在中华人民共和国主权管辖范围内以宪法作为根本法的一切法律规范体系，例如在香港和澳门特别行政区适用的法律规范体系，等等。"高效的法治实施体系""严密的法治监督体系"及"有力的法治保障体系"是动态意义上的法运行体系，体现了法治的价值重在宪法和法律的实施，更关注在实际生活中法律规范的实施状况和实现程度，强调的是现实生活中人们的行为真正受到法律规范的约束。"完善的党内法规体系"是从准法律规范的角度对我党管党治党的党内法规提出的体系化要求，将党内法规体系纳入"中国特色社会主义法治体系"范畴，正是体现了"中国特色社会主义法治体系"的"中国特色"。经过近百年的实践探索，我们党已形成了一整套系统完备、层次清晰、运行有效的党内法规制度。这个制度体系包括党章、准则、条例、规则、规定、办法、细则，体现着党的先锋队性质和先进性要求，使管党治党建设党有章可循、有规可依。

### 一、完备的法律规范体系

建设中国特色社会主义法治体系，全面推进依法治国，需要充分的规范供给为全社会依法办事提供基本遵循。一方面，要加快完善法律、行政法规、地方性法规体系；另一方面，也要完善包括市民公约、乡规民约、行业规章、团体章程在内的社会规范体系。恪守原有单一的法律渊源已无法满足法治实践的需求，有必要适当扩大法律渊源，甚至可以有限制地将司法判例、交易习惯、法律原则、国际惯例作为裁判根据，以弥补法律供给的不足，同时还应当建立对法律扩大或限缩解释的规则，通过法律适用过程填补法律的积极或消极的漏洞。为了保证法律规范的质量和提升立法科学化的水平，应当进一步改善立法机关组成人员的结构，提高立法程序正当化水平，构建立法成本效益评估前置制度，建立辩论机制，优化协商制度，提升立法技术，规范立法形式，确定法律规范的实质与形式标准，设立法律规范的事前或事后的审查过滤机制，构建实施效果评估机制，完善法律修改、废止和解释制度等等。尤其要着力提高立法过程的实质民主化水平，要畅通民意表达机制以及民意与立法的对接机制，设定立法机关组成人员联系选民的义务，规范立法机关成员与"院外"利益集团的关系，完善立法听取意见（包括听证等多种形式）、整合吸纳意见等制度，建立权力机关内部的制约协调机制，建立立法成员和立法机关接受选民和公众监督的制度，等等。

## 二、高效的法治实施体系

法治实施是一个系统工程。首先，要认真研究如何使法律规范本身具有可实施性，不具有实施可能性的法律规范无疑会加大实施成本，甚至即使执法司法人员费尽心机也难以实现。因此，要特别注意法律规范的可操作性、实施资源的配套性、法律规范本身的可接受性以及法律规范自我实现的动力与能力。其次，要研究法律实施所必需的体制以及法律设施，国家必须为法律实施提供强有力的体制、设施与物质保障。再次，要认真研究法律实施所需要的执法和司法人员的素质与能力，要为法律实施所需要的素质和能力的培训与养成提供必要的条件和机制。又次，要研究法律实施的环境因素，并为法律实施创造必要的执法和司法环境。最后，要研究如何克服法律实施的阻碍和阻力，有针对性地进行程序设计、制度预防和机制阻隔，针对我国现阶段的国情，有必要把排除"人情""关系""金钱""权力"对法律实施的干扰作为重点整治内容。

## 三、严密的法治监督体系

对公共权力的监督和制约，是任何法治形态的基本要义；公共权力具有二重性，唯有法律能使其扬长避短和趋利避害；破坏法治的最大危险在一般情况下都来自公共权力；只有约束好公共权力，国民的权利和自由才可能安全实现。有效监督和制约公共权力，要在以下几个方面狠下工夫：要科学配置权力，使决策权、执行权、监督权相互制约又相互协调；要规范权力的运行，为权力的运行设定明确的范围、条件、程序和界限；要防止权力的滥用，为权力的行使设定正当目的及合理基准与要求；要严格对权力的监督，有效规范党内、人大、民主、行政、司法、审计、社会、舆论诸项监督，并充分发挥各种监督的独特作用，使违法或不正当行使权力的行为得以及时有效纠正；要健全权益恢复机制，使受公共权力侵害的私益得到及时赔偿或补偿。

## 四、有力的法治保障体系

依法治国是一项十分庞大和复杂的综合性系统工程。要在较短时间内实现十八届四中全会提出的全面推进依法治国的战略目标，任务艰巨而繁重，如果缺少配套的保证体系作为支撑，恐难以持久。普遍建立法律顾问制度。完善规范性文件、重大决策合法性审查机制。建立科学的法治建设指标体系和考核标准。健全法规、规章、规范性文件备案审查制度。健全社会普法教育机制，增强全民法治观念。逐步增加有地方立法权的较大的市数量。深化行政执法体制改革。完善行政执法程序，规范执法自由裁量权，加强对行政执法的监督，全面落实行政执法责任制和执法经费由财政保障制度，做到严格规范公正文明执法。完善行政执法与刑事司法衔接机制。确保依法独立公正行使审判权检察权。改革司法管理体制，推动省以下地方法院、检察院人财物统一管理，探索建立与行政区划适当分离的司法管辖制度，保证国家法律统一正确实施。建立符合职业特点的司法人员管理制度，健全法官、检察官、人民警察统一招录、有序交流、逐级遴选机制，完善司法人员分类管理制度，健全法官、检察官、人民警察职业保障制度。健全司法权力运行机制。优化司法职权配置，健全司法权力分工负责、互相配合、互相制约机制，加强和规范对司法活动的法律监督和社会监督。健全国家司法救助制度，完善法律援助制度。完善律师执业权利保障机制和违法违规执业惩戒制度，加强职业道德建设，发挥律师在依法维护公民和法人合法权益方面的重要作用。

### 五、完善的党内法规体系

党内法规既是管党治党的重要依据，也是中国特色社会主义法治体系的重要组成部分。由于缺少整体规划，缺乏顶层设计，党内法规存在"碎片化"现象。要在对现有党内法规进行全面清理的基础上，抓紧制定和修订一批重要党内法规，加大党内法规备案审查和解释力度，完善党内法规制定体制机制，形成配套完备的党内法规制度体系，使党内生活更加规范化、程序化，使党内民主制度体系更加完善，使权力运行受到更加有效的制约和监督，使党执政的制度基础更加巩固，为到建党100周年时全面建成内容科学、程序严密、配套完备、运行有效的党内法规制度体系打下坚实基础。

## 第三节　建设中国特色社会主义法治体系的总体要求

建设法律规范体系要求恪守以民为本、立法为民理念，贯彻社会主义核心价值观，使每一项立法都符合宪法精神、反映人民意志、得到人民拥护，实现立法和改革决策相衔接，做到重大改革于法有据、立法主动适应改革和经济社会发展需要。建设法治实施体系要求执法、司法和全社会在法治轨道上开展工作，做到严格执法、公正司法、全民守法。建设法治监督体系要求健全宪法实施和监督制度，强化对行政权力的制约和监督，加强对司法活动的监督，完善检察机关行使监督权的法律制度，完善人民监督员制度。建设法治保障体系要求加强党的领导，完善职业保障体系，加强法律服务队伍建设，创新法治人才培养机制。建设党内法规体系要求健全党内法规体制、强化党内法规与法律、政策的关联，为管党治党提供法治保障。

党的十八届四中全会决定全面部署了社会主义法治体系建设，明确了中国特色社会主义制度是中国特色社会主义法治体系的根本制度，是全面推进依法治国的根本制度保障。中国特色社会主义法治体系是基于中国特色社会主义制度根本要求而形成的法治体系，其使命是全面巩固和完善中国特色社会主义制度。所以，中国特色社会主义法治体系建设不是就法治论法治，而是紧紧围绕中国特色社会主义事业总体布局、围绕国家发展所需要的国家治理体系进行建设。正因为如此，中国特色社会主义法治体系建设才具有全面巩固和完善中国特色社会主义制度的能力与功效。它主要从以下几个方面起到全面巩固和完善中国特色社会主义制度的作用。

## 一、构建建设中国特色社会主义法治体系遵循的原则

### （一）坚持党的领导与依法治国的有机统一

党与法治的关系是法治建设核心问题。中国特色社会主义法治体系建设既明确要求把党的领导贯彻到依法治国全过程和各方面，也明确了党在推进依法治国中的领导原则与领导方式；既明确要求巩固党在国家建设与治理中的领导核心地位，也明确了党必须依据宪法法律治国理政，依据党内法规管党治党。

### （二）坚持依宪治国与依宪执政有机统一

依法治国首先是依宪治国，依法执政首先是依宪执政。党的十八届四中全会作出的这一重要论断，体现了我们党对宪法尊严和权威的充分肯定。宪法是国家根本大法，是社会主义法律体系的核心，也是确保党的领导与国家制度体系稳固的根本法律基础。所以，确立宪法在治国理政中的根本地位，对于中国特色社会主义制度将产生全局和长远作用。

### （三）坚持社会主义法治五大体系有机统一

中国特色社会主义法治体系五大体系既有理论层面，也有实践层面；既有制度层面，也有运行层面；既有国家层面，也有党的层面；既能实现依法治国、依法执政、依法行政的共同推进，也能实现法治国家、法治政府、法治社会的一体建设。这为全面推进法治中国建设规定了更加清晰的目标和任务，规划了切实可行的路线图，必将保障法治建设稳步推进。所以，它能够全方位促进社会主义制度自我完善和发展。

### （四）坚持法治体系与国家治理体系和治理能力建设有机统一

社会主义法治体系建设从立法、执法、司法和守法四个层面展开。因而，它是一个系统工程，其建设和发展必然带来国家治理领域深刻变革。对国家治理体系建设来说，法治体系建设既是其基本任务，也是其得以确立并产生效能的关键。社会主义制度只有借助有效国家治理体系才能得到有效运行，获得巩固和完善。所以，以国家治理体系和治理能力现代化为取向的法治体系建设，必将全面支撑中国特色社会主义制度落实与运行，并孕育出一套与之配套、保障其运行的体制机制。

### （五）坚持法治体系建设与法治能力提升有机统一

任何制度只有扎根民心，才能最终巩固。这就要求制度运行与实践能够全面具体地渗透到人民生活各个环节，并在其中起积极作用；要求法治价值、体系、程序与运行能够有效嵌入社会，契合社会内在要求与发展现实。这其中既强调法治体系建设，也强调法治能力提升，两者相辅相成。经验表明，良好法治才能树立良好价

值体系，才能创造有效制度认同。这决定了中国特色社会主义制度只能在法治体系与法治能力有机统一所创造的善治中扎根社会、深入民心。社会主义法治体系建设将为我国改革发展创造全新的发展动力和发展平台。

## 二、以高度自信建设中国特色社会主义法治体系

### （一）依法治国、依法执政、依法行政共同推进

依法治国是党领导人民治国理政的基本方式，要依照宪法和法律规定，通过各种途径和形式实现人民群众在党的领导下管理国家事务，管理经济文化事业，管理社会事务，保证国家各项工作都依法进行，逐步实现社会主义民主的制度化、法律化。依法执政是依法治国的关键，要坚持党领导人民制定法律、实施法律并在宪法法律范围内活动的原则，健全党领导依法治国的制度和工作机制，促进党的政策和国家法律互联互动。依法行政是依法治国的重点，要创新执法体制，完善执法程序，推进综合执法，严格执法责任，建立权责统一、权威高效的依法行政体制，加快建设职能科学、权责法定、执法严明、公开公正、廉洁高效、守法诚信的法治政府，切实做到合法行政、合理行政、高效便民、权责统一、政务公开。

### （二）法治国家、法治政府、法治社会一体建设

法治国家、法治政府和法治社会是全面推进依法治国的"一体双翼"。法治国家是长远目标和根本目标，建设法治国家，核心要求实现国家生活的全面法治化；法治政府是重点任务和攻坚内容，建设法治政府，核心要求是规范和制约公共权力；法治社会是组成部分和薄弱环节，建设法治社会，核心是推进多层次多领域依法治理，实现全体国民自己守法、护法。法治国家、法治政府、法治社会一体建设，要求三者相互补充、相互促进、相辅相成。

### （三）科学立法、严格执法、公正司法、全民守法相辅相成

十八大以来，党中央审时度势，提出了"科学立法、严格执法、公正司法、全民守法"的新十六字方针，确立了新时期法治中国建设的基本内容。科学立法要求完善立法规划，突出立法重点，坚持立改废释并举，提高立法科学化、民主化水平，提高法律的针对性、及时性、系统性、有效性，完善立法工作机制和程序，扩大公众有序参与，充分听取各方面意见，使法律准确反映经济社会发展要求，更好协调利益关系，发挥立法的引领和推动作用。严格执法，要求加强宪法和法律实施，维护社会主义法制的统一、尊严、权威，形成人们不愿违法、不能违法、不敢违法的法治环境，做到有法必依、执法必严、违法必究。公正司法，要求要努

力让人民群众在每一个司法案件中都感受到公平正义，所有司法机关都要紧紧围绕这个目标来改进工作，重点解决影响司法公正和制约司法能力的深层次问题。全民守法，要求任何组织或者个人都必须在宪法和法律范围内活动，任何公民、社会组织和国家机关都要以宪法和法律为行为准则，依照宪法和法律行使权利或权力、履行义务或职责。

（四）与推进国家治理体系与治理能力现代化同脉共振

全面推进依法治国既是实现国家治理现代化目标的基本要求，又是推进国家治理现代化的重要组成部分。法律的强制性、普遍性、稳定性、公开性、协调性等价值属性满足了国家治理对权威性和有效性的要求。法治在治理现代化过程中具有极为重要的意义。民主、科学、文明、法治是国家治理现代化的基本要求，民主、科学、文明都离不开法治的保障。治理现代化需要通过法治手段进一步具体地对应到治理体系的各个领域和每个方面，需要进一步量化为具体的指标体系，包括国权配置定型化、公权行使制度化、权益保护实效化、治理行为规范化、社会关系规则化、治理方式文明化六个方面。在实现治理法治化的过程中，治理主体需要高度重视法治本身的现代化问题，高度重视法律规范的可实施性，高度重视全社会法治信仰的塑造，高度重视治理事务对法治的坚守，高度重视司法公信力的培养。

**思考题**

1. 中国特色社会主义法治体系的内涵是什么？
2. 中国特色社会主义法治体系的主要内容是什么？
3. 建设中国特色社会主义法治体系的总体要求是什么？

# 第三章 "七五"普法规划知识

⬡ 本 ⬡ 章 ⬡ 要 ⬡ 点 ⬡

★"七五"普法规划是在党中央作出全面推进依法治国战略布局，明确提出了依法治国的具体目标和要求的时代背景下出台的。

★"七五"普法规划是服务"十三五"时期经济社会发展、全面建成小康社会的客观需要。有利于进一步发挥法治的引领和规范作用，为全面实施"十三五"规划、全面建成小康社会营造良好的法治环境。

★"七五"普法规划明确提出，法治宣传教育的对象是一切有接受教育能力的公民，重点是领导干部和青少年。

★"七五"普法规划明确了七项主要任务。

## 第一节 "七五"普法规划的制定出台

全民普法和守法是依法治国的长期基础性工作。深入开展法治宣传教育，是贯彻落实党的十八大和十八届三中、四中、五中全会精神的重要任务，是实施"十三五"规划、全面建成小康社会的重要保障。

### 一、七个五年普法规划的制定回顾

1985年11月，中共中央、国务院批转中宣部、司法部《关于向全体公民基本普及法律常识的五年规划》，1985年11月22日，六届全国人大常委会十三次会议作出了《关于在公民中基本普及法律常识的决议》，提出从一九八六年起，争取用五年左右时间，有计划、有步骤地在一切有接受教育能力的公民中，普遍进行一次普及法律常识的教育，并且逐步做到制度化、经常化。自此，全国"一五"普法的帷幕正式拉开。三十年来，全国共开展了六个五年一轮的法制宣传教育活动，分别为"一五"普法（1986—1990年）、"二五"普法（1991—1995年）、"三五"普法（1996—2000年）、"四五"普法（2001—2005年）、"五五"普法（2006—

2010年）、"六五"普法（2011—2015年），2016年进入"七五"普法时期。2016年3月25日，中共中央、国务院转发《中央宣传部、司法部关于在公民中开展法治宣传教育的第七个五年规划（2016—2020年）》的通知，全国法治宣传教育第七个五年规划正式开始实施。

"七五"普法规划是在党中央作出全面推进依法治国战略布局，明确提出了依法治国的具体目标和要求的时代背景下出台的。它的实施周期正处于我国实现全面建成小康社会奋斗目标的关键时期，具有更为突出的政治意义和实践意义。党中央关于"坚持依法治国、依法执政、依法行政共同推进，坚持法治国家、法治政府、法治社会一体建设，实现科学立法、严格执法、公正司法、全民守法，促进国家治理体系和治理能力现代化"的提出，对进一步做好"七五"普法工作，既指明了方向，也明确了新的更高要求。

## 二、"七五"普法规划制定的重大意义

制定"七五"普法规划是全面贯彻党的十八大和十八届三中、四中、五中全会精神，深入贯彻习近平总书记系列讲话精神的重要举措。党的十八大以来，以习近平同志为总书记的党中央对全面依法治国作出了重要部署，对法治宣传教育提出了新的更高要求，明确了法治宣传教育的基本定位、重大任务和重要措施，为深入开展法治宣传教育指明了方向。

制定"七五"普法规划，是全面依法治国的必然要求。全民普法和守法是依法治国的长期基础性工作。把全民普法工作深入持久地开展下去，进一步增强全民法治观念，推动全社会树立法治意识，对于全面依法治国具有重要意义。

制定"七五"普法规划，是服务"十三五"时期经济社会发展、全面建成小康社会的客观需要。有利于进一步发挥法治的引领和规范作用，为全面实施"十三五"规划、全面建成小康社会营造良好的法治环境。

## 三、"七五"普法规划制定的总体考虑

全面贯彻落实中央决策部署。规划全面贯彻党的十八大和十八届三中、四中、五中全会精神，深入贯彻落实习近平总书记系列重要讲话精神和对法治宣传教育的重要指示，充分体现党的十八大以来中央关于法治宣传教育的决策部署和一系列政策措施，使其具体化、制度化。

根据"十三五"时期经济社会发展的需要，明确法治宣传教育的主要任务和工作措施，为创新发展、协调发展、绿色发展、开放发展、共享发展服务。

坚持问题导向。规划认真总结了"六五"普法工作经验，研究把握法治宣传教育工作规律，针对法治宣传教育工作中存在的部分地方和部门对法治宣传教育重要性的认识还不到位、普法宣传教育机制还不够健全、实效性有待进一步增强等问题，提出解决的途径和办法。

坚持创新发展、注重实效。规划适应全面依法治国的新要求，以满足人民群众不断增长的法治需要为出发点和落脚点，坚持学法与用法相结合、法治与德治相结合，创新法治宣传工作理念、机制、载体和方式方法，不断提高法治宣传教育的针对性和实效性。

## 第二节 "七五"普法规划的主要内容

### 一、"七五"普法规划的指导思想、主要目标和工作原则

"七五"普法工作的指导思想：高举中国特色社会主义伟大旗帜，全面贯彻党的十八大和十八届三中、四中、五中全会精神，以马克思列宁主义、毛泽东思想、邓小平理论、"三个代表"重要思想、科学发展观为指导，深入贯彻习近平总书记系列重要讲话精神，坚持"四个全面"战略布局，坚持创新、协调、绿色、开放、共享的发展理念，按照全面依法治国新要求，深入开展法治宣传教育，扎实推进依法治理和法治创建，弘扬社会主义法治精神，建设社会主义法治文化，推进法治宣传教育与法治实践相结合，健全普法宣传教育机制，推动工作创新，充分发挥法治宣传教育在全面依法治国中的基础作用，推动全社会树立法治意识，为"十三五"时期经济社会发展营造良好法治环境，为实现"两个一百年"奋斗目标和中华民族伟大复兴的中国梦作出新的贡献。

"七五"普法工作的主要目标：普法宣传教育机制进一步健全，法治宣传教育实效性进一步增强，依法治理进一步深化，全民法治观念和全体党员党章党规意识明显增强，全社会厉行法治的积极性和主动性明显提高，形成守法光荣、违法可耻的社会氛围。

"七五"普法工作应遵循的原则：坚持围绕中心服务大局。围绕党和国家中心工作开展法治宣传教育，更好地服务协调推进"四个全面"战略布局，为全面实施国民经济和社会发展"十三五"规划营造良好法治环境；坚持依靠群众，服务群众。以满足群众不断增长的法治需求为出发点和落脚点，以群众喜闻乐见、易于接受的方式开展法治宣传教育，增强全社会尊法学法守法用法意识，使国家法律和党内法规为党员群众所掌握、所遵守、所运用；坚持学用结合，普治并举。坚持法治宣传教育与依法治理有机结合，把法治宣传教育融入立法、执法、司法、法律服务和党内法规建设活动中，引导党员群众在法治实践中自觉学习、运用国家法律和党内法规，提升法治素养；坚持分类指导，突出重点。根据不同地区、部门、行业及不同对象的实际和特点，分类实施法治宣传教育。突出抓好重点对象，带动和促进全民普法；坚持创新发展，注重实效。总结经验，把握规律，推动法治

宣传教育工作理念、机制、载体和方式方法创新，不断提高法治宣传教育的针对性和实效性，力戒形式主义。

## 二、"七五"普法规划的主要任务

"七五"普法规划明确了七项主要任务：

### （一）深入学习宣传习近平总书记关于全面依法治国的重要论述

党的十八大以来，习近平总书记站在坚持和发展中国特色社会主义全局的高度，对全面依法治国作了重要论述，提出了一系列新思想、新观点、新论断、新要求，深刻回答了建设社会主义法治国家的重大理论和实践问题，为全面依法治国提供了科学理论指导和行动指南。要深入学习宣传习近平总书记关于全面依法治国的重要论述，增强走中国特色社会主义道路的自觉性和坚定性，增强全社会厉行法治的积极性和主动性。深入学习宣传以习近平同志为总书记的党中央关于全面依法治国的重要部署，宣传科学立法、严格执法、公正司法、全民守法和党内法规建设的生动实践，使全社会了解和掌握全面依法治国的重大意义和总体要求，更好地发挥法治的引领和规范作用。

### （二）突出学习宣传宪法

坚持把学习宣传宪法摆在首要位置，在全社会普遍开展宪法教育，弘扬宪法精神，树立宪法权威。深入宣传依宪治国、依宪执政等理念，宣传党的领导是宪法实施的最根本保证，宣传宪法确立的国家根本制度、根本任务和我国的国体、政体，宣传公民的基本权利和义务等宪法基本内容，宣传宪法的实施，实行宪法宣誓制度，认真组织好"12·4"国家宪法日集中宣传活动，推动宪法家喻户晓、深入人心，提高全体公民特别是各级领导干部和国家机关工作人员的宪法意识，教育引导一切组织和个人都必须以宪法为根本活动准则，增强宪法观念，维护宪法尊严。

### （三）深入宣传中国特色社会主义法律体系

坚持把宣传以宪法为核心的中国特色社会主义法律体系作为法治宣传教育的基本任务，大力宣传宪法相关法、民法商法、行政法、经济法、社会法、刑法、诉讼与非诉讼程序法等多个法律部门的法律法规。大力宣传社会主义民主政治建设的法律法规，提高人民有序参与民主政治的意识和水平。大力宣传保障公民基本权利的法律法规，推动全社会树立尊重和保障人权意识，促进公民权利保障法治化。大力宣传依法行政领域的法律法规，推动各级行政机关树立"法定职责必须为、法无授权不可为"的意识，促进法治政府建设。大力宣传市场经济领域的法律法规，推动全社会树立保护产权、平等交换、公平竞争等意识，促进大众创业、万众创新，促进经济在新常态下平稳健康运行。大力宣传有利于激发文化创造活力、保障人民基本文化权益的相关法律法规，促进社会主义精神文明建设。大力宣传教育、就业、收入分配、社会保障、医疗卫生、食品安全、扶贫、慈善、社会救助和妇女儿童、老年人、残疾人合法权益保护等方面法律法规，促进保障和改善民生。大力宣传国家安全和公共安全领域的法律法规，提高全民安全意识、风险意识和预防能力。大力宣传国防法律法规，提高全民国防观念，促进国防建设。大力宣传党的民族、宗教政策和相关法律法规，维护民族地区繁荣稳定，促进民族关系、宗教关系和谐。大力宣传环境保护、资源能源节约利用等方面的法律法规，推动美丽中国建设。大力宣传互联网领域的法律法规，教育引导网民依法规范网络行为，促进形成网络空间良好秩序。大力宣传诉讼、行政复议、仲裁、调解、信访等方面的法律法规，引导群众依法表达诉求、维护权利，促进社会和谐稳定。在传播法律知识的同时，更加注重弘扬法治精神、培育法治理念、树立法治意识。大力宣传宪法法律至上、法律面前人人平等、权由法定、权依法行使等基本法治理念，破除"法不责众""人情大于国法"等错误认识，引导全民自觉守法、遇事找法、解决问题靠法。

（四）深入学习宣传党内法规

适应全面从严治党、依规治党新形势新要求，切实加大党内法规宣传力度。突出宣传党章，教育引导广大党员尊崇党章，以党章为根本遵循，坚决维护党章权威。大力宣传《中国共产党廉洁自律准则》《中国共产党纪律处分条例》等各项党内法规，注重党内法规宣传与国家法律宣传的衔接和协调，坚持纪在法前、纪严于法，把纪律和规矩挺在前面，教育引导广大党员做党章党规党纪和国家法律的自觉尊崇者、模范遵守者、坚定捍卫者。

（五）推进社会主义法治文化建设

以宣传法律知识、弘扬法治精神、推动法治实践为主旨，积极推进社会主义法治文化建设，充分发挥法治文化的引领、熏陶作用，使人民内心拥护和真诚信仰法律。把法治文化建设纳入现代公共文化服务体系，推动法治文化与地方文化、行业文化、企业文化融合发展。繁荣法治文化作品创作推广，把法治文化作品纳入各级文化作品评奖内容，纳入艺术、出版扶持和奖励基金内容，培育法治文化精品。利用重大纪念日、民族传统节日等契机开展法治文化活动，组织开展法治文艺展演展播、法治文艺演出下基层等活动，满足人民群众日益增长的法治文化需求。把法治元素纳入城乡建设规划设计，加强基层法治文化公共设施建设。

（六）推进多层次多领域依法治理

坚持法治宣传教育与法治实践相结合，把法律条文变成引导、保障经济社会发展的基本规则，深化基层组织和部门、行业依法治理，深化法治城市、法治县（市、区）等法治创建活动，提高社会治理法治化水平。深入开展民主法治示范村（社区）创建，进一步探索乡村（社区）法律顾问制度，教育引导基层群众自我约束、自我管理。发挥市民公约、乡规民约、行业规章、团体章程等社会规范在社会治理中的积极作用，支持行业协会商会类社会组织发挥行业自律和专业服务功能，发挥社会组织对其成员的行为导引、规则约束、权益维护作用。

### （七）推进法治教育与道德教育相结合

坚持依法治国和以德治国相结合的基本原则，以法治体现道德理念，以道德滋养法治精神，促进实现法律和道德相辅相成、法治和德治相得益彰。大力弘扬社会主义核心价值观，弘扬中华传统美德，培育社会公德、职业道德、家庭美德、个人品德，提高全民族思想道德水平，为全面依法治国创造良好人文环境。强化规则意识，倡导契约精神，弘扬公序良俗，引导人们自觉履行法定义务、社会责任、家庭责任。发挥法治在解决道德领域突出问题中的作用，健全公民和组织守法信用记录，完善守法诚信褒奖机制和违法失信行为惩戒机制。

## 🔍 以案释法 ⑤

## 领导干部腐败不能以"不懂法"为借口

【案情介绍】2005年7月13日上午，陕西省西安市中级人民法院对某市委宣传部原副部长张某涉嫌受贿、巨额财产来源不明、滥用职权一案作出一审判决，以受贿罪，判处其有期徒刑十二年，并处没收财产5万元人民币；以巨额财产来源不明罪，判处其有期徒刑一年零六个月；以滥用职权罪，判处其有期徒刑四年零六个月。决定对张某执行有期徒刑十七年，并处没收财产5万元人民币。张某除担任某市委宣传部副部长一职外，还兼某市广播电视局局长、党组书记，某市广电局下属单位有线电视网络有限责任公司及某市广播电视网络传输有限责任公司董事长。

2004年，某市纪委和检察机关在查处张某案件的过程中，从张某家中和银行查获现金、存款，共计1680555.18元人民币、34162.65美元、15381.87港币。其中有608403.68元人民币、27162.65美元、15381.87港币不能说明合法来源。

张某在担任某市广电局局长、党组书记，兼任有线网络公司及广电传输公司董事长期间，在有线网络公司增资扩股过程中，明知该市三家公司均不具备投资资格和实力，无视有线网络公司评估的净资产值为43288.75万元的事实，超越职权擅自决定成立融资小组，并将上述三家公司作为融资对象，强行通过股东会决议，使三家公司通过银行贷款享有了有线网络公司49%的股权，致使有线网络公司10892.55万元的国有资产受损；另外被告人张某还滥用职权违法同意给该市某公司贷款提供担保，给广电传输公司造成1020.19万元的直接经济损失。

张某在任该市某公司法定代表人和某科技有限责任公司实际出资人期间，为达到偷税目的，指使公司会计采用在账簿上虚列工资、差旅费、误餐费等支出的手段，将现金套出，存入私人存折等手段共计偷税金额324934.75元。

庭审中，昔日的副部长当庭7次痛哭不已，哽咽着说："我没有学好法律，当时没有认识到自己的行为是受贿，但是现在我已经认识到了自己是在犯罪。作为一名犯罪嫌疑人，我应该认罪服法。"

【以案释法】贪官出事之后，以自己"不懂法"作为借口，张某不是第一人。某省原省委书记刘某"忏悔"时说："作为省委书记，自以为什么都懂。但是，通过这次法庭审理才发现，自己其实是个法盲。"刘某这么避重就轻地说了，搞政法的某省委政法委原副书记李某也说："我不是很懂法，并不知道事后收人家钱是犯罪行为。"据报道，中组部干部监督局在分析违法犯罪的许多原领导干部的反省材料时发现，其中81.4%的人认为自己犯罪与不懂法有关。

其实，贪官都说自己不懂法是明摆着的谎言，真正的原因不是他们不懂法律，而是他们不懂得尊重法律。在这些贪官心目中只有一个字：权！有了这样一种"权比法大"的心理，受贿时不知有法，这是典型的没让法治理念、法治思维、法治精神、法治信仰入脑入心。

法律格言说：法律必须被信仰，否则它将形同虚设。法律信仰就是要在全体人民（包括官员）心目中树立起法律权威，这是法治社会的要义。党的十八届四中全会通过的《中共中央关于全面推进依法治国若干重大问题的决定》在谈到增强全民法治观念，推进法治社会建设时，非常鲜明地提出了"让尊法守法成为全体人民共同追求和自觉行动"的目标。

### 三、"七五"普法规划的实施

#### （一）对象和要求

"七五"普法规划明确提出，法治宣传教育的对象是一切有接受教育能力的公民，重点是领导干部和青少年。要坚持把领导干部带头学法、模范守法作为树立法治意识的关键。完善国家工作人员学法用法制度，把宪法法律和党内法规列入党委（党组）中心组学习内容，列为党校、行政学院、干部学院、社会主义学院必修课；把法治教育纳入干部教育培训总体规划，纳入国家工作人员初任培训、任职培训的必训内容，在其他各类培训课程中融入法治教育内容，保证法治培训课时数量和培训质量，切实提高

指导思想：高举中国特色社会主义伟大旗帜，以马克思列宁主义、毛泽东思想、邓小平理论、"三个代表"重要思想、科学发展观为指导，深入贯彻习近平总书记系列重要讲话精神。

领导干部运用法治思维和法治方式深化改革、推动发展、化解矛盾、维护稳定的能力，切实增强国家工作人员自觉守法、依法办事的意识和能力。加强党章和党内法规学习教育，引导党员领导干部增强党章党规党纪意识，严守政治纪律和政治规矩，在廉洁自律上追求高标准，自觉远离违纪红线。健全日常学法制度，创新学法形式，拓宽学法渠道。健全完善重大决策合法性审查机制，积极推行法律顾问制度，各级党政机关和人民团体普遍设立公职律师，企业可设立公司律师。把尊法学法守法用法情况列入作为领导班子和领导干部年度考核的重要内容。把法治观念强不强、法治素养好不好作为衡量干部德才的重要标准，把能不能遵守法律、依法办事作为考察干部的重要内容；要坚持从青少年抓起。切实把法治教育纳入国民教育体系，制定和实施全国青少年法治教育大纲，在中小学设立法治知识课程，确保在校学生都能得到基本法治知识教育。完善中小学法治课教材体系，编写法治教育教材、读本，地方可将其纳入地方课程义务教育免费教科书范围，在小学普及宪法基本常识，在中、高考中增加法治知识内容，使青少年从小树立宪法意识和国家意识。将法治教育纳入"中小学幼儿园教师国家级培训计划"，加强法治课教师、分管法治教育副校长、法治辅导员培训。充分利用第二课堂和社会实践活动开展青少年法治教育，在开学第一课、毕业仪式中有机融入法治教育内容。加强对高等院校学生的法治教育，增强其法治观念和参与法治实践的能力。强化学校、家庭、社会"三位一体"的青少年法治教育格局，加强青少年法治教育基地建设和网络建设；各地区各部门要根据实际需要，从不同群体的特点出发，因地制宜开展有特色的法治宣传教育。突出加强对企业经营管理人员的法治宣传教育，引导他们树立诚信守法、爱国敬业意识，提高依法经营、依法管理能力。加强对农民工等群体的法治宣传教育，帮助、引导他们依法维权，自觉运用法律手段解决矛盾纠纷。

（二）工作措施

第七个法治宣传教育五年规划从2016年开始实施，至2020年结束。各地区各部门要根据本规划，认真制定本地区本部门规划，深入宣传发动，全面组织实施，确保第七个五年法治宣传教育规划各项目标任务落到实处。

1.健全普法宣传教育机制

各级党委和政府要加强对普法工作的领导，宣传、文化、教育部门和人民团体要在普法教育中发挥职能作用。把法治教育纳入精神文明创建内容，开展群众性法治文化活动。人民团体、社会组织要在法治宣传教育中发挥积极作用，健全完善普法协调协作机制，根据各自特点和实际需要，有针对性地组织开展法治宣传教育活动。积极动员社会力量开展法治宣传教育，加强各级普法讲师团建设，选聘优秀法律和党内法规人才充实普法讲师团队伍，组织开展专题法治宣讲活动，充分发挥讲师团在普法工作中的重要作用。鼓励引导司法和行政执法人员、法律服务人员、大专院校法律专业师生加入普法志愿者队伍，畅通志愿者服务渠道，健全完善管理制度，培育一批普法志愿者优秀团队和品牌活动，提高志愿者普法宣传水平。加强工作考核评估，建立健全法治宣传教育工作考评指导标准和指标体系，完善考核办法和机制，注重考核结果的运用。健全激励机制，认真开展"七五"普法中期检查和总结验收，加强法治宣传教育先进集体、先进个人表彰工作。围绕贯彻中央关于法治宣传教育的总体部署，健全法治宣传教育工作基础制度，加强地方法治宣传教育条例制定和修订工作，制定国家法治宣传教育法。

2. 健全普法责任制

实行国家机关"谁执法谁普法"的普法责任制，建立普法责任清单制度。建立法官、检察官、行政执法人员、律师等以案释法制度，在执法司法实践中广泛开展以案释法和警示教育，使案件审判、行政执法、纠纷调解和法律服务的过程成为向群众弘扬法治精神的过程。加强司法、行政执法案例整理编辑工作，推动相关部门面向社会公众建立司法、行政执法典型案例发布制度。落实"谁主管谁负责，谁执法谁普法"的普法责任，各行业、各单位要在管理、服务过程中，结合行业特点和特定群体的法律需求，开展法治宣传教育。健全媒体公益普法制度，广播电视、报纸期刊、互联网和手机媒体等大众传媒要自觉履行普法责任，在重要版面、重要时段制作刊播普法公益广告，开设法治讲堂，针对社会热点和典型案（事）例开展及时权威的法律解读，积极引导社会法治风尚。各级党组织要坚持全面从严治党、依规治党，切实履行学习宣传党内法规的职责，把党内法规作为学习型党组织建设的重要内容，充分发挥正面典型倡导和反面案例警示作用，为党内法规的贯彻实施营造良好氛围。

3. 推进法治宣传教育工作创新

要创新工作理念，坚持服务党和国家工作大局、服务人民群众生产生活，努力培育全社会法治信仰，增强法治宣传教育工作实效。针对受众心理，创新方式方法，坚持集中法治宣传教育与经常性法治宣传教育相结合，深化法律进机关、进乡村、进社区、进学校、进企业、进单位的"法律六进"主题活动，完善工作标准，建立长效机制。创新载体阵地，充分利用广场、公园等公共场所开展法治宣传教育，有条件的地方建设宪法法律教育中心。在政府机关、社会服务机构的服务大厅和服务窗口增加法治宣传教育功能。积极运用公共活动场所电子显示屏、服务窗口触摸屏、公交移动电视屏、手机屏等，推送法治宣传教育内容。充分运用互联网传播平台，加强新媒体新技术在普法中的运用，推进"互联网＋法治宣传"行动。开展新媒体普法益民服务，组织新闻网络开展普法宣传，更好地运用微信、微博、微电影、客户端开展普法活动。加强普法网站和普法网络集群建设，建设法治宣传教育云平台，实现法治宣传教育公共数据资源开放和共享。适应我国对外开放新格局，加强对外法治宣传工作。

### 1.切实加强领导

各级党委和政府要把法治宣传教育纳入当地经济社会发展规划，定期听取法治宣传教育工作情况汇报，及时研究解决工作中的重大问题，把法治宣传教育纳入综合绩效考核、综治考核和文明创建考核内容。各级人大要加强对法治宣传教育工作的日常监督和专项检查。健全完善党委领导、人大监督、政府实施的法治宣传教育工作领导体制，加强各级法治宣传教育工作组织机构建设。高度重视基层法治宣传教育队伍建设，切实解决人员配备、基本待遇、工作条件等方面的实际问题。

### 2.加强工作指导

各级法治宣传教育领导小组每年要将法治宣传教育工作情况向党委（党组）报告，并报上级法治宣传教育工作领导小组。加强沟通协调，充分调动各相关部门的积极性，发挥各自优势，形成推进法治宣传教育工作创新发展的合力。结合各地区各部门工作实际，分析不同地区、不同对象的法律需求，区别对待、分类指导，不断增强法治宣传教育的针对性。坚持问题导向，深入基层、深入群众调查研究，积极解决问题，努力推进工作。认真总结推广各地区各部门开展法治宣传教育的好经验、好做法，充分发挥先进典型的示范和带动作用，推进法治宣传教育不断深入。

### 3.加强经费保障

各地区各部门要把法治宣传教育相关工作经费纳入本级财政预算，切实予以保障，并建立动态调整机制。把法治宣传教育列入政府购买服务指导性目录。积极利用社会资金开展法治宣传教育。

# 第三节 "谁执法谁普法"普法责任制

2015年是全面推进依法治国的开局之年，如何让法治理念、法治思维、法治精神、法治信仰入脑入心，成为全民共识，是深入开展普法教育的关键。《中共中央关于全面推进依法治国若干重大问题的决定》提出，实行国家机关"谁主管谁普法，谁执法谁普法"的普法责任制。"谁主管谁普法，谁执法谁普法"，即以法律所调整的社会关系的种类和所涉及的部门、行业为主体，充分发挥行业优势和主导作用，在抓好部门、行业内部法制宣传教育的同时，负责面向重点普法对象，面向社会宣传本部门、本行业所涉及所执行的法律法规。

实行"谁主管谁普法，谁执法谁普法"工作原则，是贯彻落实"七五"普法规划的重要举措，有利于充分发挥执法部门、行业职能优势和主导作用，扩大普法依法治理工作覆盖面，增强法制宣传教育的针对性、专业性，促进执法与普法工作的有机结合，进一步加大普法工作力度，真正形成部门、行业分工负责、各司其职、齐抓共管的大普法工作格局。

## 一、"谁执法谁普法"是法治国家的新要求

实行国家机关"谁执法谁普法"的普法责任制，建立法官、检察官、行政执法人员、律师等以案释法制度，加强普法讲师团、普法志愿者队伍建设。

执法和司法人员普法具有天然的优势。严格执法、公正司法是法治信仰最好的支撑，也是最好的普法实践。将普法与立法司法执法关联在一起具有重要的现实意义。法的执行力既需要靠执法机关执法办案，也要靠全民守法来实现。法的贯彻执行需要靠大家守法，守法的前提是普法，让百姓知道法律。"谁执法谁普法"体现了法治中国的新要求，凸显了执法主体对普法的重要责任。执法机关对其执法对象、执法内容、执法当中存在的问题最了解，他们开展普法也更具针对性、及时性、有效性。

国家机关的工作涉及人民群众学习、生活、工作的方方面面，由执法者在为群众办事过程中进行普法教育，更具有亲历性和普及性，更利于人民群众接受。如交警部门宣传交通法规，税务部门宣传税法，劳动保障部门宣传劳动保障的相关法律法规。

## 二、"谁执法谁普法"指导思想

以党的十八大和十八届三中、四中全会精神及习近平总书记系列重要讲话精神为指导，坚持围绕中心、服务大局，坚持创新形式、注重实效，坚持贴近基层、服务群众，以建立健全法治宣传教育机制为抓手，以开展"学习宪法尊法守法"等主题活动为载体，通过深入开展法治宣传教育，充分发挥法治宣传教育在法治建设中的基础性作用，进一步形成分工负责、各司其职、齐抓共管的普法工作格局，通过实行"谁执法谁普法"教育活动，普及现有法律法规，提升执法人员的法治观念和行政执法水平，增强相关法治主体的法律意识，营造全社会关注、关心法治的浓厚氛围，推动形成自觉守法用法的社会环境，为经济建设营造良好的法治环境。

## 三、"谁执法谁普法"工作原则

### （一）坚持执法办案与普法宣传相结合的原则

将普法宣传教育渗透到执法办案全过程，利用以案释法、以案普法、以案学法等方式普及法律常识，通过文明执法促进深度普法，通过广泛普法促进文明执法。在各行业监管中，以行政执法、公众参与、以案释法为导向，形成行政执法人员以案释法工作长效机制，实行长态化普法。在执法工作中，要加大对案件当事人的法律宣传教育，只有在当事人中积极进行法律知识宣传，只有对典型案例进行宣传，才能起到事半功倍的宣传效果，才能让广大群众更为有效地学习法律知识，才能从实际案件中学法、懂法、用法，有效维护自身权利。

**（二）坚持日常宣传与集中宣传相结合的原则**

各机关单位根据担负职能和工作特点，在广泛开展法治宣传的同时，以各自业务领域为主要方向，结合"宪法法律宣传月""3·15""12·4"法制宣传日等特殊时段和节点。面向执法对象、服务对象和社会公众开展广泛的群众性法治宣传活动。开展各类重点突出、针对性强的集中法制宣传活动，切实增强工作的实效性。

**（三）坚持上下联动和属地管理相结合的原则**

强化上级部门对下级部门、主管部门对下属单位的指导，坚持市、县、乡三级联动普法。落实普法工作属地管理责任，强化地方党委政府对部门普法工作的监督考核，努力形成党委领导、人大监督、政府实施、政协支持、各部门协作配合、全社会共同参与的法制宣传教育新格局。

**三、"谁执法谁普法"的主要任务**

**（一）切实落实普法工作责任制**

"谁执法谁普法"工作责任主体要结合自身实际，将普法工作纳入全局工作统筹安排，制定切实可行的年度普法工作计划。健全完善普法领导机制，明确领导职责，加强普法办公室的建设，保证普法工作所需人员和经费。

**（二）着力强化法律法规宣传教育**

一是认真开展面向社会的普法活动。结合"12·4"国家宪法日、"4·7"世界卫生日、"7·11"世界人口日等各种宣传日、宣传周主题活动，通过集中宣传咨询、印发资料、LED屏滚动播出等方式，以及网站、微信、微博、广播、电视、报刊等传播平台，围绕行业普法工作重点以及群众关心的热点问题和行业执法工作的重点，开展面向大众的法治宣传教育活动。

二是扎实做好系统内人员的法治教育。以社会主义法治理念、宪法和国家基本法律法规、依法行政以及反腐倡廉、预防职务犯罪等法律知识为重点，把法治教育与政治理论教育、理想信念教育、职业道德教育、党的优良传统和作风教育结合起来，通过集中办班、举办讲座、召开研讨交流会、组织或参加法律知识考试、自学等方式，加大系统内工作人员法治学习力度，不断增强领导干部和工作人员的法治理念、法律素养和依法行政依法管理的能力。

**（三）大力推进普法执法有机融合**

寓普法于执法之中，把普法与执法紧密结合起来，使执法过程成为最生动的普法实践，大力促进普法与执法的有机融合。要将法治宣传渗透进执法办案的各环节、全过程，利用以案释法、现身说法等形式向社会大众传播法律、宣传法律，通过深化普法，预防违法行为，减少执法阻力，巩固执法成果。

（四）全面建立以案释法制度体系

一是建立典型案例评选制度。以案释法是利用身边或实际生活中发生的案例诠释法律的过程，要精心筛选具有重大典型教育意义、社会关注度高、与群众关系密切的"身边的案例""成熟的案例""针对性强的案例"，作为"释法"重点。定期开展行政执法案卷质量评查活动，评选出具有行业特点且与社会大众生活健康息息相关的典型案例，以更好的抓好行政执法案例评审工作。

二是建立典型案例发布传播制度。通过在部门网站设立以案释法专栏、免费发放典型案例宣传册等方式，以案释法、以案讲法，让公众进一步了解事实认定、法律适用的过程，了解案件审理、办结的情况。加强与新闻媒体的联系协调，推动落实新闻媒体的公益普法责任，充分发挥新闻媒体的法治传播作用。探索与媒体合作举办以案释法类节目，邀请媒体参与执法，积极引导社会法治风尚，增强法治宣传的传播力和影响力。

三是建立以案释法公开告知制度。在执法过程中，即时告知执法的法律依据，让行政相对人充分了解有关法律规定，知晓自身行为的违法性、应受到的处罚以及维权救济途径。有针对性地分行业定期举办执法相对人法律法规知识培训，通过强化岗前培训、岗位复训、分层培训，切实提高从业人员自身素质和法治意识。与社区合作，通过举办法治讲座、法律讲堂和开展送法进社区等形式，深入浅出地宣传法律及执法情况，释疑解惑，为各类普法对象宣讲典型案例，以身边人说身份事，用身边事教育身边人，推动法治宣传教育贴近基层、贴近百姓、贴近生活。

**四、"谁执法谁普法"的工作要求**

（一）高度重视，提高认识

充分认识法治宣传教育对全面推进法治建设的重要意义，实行国家机关"谁执法谁普法"的普法责任制是党的十八届四中全会提出的推动全社会树立法治意识的重要举措，也是推动"七五"普法决议落实，全面完成"七五"普法规划的工作要求。要充分认识开展这项工作的重要性和艰巨性，坚持把全民普法和守法作为依法治国的长期基础性工作，常抓不懈，把落实普法责任作为一项基本的职能工作。

（二）加强领导，明确责任

"谁执法谁普法"是一项涉及面广、工作要求高的系统工程，各单位和部门应按照中央的要求，切实加强对"谁执法谁普法"工作的组织领导，具体抓好落实。要明确工作目标、细化工作方案、创新工作举措、落实工作责任，确保"谁执法谁普法"工作落到实处，见到实效。

### （三）创新模式，增强实效

充分发挥主导作用和职能优势，全面结合职责范围、行业特点、普法对象的实际情况和依法治理需要及社会热点，及时跟进相关法律法规的重点宣传。发挥广播电视、报刊、网络和移动通讯等大众媒体的重要作用，用群众喜闻乐见、寓教于乐的形式，突出以案释法、以案普法等，通过多种形式创新开展有特色、有影响、有实效的法治宣传。

### （四）强化考核，落实责任

将"谁执法谁普法"工作落实情况纳入依法治理好目标绩效考核，同时对普法宣传工作进行督查，对采取措施不得力，工作不到位，目标未完成的单位应予以督促并统一纳入年终考核评价体系，对工作突出的先进集体和先进个人予以表扬。

**思考题**

1. "七五"普法规划的主要内容是什么？

2. "谁执法谁普法"的工作要求有哪些？

3. "谁执法谁普法"的主要任务是什么？

# 第四章　宪法和宪法相关法

## 本　章　要　点

★宪法是国家的根本大法。

★我国的国体是人民民主专政的社会主义国家。

★我国的政体是人民代表大会制度。

★我国的基本经济制度是公有制为主体，多种所有制经济共同发展。

★我国的分配制度是按劳分配为主体，多种分配方式并存。

★我国的国家机构包括权力机关、行政机关、军事机关、审判机关和检察机关。

★我国公民享有广泛的宪法权利。

## 第一节　宪法概述

### 一、宪法的概念

#### （一）宪法是国家的根本大法

宪法是规定国家根本制度和根本任务，规定国家机关的组织与活动的基本原则，确认和保障公民基本权利，集中表现各种政治力量对比关系的国家根本法。

宪法的根本性表现在以下四个方面：

第一，在内容上，宪法规定国家的根本制度、政权组织形式、国家结构形式、公民基本权利和基本义务、宪法实施的保障等内容，反映一个国家政治、经济、文化和社会生活的基本方面。

第二，在效力上，宪法在整个法律体系中处于最高的地位，具有最高效力。它是其他法律的立法依据，其他的一般法律都不得抵触宪法。

第三，在规范性上，宪法是各政党、一切国家机关、武装力量、社会团体和全体公民的最根本的行为准则。

第四，在修改程序上，宪法的制定和修改程序比其他一般法律的程序更为严格。

（二）我国宪法的地位

中华人民共和国成立后，国家先后颁行了四部宪法。我国的现行宪法是在1982年通过的，至今已经进行了四次修改。

宪法以法律的形式确认了我国各族人民奋斗的成果，规定了国家的根本制度、根本任务和国家生活中最重要的原则，具有最大的权威性和最高的法律效力。全国各族人民、一切国家机关和武装力量、各政党和各社会团体、各企业事业组织，都必须以宪法为根本的活动准则，并负有维护宪法尊严、保证宪法实施的职责。

作为根本法的宪法，是中国特色社会主义法律体系的重要组成部分，也是法律体系的最核心和最重要的内容。

## 二、宪法的指导思想

第一阶段：四项基本原则

1982年现行宪法制定，确立宪法的指导思想是四项基本原则，即坚持社会主义道路，坚持人民民主专政，坚持中国共产党的领导，坚持马克思列宁主义、毛泽东思想。

第二阶段：建设有中国特色社会主义的理论和党的基本路线

1993年第二次修宪，以党的十四大精神为指导，突出了建设有中国特色社会主义的理论和党的基本路线。

第三阶段：增加邓小平理论

1999年第三次修宪，将邓小平理论写入宪法，确立邓小平理论在国家中的指导思想地位。

第四阶段：增加"三个代表"重要思想

2004年第四次修宪，将"三个代表"重要思想载入宪法，确立为其在国家中的指导思想地位。

## 三、宪法基本原则

（一）人民主权原则

宪法第二条规定："中华人民共和国的一切权力属于人民。""一切权力属于人民"是无产阶级在创建无产阶级政权过程中，批判性地继承资产阶级民主思想的基础上，对人民主权原则的创造性运用和发展。

## （二）基本人权原则

我国宪法第二章"公民的基本权利和义务"专章规定和列举了公民的基本权利，体现了对公民的宪法保护。2004年的宪法修正案把"国家尊重和保障人权"写入宪法，将中国的宪政发展向前推进了一大步。

## （三）法治原则

宪法第五条第一款规定："中华人民共和国实行依法治国，建设社会主义法治国家"，在宪法上正式确立了法治原则。宪法还规定，一切国家机关和武装力量、各政党和各社会团体、各企业事业组织都必须遵守宪法和法律；一切违反宪法和法律的行为，必须予以追究；任何组织和个人都不得有超越宪法和法律的特权。

## 🔍以案释法 ⑥

### 党组织和党员必须在宪法和法律规定的范围内活动

【案情介绍】1998年3月，陕西省某乡党委书记为增加当地财政收入，促成新建项目地板条精加工厂及时开工，在未经林业主管部门批准，又无林木采伐许可证的情况下，主持召开乡党委会议，决定无证采伐该乡林场的林木，致使大量国有林木遭到砍伐，砍伐林木原木材积为240.678立方米，折合立木材积为481.356立方米。2002年3月5日，县人民检察院以盗伐林木罪，对该乡党委及党委书记提起公诉，人民法院依法受理了此案。

【以案释法】本案争议的焦点是乡党委能否成为单位犯罪的主体。刑法第三十条规定："公司、企业、事业单位、机关、团体实施的危害社会的行为，法律规定为单位犯罪的，应当负刑事责任。"我国的宪法和法律并未将中国共产党的各级组织列为国家机关，然而根据宪法的原则和精神，任何政党和组织，都必须在宪法和法律规定的范围内活动，因此党委违反法律规定也要被推上被告席。

## （四）民主集中制原则

宪法第三条第一款规定："中华人民共和国的国家机构实行民主集中制的原则。"这既是我国国家机构的组织和活动原则，也是我国宪法的基本原则。

### 四、宪法确定的国家根本任务

宪法确定的国家的根本任务是：沿着中国特色社会主义道路，集中力量进行社会主义现代化建设。中国各族人民将继续在中国共产党领导下，在马克思列宁主义、毛泽东思想、邓小平理论和"三个代表"重要思想指引下，坚持人民民主专政，坚持社会主义道路，坚持改革开放，不断完善社会主义的各项制度，发展社会主义市场经济，发展社会主义民主，健全社会主义法制，自力更生，艰苦奋斗，逐步实现工业、农业、国防和科学技术的现代化，推动物质文明、政治文明和精神文明协调发展，把我国建设成为富强、民主、文明的社会主义国家。

## 第二节　我国的基本政治经济制度

### 一、我国的基本政治制度

#### （一）人民民主专政

宪法所称的国家性质又称国体，是指国家的阶级本质，反映社会各阶级在国家中的地位，体现该国社会制度的根本属性。

我国宪法第一条第一款规定："中华人民共和国是工人阶级领导的、以工农联盟为基础的人民民主专政的社会主义国家。"即人民民主专政是我国的国体。这一国体需要从以下方面理解：

1. 工人阶级的领导是人民民主专政的根本标志

工人阶级的领导地位是由工人阶级的特点、优点和担负的伟大历史使命所决定的。工人阶级对国家的领导是通过自己的先锋队——中国共产党来实现的。

2. 人民民主专政包括对人民实行民主和对敌人实行专政两个方面

在人民内部实行民主是实现对敌人专政的前提和基础，而对敌人实行专政又是人民民主的有力保障。两者是辩证统一的关系。人民民主专政实质上就是无产阶级专政。

3. 共产党领导下的多党合作与爱国统一战线是中国人民民主专政的主要特色

爱国统一战线是指由中国共产党领导的，由各民主党派参加的，包括社会主义劳动者、社会主义事业的建设者、拥护社会主义的爱国者和拥护祖国统一的爱国者组成的广泛的政治联盟。目前我国爱国统一战线的任务是为社会主义现代化建设服务，为实现祖国统一大业服务，为维护世界和平服务。

#### （二）人民代表大会制度

人民代表大会制度是中国人民民主专政的政权组织形式（政体），是中国的根本政治制度。

1. 人民代表大会制度的主要内容

（1）国家的一切权力属于人民。人民行使国家权力的机关是全国人大和地方各级人大。各级人大都由民主选举产生，对人民负责，受人民监督。

（2）人大及其常委会集体行使国家权力，集体决定问题，严格按照民主集中制的原则办事。

（3）国家行政机关、审判机关、检察机关都由人大产生，对它负责，向它报告工作，受它监督。

（4）全国人大是最高国家权力机关；地方各级人大是地方国家权力机关。全国人大和地方各级人大各自按照法律规定的职权，分别审议决定全国的和地方的大政方针。全国人大对地方人大不是领导关系，而是法律监督关系、选举指导关系和工作联系关系。

2. 人民代表大会制度的优越性

人民代表大会制度是适合我国国情的根本政治制度，它直接体现我国人民民主专政的国家性质，是建立我国其他国家管理制度的基础。

（1）它有利于保证国家权力体现人民的意志。

（2）它有利于保证中央和地方的国家权力的统一。

（3）它有利于保证我国各民族的平等和团结。

总之，我国人民代表大会制度，能够确保国家权力掌握在人民手中，符合人民当家做主的宗旨，适合我国的国情。

（三）中国共产党领导的多党合作和政治协商制度

中国共产党领导的多党合作和政治协商制度是中华人民共和国的一项基本的政治制度，是具有中国特色的政党制度。这种政党制度是由中国人民民主专政的国家性质所决定的。

1. 多党合作制度的基本内容

（1）中国共产党是执政党，各民主党派是参政党，中国共产党和各民主党派是亲密战友。中国共产党是执政党，其执政的实质是代表工人阶级及广大人民掌握人民民主专政的国家政权。各民主党派是参政党，具有法律规定的参政权。其参政的基本点是：参加国家政权，参与国家大政方针和国家领导人人选的协商，参与国家事务的管理，参与国家方针、政策、法律、法规的制定和执行。

（2）中国共产党和各民主党派合作的首要前提和根本保证是坚持中国共产党的

领导和坚持四项基本原则。

（3）中国共产党与各民主党派合作的基本方针是"长期共存，互相监督，肝胆相照，荣辱与共"。

（4）中国共产党和各民主党派以宪法和法律为根本活动准则。

2.多党合作的重要机构

中国人民政治协商会议，简称"人民政协"或"政协"，是中国共产党领导的多党合作和政治协商的重要机构，也是中国人民爱国统一战线组织。

中国人民政治协商会议是在中国共产党领导下，由中国共产党、各个民主党派、无党派民主人士、人民团体、各少数民族和各界的代表，台湾同胞、港澳同胞和归国侨胞的代表，以及特别邀请的人士组成，具有广泛的社会基础。

人民政协的性质决定了它与国家机关的职能是不同的。人民政协围绕团结和民主两大主题履行政治协商、民主监督和参政议政的职能。

## （四）民族区域自治制度

民族区域自治制度，是指在国家统一领导下，各少数民族聚居的地方实行区域自治，设立自治机关，行使自治权的制度。

1.自治机关

民族自治地方按行政地位，分为自治区、自治州、自治县。自治区相当于省级行政单位，自治州是介于自治区与自治县之间的民族自治地方，自治县相当于县级行政单位。

民族自治地方的自治机关是自治区、自治州、自治县的人大和人民政府。民族自治地方的自治机关都实行人民代表大会制度。

2.自治权

民族自治地方的自治权有以下几个方面：

（1）民族立法权。民族自治地方的人大有权依照当地的政治、经济和文化的特点，制定自治条例和单行条例。

（2）变通执行权。上级国家机关的决议、决定、命令和指标，如果不适合民族自治地方实际情况，自治机关可以报经上级国家机关批准，变通执行或者停止执行。

（3）财政经济自主权。凡是依照国家规定属于民族自治地方的财政收入，都应当由民族自治地方的自治机关自主安排使用。

（4）文化、语言文字自主权。民族自治地方的自治机关在执行公务的时候，依照本民族自治地方自治条例的规定，使用当地通用的一种或者几种语言文字。

（5）组织公安部队权。民族自治地方的自治机关依照国家的军事制度和当地的实际需要，经国务院批准，可以组织本地方维护社会治安的公安部队。

（6）少数民族干部具有任用优先权。

## （五）基层群众自治制度

基层群众自治制度是指人民依法组成基层自治组织，行使民主权利，管理基层公共事务和公益事业，实行自我管理、自我服务、自我教育、自我监督的一项制度。

中国的基层群众自治制度，是在新中国成立后的民主实践中逐步形成的。党的十七大将"基层群众自治制度"首次写入党代会报告，正式与人民代表大会制度、中国共产党领导的多党合作和政治协商制度、民族区域自治制度一起，纳入了中国特色政治制度范畴。

我国的基层群众自治组织主要是居民委员会和村民委员会。

## 二、我国的基本经济制度

### （一）所有制度

1. 我国的所有制结构概述

我国的所有制结构是公有制为主体、多种所有制经济共同发展。这是我国社会主义初级阶段的一项基本经济制度，它的确立是由我国的社会主义性质和初级阶段的国情决定的。

（1）我国是社会主义国家，必须坚持把公有制作为社会主义经济制度的基础。

（2）我国处在社会主义初级阶段，需要在公有制为主体的条件下发展多种所有制经济。

（3）一切符合"三个有利于"的所有制形式都可以而且应该用来为社会主义服务。

（4）我国社会主义建设正反两方面的经验都表明必须坚持以公有制为主体、多种所有制经济共同发展。

2. 公有制

（1）公有制的内容。公有制是生产资料归劳动者共同所有的所有经济结构形式，包括全民所有制和集体所有制。

全民所有制经济即国有经济，是国民经济的主导力量。国家保障国有经济的巩固和发展。集体所有制经济是国民经济的基础力量。国家保护城乡集体经济组织的合法的权利和利益，鼓励、指导和帮助集体经济的发展。

（2）公有制的地位。公有制是我国所有制结构的主体，它的主体地位体现在：第一，就全国而言，公有资产在社会总资产中占优势；第二，国有经济控制国民经济的命脉，对经济发展起主导作用。国有经济的主导作用主要体现在控制力上，即体现在控制国民经济发展方向，控制经济运行的整体态势，控制重要稀缺资源的能力上。在关系国民经济的重要行业和关键领域，国有经济必须占支配地位。

（3）公有制的作用。生产资料公有制是社会主义的根本经济特征，是社会主义经济制度的基础，是国家引导、推动经济和社会发展的基本力量，是实现最广大人民群众根本利益和共同富裕的重要保证。坚持公有制为主体，国有经济控制国民经济命脉，对发挥社会主义制度的优越性，增强我国的经济实力，国防实力和民族凝聚力，提高我国国际地位，具有关键性作用。

3. 非公有制

非公有制经济是我国现阶段除了公有制经济形式以外的所有经济结构形式，主要包括个体经济、私营经济、外资经济等。

个体经济，是由劳动者个人或家庭占有生产资料，从事个体劳动和经营的所有制形式。它是以劳动者自己劳动为基础，劳动成果直接归劳动者所有和支配。

私营经济，是以生产资料私有和雇佣劳动为基础，以取得利润为目的的所有制形式。

外资经济，是我国发展对外经济关系，吸引外资建立起来的所有制形式。它包括中外合资经营企业、中外合作经营企业中的境外资本部分，以及外商独资企业。

非公有制经济是我国社会主义市场经济的重要组成部分，国家保护个体经济、私营经济等非公有制经济的合法的权利和利益，鼓励、支持和引导非公有制经济的发展，并对非公有制经济依法实行监督和管理。

（二）分配制度

我国现行的分配制度是以按劳分配为主体、多种分配方式并存的分配制度。这种分配制度是由我国社会主义初级阶段的生产资料所有制结构、生产力的发展水平，以及人们劳动差别的存在决定的，同时也是发展社会主义市场经济的客观要求。

按劳分配的主体地位表现在：

其一，全社会范围的收入分配中，按劳分配占最大比重，起主要作用。

其二，公有制经济范围内劳动者总收入中，按劳分配收入是最主要的收入来源。

除了按劳分配以外，其他分配方式主要还包括按经营成果分配；按劳动、资本、技术、土地等其他生产要素分配。

## 第三节　公民的基本权利和义务

**一、公民的基本权利**

公民的基本权利是由一国的宪法规定的公民享有的，主要的、必不可少的权利，故有些国家又把公民的基本权利称为宪法权。

**（一）平等权**

宪法第三十三条第二款规定："中华人民共和国公民在法律面前一律平等。"这既是我国社会主义法治的一项重要原则，也是我国公民的一项基本权利。其含义有以下几点：第一，我国公民不分民族、种族、性别、职业、家庭出身、宗教信仰、教育程度、财产状况、居住期限、一律平等地享有宪法和法律规定的权利并平等地承担相应的义务；第二，国家机关对公民平等权利的保护，对公民履行义务平等的约束，平等的要求；第三，所有公民在适用法律上一律平等。不允许任何组织和个人有超越宪法和法律之上的特权；第四，法律面前一律平等还包括民族平等和男女平等。

**（二）政治权利和自由**

1.选举权与被选举权

宪法第三十四条规定："中华人民共和国年满十八周岁的公民，不分民族、种族、性别、职业、家庭出身、宗教信仰、教育程度、财产状况、居住期限，都有选举权和被选举权；但是依照法律被剥夺政治权利的人除外。"选举权与被选举权包含以下内容：（1）公民有权按照自己的意愿选举人民代表；（2）公民有被选举为人民代表的权利；（3）公民有依照法定程序罢免那些不称职的人民代表的权利。

选举权和被选举权是公民参加国家管理的一项最基本的政治权利，也是最能体现人民群众当家作主的一项权利。

2.言论、出版、集会、结社、游行、示威的自由

宪法第三十五条规定："中华人民共和国公民有言论、出版、集会、结社、游行、示威的自由。"

（1）言论自由就是宪法规定公民通过口头或书面形式表达自己的意见的自由。

（2）出版自由是公民以出版物形式表达其思想和见解的自由。

（3）集会自由是指公民享有宪法赋予的聚集在一定场所商讨问题或表达意愿的自由。

（4）结社自由是公民为一定宗旨，依照法定程序组织或参加具有连续性的社会团体的自由。

（5）游行自由是指公民采取列队行进的方式来表达意愿的自由。

（6）示威自由是指通过集会或游行、静坐等方式表达强烈意愿的自由。

我国宪法一方面保障公民享有集会、游行、示威的自由，另一方面公民也应当遵守有关的法律规定。

### （三）宗教信仰自由

宪法第三十六条第一款规定："中华人民共和国公民有宗教信仰自由。"尊重和保护宗教信仰自由，是我们党和国家长期的基本政策。

### （四）人身自由

宪法第三十七条规定："中华人民共和国公民的人身自由不受侵犯。任何公民，非经人民检察院批准或者决定或者人民法院决定，并由公安机关执行，不受逮捕。禁止非法拘禁和以其他方法非法剥夺或者限制公民的人身自由，禁止非法搜查公民的身体。

人身自由有广义、狭义之分。狭义的人身自由是指公民的身体自由不受侵犯。广义的人身自由还包括：公民的人格尊严不受侵犯、公民的住宅不受侵犯、公民的通信自由和通信秘密受法律保护。

人身自由不受侵犯，是公民最起码、最基本的权利，是公民参加各种社会活动和享受其他权利的先决条件。

### （五）监督权

监督权是指宪法赋予公民监督国家机关及其工作人员的活动的权利，包括：

1. 批评权

公民有对国家机关和国家工作人员工作中的缺点和错误提出批评意见的权利。

2. 建议权

公民有对国家机关和国家工作人员的工作提出合理化建议的权利。

3. 控告权

公民对任何国家机关和国家工作人员的违法失职行为有向有关机关进行揭发和指控的权利。

4. 检举权

公民对于违法失职的国家机关和国家工作人员，有向有关机关揭发事实，请求依法处理的权利。

5. 申诉权

公民的合法权益因行政机关或司法机关作出的错误的、违法的决定或裁判，或者因国家工作人员的违法失职行为而受到侵害时，有向有关机关申诉理由，要求重新处理的权利。

### （六）社会经济权利

1. 劳动权

劳动权是指有劳动能力的公民有获得工作并取得相应报酬的权利。

2. 休息权

休息权是为保护劳动者的身体健康和提高劳动效率而休息的权利。

3. 退休人员生活保障权

退休人员生活保障权是指退休人员的生活受到国家和社会的保障。

4. 获得物质帮助权

获得物质帮助权是指公民在年老、疾病或者丧失劳动能力的情况下，有从国家和社会获得物质帮助的权利。

## （七）文化教育权利

### 1. 公民有受教育的权利

公民享有从国家接受文化教育的机会和获得受教育的物质帮助的权利。

### 2. 公民有进行科研、文艺创作和其他文化活动的自由

我国宪法规定，公民有进行科学研究、文学艺术创作和其他文化活动的自由。国家对于从事教育、科学、技术、文学、艺术和其他文化事业的公民的有益于人民的创造性工作，给以鼓励和帮助。

## 🔍 以案释法 07

### 公民的教育权受宪法保护

【案情介绍】2010年，齐某某通过考试获得了山东省某大学的入学资格。录取通知书由该校发出后，由她就读的某市八中转交。同学陈某某得知后，从市八中领走录取通知书，并在其父的运作下，以齐某某的名义到大学就读直至毕业。毕业后，陈某某仍然使用齐某某的姓名，到中国银行某支行工作。齐某某发现陈某某冒用其姓名后，以姓名权、受教育权及相关权益被侵害为由，向人民法院提起民事诉讼，以陈某某、陈父、大学、市八中和市教育委员会为被告。请求法院判令被告停止侵害、赔礼道歉，并赔偿原告经济损失16万元，精神损失40万元。此案经过二审，最终由山东省高级人民法院作出判决：（1）被上诉人陈某某、陈父赔偿齐某某因受教育的权利被侵犯造成的直接经济损失7000元，大学、市八中、市教委承担连带赔偿责任；（2）被上诉人陈某某、陈父赔偿齐某某因受教育的权利被侵犯造成的间接经济损失（按陈某某以齐某某名义领取的工资扣除最低生活保障费后计算）41045元，大学、市八中、市教委承担连带赔偿责任；（3）被上诉人陈某某、陈父、大学、市八中、市教委赔偿齐某某精神损害费50000元。

【以案释法】宪法第四十六条第一款规定："中华人民共和国公民有受教育的权利和义务。"陈某某等以侵犯姓名权的手段，侵犯了齐某某依据宪法规定所享有的受教育的基本权利，并造成了具体的损害后果，应承担相应的民事责任。因此，法院判令陈某某等赔偿齐某某的复读费、为将农业户口转为非农业户口缴纳的城市增容费、为诉讼支出的律师费等直接经济损失，并判令其侵权所得的工资收入归齐某某所有。

（八）对社会特定人的权利的保护

1. 国家保护妇女的权利和利益

宪法第四十八条规定："中华人民共和国妇女在政治的、经济的、文化的、社会的和家庭的生活等各方面享有同男子平等的权利。国家保护妇女的权利和利益，实行男女同工同酬，培养和选拔妇女干部。"

2. 婚姻、家庭、老人和儿童受国家的保护

宪法第四十九条规定，"婚姻、家庭、母亲和儿童受国家的保护"，"禁止破坏婚姻自由，禁止虐待老人、妇女和儿童"。

3. 国家保护华侨、归侨和侨眷的权利和利益

宪法第五十条规定："中华人民共和国保护华侨的正当的权利和利益，保护归侨和侨眷的合法的权利和利益。"

## 二、公民的基本义务

（一）维护国家统一和各民族团结的义务

宪法第五十二条规定："中华人民共和国公民有维护国家统一和各民族团结的义务。"

（二）遵纪守法和尊重社会公德的义务

宪法第五十三条规定："中华人民共和国公民必须遵守宪法和法律，保守国家秘密，爱护公共财产，遵守劳动纪律，遵守公共秩序，尊重社会公德。"

（三）维护祖国的安全、荣誉和利益的义务

宪法第五十四条规定："中华人民共和国公民有维护祖国的安全、荣誉和利益的义务，不得有危害祖国的安全、荣誉和利益的行为。"

（四）保卫祖国，依法服兵役和参加民兵组织

宪法第五十五条规定："保卫祖国，抵抗侵略是中华人民共和国每一个公民的神圣职责。依照法律服兵役和参加民兵组织是中华人民共和国公民的光荣义务。"

（五）依法纳税的义务

宪法第五十六条规定："中华人民共和国公民有依照法律纳税的义务。"

（六）其他义务

宪法规定的公民基本义务还包括：劳动的义务；受教育的义务；夫妻双方有实行计划生育的义务；父母有抚养教育未成年子女的义务以及成年子女有赡养扶助父母的义务等。

## 第四节　国家机构的设置及功能

### 一、国家机构的概述

国家机构是国家为了实现其职能而建立起来的国家机关的总和。

我国国家机构由权力机关、行政机关、军事机关、审判机关、检察机关组成。

我国国家机构的组织和活动有五大原则：一是民主集中制原则；二是联系群众，为人民服务原则；三是社会主义法治原则；四是责任制原则；五是精简和效率原则。

### 二、权力机关

#### （一）全国人大

全国人大是全国最高的权力机关、立法机关，不只是在权力机关中的地位最高，而且在所有的国家机关中地位最高。

全国人大由省、自治区、直辖市、特别行政区和军队选出的代表组成。各少数民族都应当有适当名额的代表。全国人大每届任期五年。

全国人大的主要职权：

1. 立法权

修改宪法，制定和修改刑事、民事、国家机构的和其他的基本法律。

2. 任免权

选举、决定和任免最高国家机关领导人和有关组成人员。

3. 决定权

决定国家重大事务。

4. 监督权

监督宪法和法律的实施，监督最高国家机关的工作。

#### （二）全国人大常委会

全国人大常委会是全国人大的常设机关，是最高国家权力机关的组成部分，在全国人大闭会期间，行使最高国家权力。

全国人大常委会对全国人大负责并报告工作。全国人大选举并有权罢免全国人大常委会的组成人员。

全国人大常委会每届任期同全国人大每届任期相同，它行使职权到下届全国人大选出新的常委会为止。

#### （三）国家主席

国家主席是我国国家机构体系中的一个国家机关，和全国人大常委会结合起来行使国家职权的，对外代表中华人民共和国。

国家主席、副主席，由全国人大选举产生，任期是五年，连续任期不得超过两届。

国家主席根据全国人大及其常委会的决定，公布法律，任免国务院总理、副总理、国务委员、各部部长、各委员会主任、审计长、秘书长；授予国家的勋章和荣誉称号；发布特赦令，宣布进入紧急状态，宣布战争状态，发布动员令。

国家主席代表中华人民共和国，进行国事活动，接受外国使节；根据全国人大常委会的决定，派遣和召回驻外全权代表，批准和废除同外国缔结的条约和重要协定。

### （四）地方各级人大及其常委会

地方各级人大是地方权力机关。省、直辖市、自治区、县、市、市辖区、乡、民族乡、镇设立人大。县级以上的地方各级人大设立常委会，作为本级人大的常设机关。地方各级人大每届任期五年。

## 三、行政机关

### （一）国务院

国务院即中央人民政府，是国家最高行政机关，是最高国家权力机关的执行机关，统一领导全国各级行政机关的工作。

国务院由总理、副总理、国务委员、各部部长、各委员会主任、秘书长、审计长组成，国务院组成人员的任期为五年。总理、副总理、国务委员的连续任期不得超过两届。

国务院向全国人大及其常委会负责并报告工作，总理领导国务院的工作，副总理、国务委员协助总理工作。

国务院行使以下职权：第一，国务院有权根据宪法和法律规定行政措施，制定行政法规，发布行政决定和命令；第二，对国防、民政、科教、经济等各项工作的领导和管理权；第三，对所属部、委和地方各级行政机关的领导权及行政监督权；第四，提出议案权；第五，行政人员的奖惩权；第六，全国人大及其常委会授予的其他职权。

### （二）地方各级人民政府

地方各级人民政府是地方国家行政机关，也是地方各级人大的执行机关。地方各级人民政府对本级人大和上一级国家行政机关负责并报告工作。县级以上的地方各级人民政府在本级人大闭会期间，对本级人大常委会负责并报告工作。地方各级人民政府都受国务院统一领导，负责组织和管理本行政区域的各项行政事务。

## 四、军事机关

中央军委是中国共产党领导下的最高军事领导机关，统帅全国武装力量（解放军、武装警察部队、民兵、预备役）。

中央军委由主席、副主席、委员组成，实行主席负责制。主席由全国人大选举产生，副主席和军委委员根据主席的提名由大会决定，大会闭会期间，由人大常委会决定。中央军委的每届任期五年，主席和副主席可以终身任职。

中央军委实行主席负责制，军委主席直接对全国人大和全国人大常委会负责。

## 五、审判机关

人民法院是国家的审判机关，依法独立行使审判权，不受行政机关、团体和个人的非法干预。人民法院组织体系由最高人民法院、地方人民法院（高级法院、中级法院、基层法院）、专门人民法院（军事法院、海事法院、铁路运输法院）构成。

最高人民法院是国家最高的审判机关，地方人民法院是地方的审判机关，专门人民法院是专门审判机关。最高人民法院监督地方各级人民法院和专门人民法院的审判工作，上级人民法院监督下级人民法院的审判工作。

最高人民法院对全国人大和全国人大常委会负责。地方各级人民法院对产生它的国家权力机关负责。

最高人民法院由院长、副院长、庭长、副庭长、审判员等若干人组成。最高人民法院的院长由全国人大选举产生，任期五年，连任不得超过两届。

## 六、检察机关

人民检察院是国家的法律监督机关，依法独立行使检察权，不受行政机关、社会团体和个人的干涉。

人民检察院组织体系由最高人民检察院、地方人民检察院和军事检察院等专门人民检察院构成。

最高人民检察院是最高检察机关，领导地方各级人民检察院和专门人民检察院的工作，上级人民检察院领导下级人民检察院的工作。

最高人民检察院对全国人大和全国人大常委会负责。地方各级人民检察院对产生它的国家权力机关和上级人民检察院负责。

最高人民检察院由全国人大选举产生的检察长、副检察长、检察员组成，最高检察长任期五年，连任不得超过两届。

# 第五节　国家宪法日和宪法宣誓制度

## 一、国家宪法日

### （一）国家宪法日的设立

党的十八届四中全会通过的《中共中央关于全面推进依法治国若干重大问题的决定》提出，将每年12月4日定为国家宪法日。

2014年11月1日，十二届全国人大常委会十一次会议通过的《全国人民代表大会常务委员会关于设立国家宪法日的决定》，正式将12月4日设立为国家宪法日。决定在宪法日，国家通过多种形式开展宪法宣传教育活动。

### （二）国家宪法日的设立目的及意义

宪法是国家的根本法，是治国安邦的总章程，具有最高的法律地位、法律权威和法律效力。全面贯彻实施宪法，是全面推进依法治国、建设社会主义法治国家的首要任务和基础性工作。全国各族人民、一切国家机关和武装力量、各政党和各社会团体、各企业事业组织，都必须以宪法为根本的活动准则，并且负有维护宪法尊严、保证宪法实施的职责。任何组织或者个人都不得有超越宪法和法律的特权，一切违反宪法和法律的行为都必须予以追究。国家宪法日设立的目的，是为了增强全社会的宪法意识，弘扬宪法精神，加强宪法实施，全面推进依法治国。设立国家宪法日，有助于树立宪法权威，维护宪法尊严；有助于普及宪法知识，增强全社会宪法意识，弘扬宪法精神；有助于扩大宪法实施的群众基础，加强宪法实施的良好氛围，发扬中华民族的宪法文化。

## 二、宪法宣誓制度

### （一）宪法宣誓制度的确立及意义

2015年7月1日，十二届全国人大常委会十五次会议通过了《全国人民代表大会常务委员会关于实行宪法宣誓制度的决定》，以国家立法形式确立了我国的宪法宣誓制度，该决定自2016年1月1日起施行。决定指出，宪法是国家的根本法，是治国安邦的总章程，具有最高的法律地位、法律权威和法律效力。国家工作人员必须树立宪法意识，恪守宪法原则，弘扬宪法精神，履行宪法使命。

宪法宣誓制度的确立及实行，具

有非常重要的意义。实行宪法宣誓制度有利于树立宪法权威；有利于增强国家工作人员的宪法观念，激励和教育国家工作人员忠于宪法、遵守宪法，维护宪法。宪法宣誓仪式是庄严神圣的，宣誓人员通过感受宪法的神圣，铭记自己的权力来源于人民、来源于宪法。在履行职务时就可以严格按照宪法的授权行使职权，发现违反宪法的行为，就能够坚决地捍卫宪法、维护宪法。实行宪法宣誓制度也有利于在全社会增强宪法意识。通过宪法宣誓活动，可以强化全体公民对宪法最高法律效力、最高法律权威、最高法律地位的认识，可以提高全体社会成员自觉遵守宪法，按照宪法规定行使权利履行义务。

### （二）宪法宣誓制度的适用主体

根据决定的规定，宪法宣誓制度的适用主体主要有：

各级人大及县级以上各级人大常委会选举或者决定任命的国家工作人员，以及各级人民政府、人民法院、人民检察院任命的国家工作人员，在就职时应当公开进行宪法宣誓。

全国人大选举或者决定任命的国家主席、副主席，全国人大常委会委员长、副委员长、秘书长、委员，国务院总理、副总理、国务委员、各部部长、各委员会主任、中国人民银行行长、审计长、秘书长，中央军委主席、副主席、委员，最高人民法院院长，最高人民检察院检察长，以及全国人大专门委员会主任委员、副主任委员、委员等，在依照法定程序产生后，进行宪法宣誓。

在全国人大闭会期间，全国人大常委会任命或者决定任命的全国人大专门委员会个别副主任委员、委员，国务院部长、委员会主任、中国人民银行行长、审计长、秘书长，中央军委副主席、委员，在依照法定程序产生后，进行宪法宣誓。

全国人大常委会任命的全国人大常委会副秘书长，全国人大常委会工作委员会主任、副主任、委员，全国人大常委会代表资格审查委员会主任委员、副主任委员、委员等，在依照法定程序产生后，进行宪法宣誓。宣誓仪式由全国人大常委会委员长会议组织。

全国人大常委会任命或者决定任命的最高人民法院副院长、审判委员会委员、庭长、副庭长、审判员和军事法院院长，最高人民检察院副检察长、检察委员会委员、检察员和军事检察院检察长，国家驻外全权代表，在依照法定程序产生后，进行宪法宣誓。宣誓仪式由最高人民法院、最高人民检察院、外交部分别组织。

国务院及其各部门、最高人民法院、最高人民检察院任命的国家工作人员，在就职时进行宪法宣誓。宣誓仪式由任命机关组织。

地方各级人大及县级以上地方各级人大常委员会选举或者决定任命的国家工作人员，以及地方各级人民政府、人民法院、人民检察院任命的国家工作人员，在依照法定程序产生后，进行宪法宣誓。

（三）宪法宣誓誓词内容

根据决定的规定，宪法宣誓誓词为："我宣誓：忠于中华人民共和国宪法，维护宪法权威，履行法定职责，忠于祖国、忠于人民，恪尽职守、廉洁奉公，接受人民监督，为建设富强、民主、文明、和谐的社会主义国家努力奋斗！"

（四）宪法宣誓形式

根据决定的规定，宪法宣誓应举行宪法宣誓仪式，根据情况，可以采取单独宣誓或者集体宣誓的形式。单独宣誓时，宣誓人应当左手抚按《中华人民共和国宪法》，右手举拳，诵读誓词。集体宣誓时，由一人领誓，领誓人左手抚按《中华人民共和国宪法》，右手举拳，领诵誓词；其他宣誓人整齐排列，右手举拳，跟诵誓词。

宣誓场所应当庄重、严肃，悬挂中华人民共和国国旗或者国徽。

负责组织宣誓仪式的机关，可以根据决定并结合实际情况，对宣誓的具体事项作出规定。

## 第六节　国家安全法和全民国家安全教育

国家安全是国家发展的最重要基石、人民福祉的最根本保障。

党的十八大以来，习近平总书记站在国家发展和民族复兴的战略高度，准确把握国家安全的新特点新趋势，提出总体国家安全观重大战略思想，谋划走出一条中国特色的国家安全道路，为新形势下维护国家安全确立了重要遵循。以设立全民国家安全教育日为契机，以总体国家安全观为指导，全面实施国家安全法，深入开展国家安全宣传教育，切实增强全民国家安全意识，是加强国家安全的必然要求，具有重要现实意义。

### 一、总体国家安全观的提出

1992年十四大、1997年十五大、2002年十六大，都曾不同程度地提到了国家安全，但只有2004年9月十六届四中全会通过的《中共中央关于加强党的执政能力建设的决定》，才第一次比较系统地论述了国家安全问题，并首次提出要"抓紧构建维护国家安全的科学、协调、高效的工作机制"。

2007年10月，十七大报告把相关提法概括成"健全国家安全体制"八个字。2012年十八大时，相关内容与"国家安全战略"合为一体，被表述为"完善国家安全战略和工作机制"。

在十八届三中全会上，针对设立国家安全委员会的必要性和迫切性，习近平总书记对我国国家安全形势的概括是：当前，我国面临对外维护国家主权、安全、发展利益，对内维护政治安全和社会稳定的双重压力。各种可以预见和难以预见的风险因素明显增多。鉴于当下形势，十八届三中全会公报正式提出了"完善国家安全体制"。至此，"完善国家安全体制"成了一个最准确的表述。

2013年11月12日，党的十八届三中全会公报指出，中央将设立国家安全委员会，完善国家安全体制和国家安全战略，确保国家安全。设立国家安全委员会，提出"总体国家安全观"是对2004年9月十六届四中全会首次提出并在后来多次强调的"构建"或"健全""国家安全工作机制"及"完善国家安全体制"的落实和发展。

2014年1月24日，中共中央政治局召开会议，研究决定国家安全委员会设置。国家安全委员会作为中共中央关于国家安全工作的决策和议事协调机构，统筹协调涉及国家安全的重大事项和重要工作。至此，我国就拥有了应对国内外综合安全和制定国家安全战略的顶层运作机制。

2014年4月，中央国家安全委员会第一次全体会议召开，习近平将保证国家安全明确列为头等大事，"总体国家安全观"首次被系统地提出。

2014年4月15日，中央国家安全委员会首次会议的召开，标志着富有中国特色的国家安全机制开始正式运转。习近平在国家安全委员会第一次会议上指出，当前我国国家安全内涵和外延比历史上任何时候都要丰富，时空领域比历史上任何时候都要宽广，内外因素比历史上任何时候都要复杂，必须坚持总体国家安全观。

2015年5月，全国国家安全机关总结表彰大会召开，习近平对"国安干部"提出"坚定纯洁、让党放心、甘于奉献、能拼善赢"16个字的标准要求。

2015年7月，十二届全国人大常委会十五次会议通过国家安全法，将每年4月15日确定为全民国家安全教育日。2015年7月通过的国家安全法就是把党中央维护国家安全的这一新方针政策法律化、制度化，赋予其法律约束力。

## 二、新国家安全法应运而生

党的十八大以来，以习近平同志为总书记的党中央团结带领全党全国各族人民，协调推进"四个全面"战略布局，各方面工作都取得新的重大进展，开创了中国特色社会主义建设事业新局面。在新的历史条件下，习近平总书记以强烈的忧患意识和敏锐的洞察力，深刻分析我国国家安全所面临的国际国内形势，提出了总体国家安全观这一重大战略思想。按照党中央的统一部署，全国人大常委会积极稳步推进国家安全立法工作。经过三次审议，十二届全国人大常委会十五次会议通过了新制定的国家安全法。2015年7月1日，国家主席习近平签署第二十九号主席令予以公布，自公布之日起施行。国家安全法的制定和实施，对于完善和发展中国特色社会主义制度，推进国家安全治理体系和治理能力现代化，如期实现全面建成小康社会，实现中华民族伟大复兴的中国梦，具有十分重大而深远的现实意义和历史意义。国家安全法适应了国家安全形势发展变化的迫切需要，具有鲜明的时代特征。国家安全法明确了总体国家安全观的指导地位，为走出一条中国特色国家安全道路奠定了法律基础。国家安全法确立了国家安全工作领导体制机制，为实现维护国家安全各领域任务提供了制度保障。国家安全法为构建中国特色国家安全法律制度体系，推进国家安全各项工作法治化提供了基础支撑。

### 三、新国家安全法贯彻总体国家安全观

国家安全法作为中国特色国家安全法律制度体系中的一部综合性、全局性、基础性的法律，内容非常丰富，内涵也十分深刻。

#### （一）坚持中国共产党对国家安全工作的领导

坚持中国共产党的领导，是我国宪法确立的基本原则。坚持走中国特色国家安全道路，最根本的就是旗帜鲜明地坚持党对国家安全工作的领导，这是确保国家安全工作正确政治方向的根本政治原则，任何时候任何情况下都不能动摇。国家安全法第四条规定："坚持中国共产党对国家安全工作的领导，建立集中统一、高效权威的国家安全领导体制。"第五条规定："中央国家安全领导机构负责国家安全工作的决策和议事协调，研究制定、指导实施国家安全战略和有关重大方针政策，统筹协调国家安全重大事项和重要工作，推动国家安全法治建设。"

#### （二）坚持以总体国家安全观指导国家安全工作

国家安全法第三条规定："国家安全工作应当坚持总体国家安全观，以人民安全为宗旨，以政治安全为根本，以经济安全为基础，以军事、文化、社会安全为保障，以促进国际安全为依托，维护各领域国家安全，构建国家安全体系，走中国特色国家安全道路。"遵循这一指导原则，国家安全法规定了政治安全、人民安全、国土安全、军事安全、经济安全、文化安全、社会安全、科技安全、信息安全、生态安全、资源安全、核安全，以及新型领域安全等方面的安全任务；规定了国家安全工作应当遵循维护国家安全与经济社会发展相协调和统筹各领域安全的原则。从而，构建起集各领域安全于一体的国家安全体系。

#### （三）坚持国家安全一切为了人民、一切依靠人民

总体国家安全观强调以人民安全为宗旨。国家安全法第一条开宗明义将"保护人民的根本利益"作为立法目的；将"尊重和保障人权，依法保护公民的权利和自由"作为国家安全工作应当坚持的重要原则；规定了维护人民安全，就是维护和发展最广大人民的根本利益，保卫人民安全，就要创造良好的生存发展条件和安定工作生活环境；并在多处规定要保护人民生命健康、财产安全和公民的其他合法权益。这

些规定，充分体现了维护人民安全是国家安全的终极目的。同时也明确了，人民是维护国家安全的中坚力量，做好国家安全工作，必须紧紧依靠人民，取得人民的拥护和支持。国家安全法规定了中国公民有维护国家安全的责任，并专章规定了公民、组织维护国家安全的义务和权利，这是维护国家安全的群众基础和社会基础。

### （四）坚持维护国家核心利益和国家其他重大利益安全

习近平总书记强调，"任何时候任何情况下，都决不放弃维护国家正当权益、决不牺牲国家核心利益。""任何外国不要指望我们会拿自己的核心利益做交易，不要指望我们会吞下损害我国主权、安全、发展利益的苦果。"国家安全法第二条科学界定了国家安全的定义。明确规定："国家安全是指国家政权、主权、统一和领土完整、人民福祉、经济社会可持续发展和国家其他重大利益相对处于没有危险和不受内外威胁的状态，以及保障持续安全状态的能力。"这里，既明确了国家安全法的调整范围，又鲜明地亮出了维护国家核心利益和其他重大利益的底线。

我们要着眼于实现国家长治久安和中华民族伟大复兴的中国梦，立足为"十三五"发展提供安全保障，以新发展理念为引领，紧紧围绕党的十八届五中全会确定的目标任务，通盘谋划国家安全各项工作，整体推进国家安全法的全面贯彻实施。依据法定职责权限，落实维护国家安全的责任。要在党中央统一领导下，把贯彻实施国家安全法作为重要政治任务，各司其职，密切配合，勇于担当，认真落实维护国家安全的法定职责。深入开展国家安全宣传教育，不断增强全民国家安全意识。切实增强广大党员干部维护国家安全的法律意识和责任感。抓紧将国家安全教育纳入国民教育体系，推动国家安全教育进学校、进教材、进课堂。在全社会开展形式多样、群众喜闻乐见的国家安全法宣传教育活动，使国家安全观念深入人心。加强国家安全相关立法，加快形成国家安全法律制度体系，为维护我国国家安全提供坚实的法治保障。

### 四、增强法治观念　维护国家安全

国家安全法明确了维护国家安全的基本原则、任务和基本制度，不仅确认建立集中统一、权威高效的国家安全领导体制，而且以法律形式确立了国家安全工作的相关制度，规定了国家机关、公民和组织维护国家安全的职责、权利和义务，是一部综合性、全局性、基础性法律，为构建国家安全法律体系奠定了坚实基础和基本遵循。国家安全法确立了党的领导，社会主义法治原则，协调统筹原则，标本兼治、预防为主、专群结合原则，互信、互利、平等、协作原则等基本原则。

国家安全法专章对维护国家安全的任务作了规定，涉及中国特色社会主义建设"五位一体"总体布局的方方面面，涵盖政治、国土、军事、经济、文化、社会、科技、网络、生态、资源、核及海外利益等多个领域；同时提出，根据经济社会发展和国家发展利益的需要，不断完善维护国家安全的任务。

贯彻实施国家安全法，应当增强法治观念，依法维护国家安全。首先，在立法领域，应当抓紧制定配套法律法规，形成覆盖全面、运行良好的国家安全法律体系。当前，网络安全、能源安全、金融安全等问题是国家安全面临的紧迫问题，也是国家安全立法要优先解决的问题。要加快制定网络安全、生物生态安全、核安全和战略资源储备、紧急状态等方面的法律。加强陆地国土安全、海洋安全、科技安全、公共决策的风险评估等方面的立法工作，修改完善各领域法律法规。

其次，在执法领域，所有机构、组织都必须认真实施法律，切实履行法定的职责和义务，依法维护国家安全。对于违反国家安全法的行为，必须严肃追究、严厉惩治。要加大对国家安全各项建设的投入，在国家安全战略物资储备等方面，采取必要措施，提供强有力的保障。

最后，在守法领域，要通过多种形式开展国家安全宣传教育活动，培育全体公民的国家安全意识。与经济快速发展形成对比，我国公民的国家安全意识相对滞后。长期的和平环境使一些人产生了麻痹思想，忧患意识淡化。为此，必须通过国家安全观教育、爱国主义教育、主权意识教育、公民国家责任教育、法律意识教育等方式，牢固树立起国家利益和国家安全高于一切的中华民族集体认同，将国家安全教育纳入国民教育体系和公务员教育培训体系，扩大国家安全意识教育的社会覆盖面，增强全民国家安全意识，动员全社会的力量，共同维护国家安全。

## 五、将国家安全宣传摆在重要位置

### （一）重视国家安全宣传

制定实施国家安全法，是贯彻习近平总书记总体国家安全观的重要举措，是建立和完善中国特色社会主义国家安全法制体系的核心工作。按照中央统一部署，中宣部把国家安全法宣传教育列入2016年宣传思想工作重点，积极调动全系统的力量，为国家安全法的贯彻实施营造良好舆论氛围和社会环境。中央和地方媒体认真做好法律审议通过的程序性报道，深入解读国家安全法主要内容，及时回应外界关切热点。

结合培育和践行社会主义核心价值观、实施"七五"普法规划等工作，在全社会大力弘扬社会主义法治精神，深入开展国家安全形势教育，大力宣传国家安全法等国家安全和公共安全领域的法律法规，普及国家安全法律知识，引导干部群众认清国家安全形势、增强危机忧患意识、树立国家安全观念，积极支持配合国家安全机关履行职责，有效抵制各种危害国家安全的行为。

国家安全法明确将每年4月15日定为全民国家安全教育日，这是宣传普及国家安全法的有利契机。中央主要媒体在显著位置刊播习近平总书记重要批示，报道了有关部门披露的一批涉国家安全案件，制作刊播一批短小精悍、活泼易懂的新媒体产品。中央重点新闻网站和主要商业网站推出专题，提高全民国家安全教育日的知晓度，增强全社会对国家安全的关注度。

我们要把国家安全作为头等大事，将国家安全法宣传教育摆到更加重要位置，以总体国家安全观为指导，以全民国家安全教育日活动为契机，创新方式方法，加大工作力度，深入开展国家安全宣传教育，切实增强全民国家安全意识。当前，贯彻落实国家安全法任务艰巨繁重。要紧扣全民国家安全教育日、国家安全法实施周年等重要时间节点，组织开展系列内容丰富、形式多样、注重实效的宣传教育活动，比如主题展览、知识竞赛、影视歌曲、典型评选等，主流媒体集中刊播相关专题报道、评论和理论文章，定期公布有关案例，注重通过多媒体平台提高宣传教育的实际效果，特别注意体现贴近性，让人民群众实实在在体会到国家安全与自己切身相关，提高全民维护国家安全的主动性和参与度。

结合贯彻落实《中组部、中宣部、司法部、人力资源和社会保障部关于完善国家工作人员学法用法制度的意见》，推动各地各部门把国家安全相关法律法规作为领导干部日常学法、用法的重要内容，纳入具体学习计划和法律培训等工作安排，确保学习时间，促进领导干部学习国家安全相关法律法规经常化、制度化。

（二）国家安全法宣传重点

总体国家安全观，是我们党维护国家安全理论和实践的重大创新，是新形势下指导国家安全工作的强大思想武器和行动指南。认真学习、系统宣传总体国家安全观，对于应对我国国内外安全挑战、维护国家长治久安具有深远意义。各级司法行政机关要做好总体国家安全观的学习贯彻和宣传教育工作，深入宣传总体国家安全观提出的时代背景、重大意义和丰富内涵，深入宣传人民安全是国家安全的根本宗旨，进一步坚定贯彻落实总体国家安全观、走中国特色国家安全道路的信心和决心。

1. 深入宣传普及国家安全法以及反恐怖主义法、反间谍法等法律法规

深入宣传普及国家安全法以及反恐怖主义法、反间谍法等法律法规，是推动依法维护国家安全的基础性工作。国家安全法等法律颁布以来，司法部、全国普法办结合全国"七五"普法规划的研究制定，推动将国家安全法等法律法规纳入"七五"普法规划重要内容。印发了《关于深入开展〈国家安全法〉宣传教育活动的通知》，对首个全民国家安全教育日系列宣传和国家安全法在全社会的宣传普及作出部署安排。全国普法办组织专家学者录制了国家安全法微视频公开课，会同有关部门编写权威普法资料，准确解读、广泛普及国家安全法律知识。以国家安全法为主要内容，组织开展全国百家网站法律知识竞赛活动、动漫微电影作品征集活动，取得明显效果。各级司法行政机关要推动把国家安全法的宣传普及纳入"七五"普法规划，大力宣传国家安全法的立法宗旨和主要内容，大力宣传反恐怖主义法、反间谍法等与

维护国家安全密切相关法律法规。要精心组织好全民国家安全教育日系列宣传活动，坚持日常宣传和集中宣传相结合，推动国家安全法的宣传普及不断深入。

2.强化维护国家安全法治意识是依法维护国家安全的重要前提

强化维护国家安全法治意识是依法维护国家安全的重要前提。各级司法行政机关要在普及国家安全法律知识的同时，更加注重培养维护国家安全法治意识，努力营造全民尊法学法守法用法的良好氛围。要推动国家安全法进机关、进乡村、进社区、进学校、进企业、进单位，促进国家安全法宣传教育向面上拓展、向基层延伸。要抓好国家工作人员特别是领导干部这个"关键少数"，把国家安全相关法律作为国家工作人员学法用法重要内容，纳入党委（党组）理论学习中心组学习内容，督促国家工作人员学习掌握国家安全相关法律知识，牢固树立总体国家安全观，依法履行维护国家安全职责。要坚持国家安全教育从青少年抓起，通过在各类青少年法治教育基地中增加国家安全法主题内容，组织开展国家安全教育专题活动等，引导青少年从小树立维护国家安全意识。要注重以案释法，结合公开发布的典型案例，组织开展警示教育，从社会公众易于理解接受的角度，生动直观地普及宣传国家安全法。要积极推进国家安全法律法规宣传方式方法创新，注重综合运用传统媒体和互联网以及微信、微博、客户端等新媒体新技术，扩大覆盖面、增强渗透力，提高针对性和实效性。

### （三）把国家安全教育纳入国民教育体系

国家安全法颁布以来，教育部坚持以总体国家安全观为指导，全面加强和深化教育系统国家安全工作。

认真落实"将国家安全教育纳入国民教育体系"的法定要求。把国家安全法教育纳入《青少年法治教育大纲》，编写国家安全教育学生读本，系统规划和科学安排国家安全教育的目标定位、原则要求、实施路径。发挥课堂教学主渠道作用，分阶段、分层次安排国家安全教育内容，构建大中小学有效衔接的国家安全教育教学体系。会同有关部门研究建设国家安全教育教学资源库，已开设15门直接相关的在线开放课程，为学生提供更多的学习资源。深入实施中国特色新型高校智库建设推进计划，组织开展国家安全专题研究，为维护国家安全提供智力支持。

扎实做好教育系统维护国家安全工作。坚持党对国家安全工作的领导，各省级党委教育工作部门和75所直属高校党委全部建立统筹落实本地本校维护国家安全和学校稳定工作的领导小组及办公室。扎实做好学校安全工作，会同公安部每年至少召开一次全国学校安全工作电视电话会议，完善人防、物防、技防措施，2015年发生在校园的危害公共安全事件同比下降35%。切实加强与各有关部门的协调配合，准确把握教育系统国家安全形势，全面开展风险调查评估、监测预警，有效防范和处置各种渗透破坏活动。积极参与国家安全相关重点领域工作协调机制，抓好有关工作落实。教育系统特别是高校连续27年保持稳定，成为全社会维护稳定的积极力量。

加快培养国家安全工作专门人才和特殊人才。开设与国家安全相关的信息安全、信息对抗、保密管理等3个本科专业，共布点115个。2015年设立"网络空间安全"一级学科，29所高校新增列或调整设立博士学位授权点，系统培养高层次网络安全人才。鼓励有关学位授予单位按照有关规定，加强国家安全各领域的人才培养工作。组织国家安全相关专业教学指导委员会，制定完善教学质量国家标准，作为专业准入、专业建设和专业评价的依据。联合有关部门实施"卓越工程师教育培养计划"，建立高校与行业企业联合培养人才的新机制，有针对性地培养适应国家安全工作需要的高素质工程技术人才。

多种形式开展国家安全宣传教育活动。各地各校大力宣传国家安全法，广泛开展国家安全知识竞赛、专题讲座、主题班会等活动，积极参与国家安全法律知识普及周、全国大学生信息安全竞赛等活动，引导师生牢固树立国家安全意识、坚决维护国家安全、坚定拥护中国共产党领导和中国特色社会主义制度。教育部正会同有关部门研究建立面向学生的国家安全校外教育项目和教育基地，进一步增强国家安全教育的针对性和实效性。

## 🔍以案释法 ⑧

## 为境外人员非法提供国家秘密危害国家安全

【案情介绍】某年3月，被告人吴某与前来北京采访此届人大五次会议新闻的境外某报记者梁某相识。梁某为了获取大会领导人演讲的报告稿，唆使吴某进行搜集。同年10月4日上午，吴某利用工作之便，将本单位有关人员内部传阅的某位中央领导在该次全国人大会上的报告送审稿（绝密级），私自复印一份，携带回家。当日下午，吴某按事先约定的地点将该报告稿非法提供给梁某。尔后，梁某使用私自安装的传真机将此报告稿全文传到境外报社。10月5日，该境外报纸全文刊登了这个报告稿。10月21日，梁某与吴某在约定地点见面，梁付给吴某人民币外汇兑换券5000元。

【以案释法】北京市检察院以吴某为境外人员非法提供国家秘密罪，向北京市中级人民法院提起公诉。北京市中级人民法院依法不公开审理此案。该院认为，被告人吴某身为国家工作人员，为谋私利，违反国家保密法规，为境外人员非法提供国家核心机密，危害国家安全，被告人的行为已构成为境外人员非法提供国家秘密罪，其犯罪性质恶劣，情节、后果特别严重。依照刑法的规定，判决被告人吴某为境外人员非法提供国家秘密罪成立，判处吴某无期徒刑，剥夺政治权利终身，同时，查获的赃款予以没收。

## 第七节  立法法修正解读

2000年3月15日，九届全国人大三次会议通过立法法。2015年3月15日，十二届全国人民代表大会三次会议根据《关于修改〈中华人民共和国立法法〉的决定》进行了修正。

### 一、立法法修正的必要性和指导思想

立法是国家的重要政治活动，立法法是关于国家立法制度的重要法律。我国现行立法法自2000年颁布施行以来，对规范立法活动，推动形成和完善中国特色社会主义法律体系，推进社会主义法治建设，发挥了重要作用。实践证明，立法法确立的立法制度总体是符合国情、行之有效的。但是，随着我国经济社会的发展和改革的不断深化，人民群众对加强和改进立法工作有许多新期盼，以习近平同志为总书记的党中央提出了新要求，立法工作面临不少需要研究解决的新情况、新问题。立法工作关系党和国家事业发展全局，在全面建成小康社会、全面深化改革、全面依法治国、全面从严治党的战略布局中，将发挥越来越重要的作用。为了适应立法工作新形势新任务的需要，贯彻落实党的十八大和十八届三中、四中全会精神，总结立法法施行以来推进科学立法、民主立法的实践经验，适时修改立法法，是十分必要的。这对于完善立法体制，提高立法质量和立法效率，维护国家法制统一，形成完备的法律规范体系，推进国家治理体系和治理能力现代化，建设社会主义法治国家，具有重要的现实意义和长远意义。

修改立法法的指导思想是，贯彻落实党的十八大和十八届三中、四中全会精神，高举中国特色社会主义伟大旗帜，以马克思列宁主义、毛泽东思想、邓小平理论、"三个代表"重要思想、科学发展观为指导，深入学习贯彻习近平总书记系列重要讲话精神，坚持党的领导、人民当家作主、依法治国有机统一，以提高立法质量为重点，深入推进科学立法、民主立法，更好地发挥立法的引领和推动作用，发挥人大及其常委会在立法工作中的主导作用，完善以宪法为核心的中国特色社会主义法律体系，全面推进依法治国，建设社会主义法治国家。

### 二、富有时代特征的立法理念

立法法修正案在十二届全国人大三次会议上高票通过，为推进全面依法治国进程提供了立法规范上的直接前提。这次立法法的修改，确立了今后立法工作的理念、体制和程序，需要贯彻实施好。新立法法富有时代特征的立法理念。

法治的理念。立法法着眼进一步增进地方法治的适应性、能动性，突出立法的引领和规范功能。在立法与改革之间的关系上以更加融合的视角看待全面深化改革和全面依法治国之间的依存性、互动性；更加强调法治作为治国理政的基本方略，在调整立法权限、注重立法质量、落实法律保留、实现税收法定、加强立法监督、

严格立法边界、约束行政立法、规范司法解释诸方面无不基于法治思维，努力护佑良法产出、调控立法供给。

科学的理念。立法法明确将提高立法质量作为立法的一项基本要求，在总则中作出规定，并以"具有针对性和可执行性"作为立法质量和成效的基本指标。立法法修改还增加法律通过前评估、法律清理、制定配套规定、立法后评估等一系列推进科学立法的措施。

民主的理念。这体现在通过立法规划和计划、先期介入立法起草、协调乃至主持起草等来确保人大主导立法，更加重视和发挥人大代表在立法中的作用，拓宽公民有序参与立法的途径，开展立法协商，完善立法论证、听证、法律草案公开征求意见等制度上。

### 三、确立更加合理完备的立法体制

立法法的修改着力于从健全立法体制出发激活立法动力、树立立法规矩。进一步强化立法权力和立法权利两轮驱动的格局。对公民的立法知情权、参与权、表达权、监督权予以规定，疏浚和拓宽了立法参与权的表达路径，这方面的一个显豁亮点，是规定了审查请求权等立法监督权利。

### （一）在制度层面保证立法主导权归人大

法律面前人人平等

这是对人民代表大会制度的健全。其中还进一步突出人大代表在实现科学立法、民主立法，实现人大主导中的地位和角色，巩固和充实包括税收法定在内的、关系到公民基本权利的最高国家权力机关专门立法权，积极而又审慎地对待地方立法权的普遍扩容，维护宪法权威和法制统一。

### （二）严格授权立法体制，实现授权与限权的统一

具体规定了授权决定应当明确包含授权的目的、事项、范围、期限和被授权机关实施授权决定应当遵循的原则。实施授权决定不超过五年，实施期限届满前六个月应当报告实施情况。进一步明确了中央与地方的立法权限，赋予设区的市相应的地方立法权，地方立法体制更加完善。在我们这样一个处于梯度发展和改革深化的大国，地方立法确有必要。一方面，要权力下移、权力释放、立法扩容，使得地方性的事务通过地方立法的途径实现法律的治理、纳入法治的轨道。地方立法绝不是可有可无，许多法律、行政法规需要地方性法规加以细化和补充，使之能够得到更好的贯彻实施。另一方面，"根据本行政区域的具体情况和实际需要"是地方立法最重要的前提，必须坚守"在不同宪法、法律、行政法规相抵触的前提下"这条底线。

而"地方性"或曰因地制宜则是地方立法的生命线和活力源。

## （三）切实强化了立法监督体制

首先严格界定了部门规章和地方政府规章边界。将部门规章限定在"应当属于执行法律或者国务院的行政法规、决定、命令的事项"，突出了部门规章的执行性，严格明确不得法外设权，既是对公民权利与行政权力关系上的一个刚性标准，又为立法监督中的备案审查、主动审查和申请审查等提供了最基本的衡量标准。立法法还进一步限缩了司法解释的创设空间。

## （四）树立民主科学规范的立法程序

首先，在立法法修改过程中，对立法进行全程化的调整，使之切实成为具有社会反映能力、信息收集能力、民意表达能力、利益协调能力、议程设置能力、法案设计能力和意志形成能力的人民意志汇集和凝聚的过程。并由此科学设计了立法提案程序、立法建议程序、法案起草程序、立法规划程序、项目调整程序、立法听证程序、影响评估程序、立法协商程序、立法审议程序和法案表决程序，以及法律公布程序等。

其次，在全国人大及其常委会立法程序上，纳入了立法规划与计划程序，细化了全国人大有关的专门委员会、常委会工作机构的立法程序环节和工作机制方法，规定其可以提前参与有关方面的法律草案起草工作；对涉及综合性、全局性、基础性等事项的法律草案，可以由全国人大有关的专门委员会或者常委会工作机构组织起草，并健全立法机关和社会公众沟通机制，征求人大代表意见建议制度。还针对审议和表决机制进行了富有前瞻性的规定。

再次，在行政法规制定程序上进一步强调其开放性和参与性，进一步防范和破除部门本位主义的侵扰，突出政府层面的法规创制决定权和政府法制机构的协调、审查权能与职责。

最后，强化了备案审查程序。规定了主动审查报送备案的规范性文件和审查申请人反馈与公开机制这两个更加凸显立法监督权威和效能的重要制度创新。

## （五）扎实的新法实施准备工作

在制度建置上，以立法法的"升级版"为依据，进一步修改完善立法机关的议事规则，制定、修订完善各地地方立法条例或地方立法程序规定，注重与民族区域自治法、地方人大和地方政府组织法之间的衔接，深入研究设区的市立法权行使的条件与方案，将立法法的实施与法治政府建设、法治地方建设结合起来。

在实施条件上，切实加强立法工作者队伍建设，加强立法智库建设，加强立法调查研究、代表联系点和基层立法观测点建设，积极探索大数据应用在保障立法的科学化、民主化的方法，夯实包括技术条件在内的立法法实施的社会基础。

更要抓住干部特别是领导干部这个实行法治的"关键少数"，切实强化领导干部对实施立法法的认知和认同，扎实推动立法法的实施，推进法治中国进程。有些修改是总结多年来立法工作中的好经验、好做法，比如一次性表决，多个同类的法律修改可以一并表决或者分别表决等等。有些修改是将原有的规定进一步完善，如授权立法的进一步规范等等。

## 四、新法修改的六大亮点

十二届全国人大三次会议2015年3月15日举行全体会议，会议经表决通过了关于修改立法法的决定。这是中国15年来首次修改立法法。修改后的立法法关于授予设区的市地方立法权、规范授权立法、明确税收法定原则等六大亮点引发关注。

### （一）规范授权立法，使授权不再放任

修改后的立法法规定：授权决定应当明确授权的目的、事项、范围、期限以及被授权机关实施授权决定应当遵循的原则等。授权的期限不得超过五年，被授权机关应在授权期满前六个月，向授权机关报告授权实施情况。

### （二）授予设区的市地方立法权

目前，中国设区的市有284个，按照现行立法法规定，享有地方立法权的有49个，尚没有地方立法权的235个。此次立法法修改依法赋予设区的市地方立法权，这意味着具有地方立法权的市实现扩围。

修改后的立法法还相应明确了地方立法权限和范围，明确设区的市可以对"城乡建设与管理、环境保护、历史文化保护等方面的事项"制定地方性法规。

### （三）明确细化"税收法定"原则

中共十八届三中全会决定提出落实税收法定原则的明确要求。修改前的立法法第八条规定了只能制定法律的事项，"税收"是在该条第八项"基本经济制度以及财政、税收、海关、金融和外贸的基本制度"中规定。

修改后的立法法将"税收"专设一项作为第六项，明确"税种的设立、税率的确定和税收征收管理等税收基本制度"只能由法律规定。这意味着，今后政府收什么税，向谁收，收多少，怎么收等问题，都要通过全国人大及其常委会的立法决定。

我国现行的18种税中，只有个人所得税、企业所得税和车船税等3种税是由全国人大及其常委会制定法律开征，其他15种税都是国务院制定暂行条例开征的，其收入占税收总收入的70%。

据全国人大常委会法工委介绍，改革开放初期，当时考虑到我国法制建设尚处于起步阶段，建立现代税制的经验和条件都不够，全国人大及其常委会于1984年和1985年先后两次把税收立法权授予国务院，由此，"条例"或"暂行条例"成了大多数税收的征收依据。十八届三中全会、四中全会明确提出落实税收法定原则。

### （四）界定部门规章和地方政府规章边界

修改后的立法法对于部门规章和地方政府规章权限进行规范。通过修法，一些地方限行、限购等行政手段就不能那么"任性"了。为进一步明确规章的制定权限

范围，推进依法行政，修改后的立法法规定，部门规章规定的事项应当属于执行法律或者国务院的行政法规、决定、命令的事项。没有法律或者国务院的行政法规、决定、命令的依据，部门规章不得设定减损公民、法人和其他组织权利或者增加其义务的规范，不得增加本部门的权力或者减少本部门的法定职责。国务院部门和地方政府制定任何规章，只要没有上位法律、法规依据的，不能减损公民权利，也不能随意增加公民的义务。

## （五）加强备案审查

规范性文件备案审查是保证宪法法律有效实施、维护国家法制统一的重要制度。修改后的立法法明显加强了备案审查力度，明确规定主动审查，如规定：有关的专门委员会和常务委员会工作机构可以对报送备案的规范性文件进行主动审查。

再如，新的立法法还提出审查申请人反馈与公开机制，规定全国人大有关的专门委员会和常委会工作机构可以将审查、研究情况向提出审查建议的国家机关、社会团体、企业组织以及公民反馈，并可以向社会公开。

## （六）对司法机关制定的司法解释加以规范

针对目前实践中司法解释存在的诸多问题，此次立法法修改，对司法解释也做了约束性规定。

这方面的规定包括：最高法院、最高检对审判工作、检察工作中具体应用法律的解释，应当主要针对具体的法律条文，并符合立法的目的、原则和原意；最高法院、最高检作出具体应用法律的解释，应当报全国人大常委会备案；除最高法院、最高检外，其他审判机关和检察机关，不得作出具体应用法律的解释等。

## 🔍 以案释法 ⑨

### 法律规定出现冲突时如何适用

【案情介绍】原告李某通过了某市人事局组织的2007年考试录用公务员的笔试和面试。2007年7月26日，市人事局按湘人发（2007）33号文件和国人部发（2005）1号《公务员录用体检通用标准（试行）》规定，委托该市四三〇医院对已通过面试和笔试的考生进行体检，原告李某体检结论为"不合格"。2007年8月3日，人事局以同样的体检依据，委托该市另一家医院对李某进行复检，结论为：肝功能无损害，大三阳，无症状和体征，根据湘人发（2005）31号文件附1第七项可诊断慢性活动性乙肝，不合格。体检后，市人事局电话通知原告：体检不合格，不予录用。但在2007年3月1日，人事部办公厅、卫生部办公厅下发国人厅发（2007）25号《关于印发〈公务员录用体检操作手册（试行）〉的通知》则明确"单纯大、小三阳而无肝脏生化异常者，不应按现症肝炎患者对待，而应按乙型肝炎病原携带者对待，作合格结论。"在体检时，原告要求市人事局按国人厅发（2007）25号文件规定的标准执行，而市人事局不同意适用该文件。为此原告向法院起诉。

【以案释法】本案最关键的是法律规定出现冲突时如何适用的问题。法律的效力，一般说来，法律高于行政法规、地方性法规、规章；行政法规的效力高于地方性法规、规章；地方性法规的效力高于本级和下级地方政府规章。省、自治区的人民政府制定的规章的效力高于本行政区域内的较大的市的人民政府制定的规章。关于地方性法规和部门规章的效力问题，我国立法法的规定非常具有操作性："地方性法规、规章之间不一致时，由有关机关依照下列规定的权限作出裁决：（一）同一机关制定的新的一般规定与旧的特别规定不一致时，由制定机关裁决；（二）地方性法规与部门规章之间对同一事项的规定不一致，不能确定如何适用时，由国务院提出意见，国务院认为应当适用地方性法规的，应当决定在该地方适用地方性法规的规定；认为应当适用部门规章的，应当提请全国人民代表大会常务委员会裁决；（三）部门规章之间、部门规章与地方政府规章之间对同一事项的规定不一致时，由国务院裁决。根据授权制定的法规与法律规定不一致，不能确定如何适用时，由全国人民代表大会常务委员会裁决。"在本案中，国家人事厅和卫生厅联合发布的国人厅发（2007）25号《关于印发〈公务员录用体检操作手册〉（试行）的通知》显然是根据立法法的规定，依法律和国务院的行政法规、决定、命令，在其部门的权限范围内，制定的部门规章，又因为涉及了两个以上国务院部门职权范围的事项，所以两个部门联合制定了规章。部门规章在与上位法没有冲突的情况下，适用于全国范围。而湘人发（2007）33号文件是由湖南省委组织部和湖南省人事厅共同制定的，并非一个地方性法规，只是地方政府一个部门的规范性文件，它的效力自然劣于部门规章。所以，当这两个文件发生冲突的时，适用部门规章，也就是国人厅发（2007）25号文件，是无疑的。何况湘人发（2007）33号文件也明确指出要适用更早的部门规章国人部发（2005）1号文件，而国人厅发（2007）25号文件只是国人部发（2005）1号文件所列各项体检标准的细化，并没有增加新的规定。

## 思考题

1. 宪法的根本性体现在哪些方面？
2. 我国政党制度的基本内容有哪些？
3. 我国公民的基本权利和基本义务分别有哪些？
4. 设立国家宪法日的重大意义是什么？
5. 为什么说国家安全是头等大事？
6. 新修订的立法法有哪些亮点？

# 第五章 非公有制企业和商会组织概述

本 章 要 点

了解非公有制企业和商会组织概念、组成、历史沿革和在现代经济社会发展中的重要作用，对于非公有制企业和商会组织管理人员提高法治观念和发挥主人翁责任感十分重要。

## 第一节 非公有制企业和商会组织的建立和发展

### 一、非公有制企业的概念和特征

非公有制企业是特指在社会主义市场经济条件下建立的与传统计划经济时代的国营和集体经济组织在所有制性质、产权结构、运作模式等方面完全不同的经济组织。主要包括私营企业、港澳台商投资企业、外商投资企业、非公经济成分占主导或相对主导地位的股份合作企业、其他联营企业、有限责任公司、股份有限公司和其他企业，但不包括非企业范畴的个体工商户。

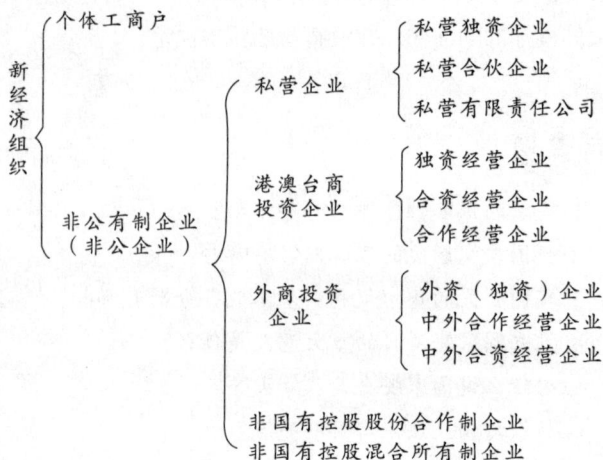

```
                          个体工商户                      私营独资企业
                                                        私营合伙企业
       新                                   私营企业      私营有限责任公司
       经
       济
       组                                   港澳台商      独资经营企业
       织                                   投资企业      合资经营企业
                                                        合作经营企业
                   非公有制企业
                   （非公企业）            外商投资      外资（独资）企业
                                          企业          中外合作经营企业
                                                        中外合资经营企业

                                   非国有控股股份合作制企业
                                   非国有控股混合所有制企业
```

非公有制企业具有以下特征：

第一，经济性。非公有制企业作为一种经济组织，它以经济活动为中心，实行全面的经济核算，追求并致力于不断提高经济效益。因此，其具有经济性的特点。

第二，营利性。非公有制企业作为经济组织，是市场经济的基本单位，是单个的职能资本的运作实体。它以赢取利润为目的，利用生产、经营某种商品的手段，追求资本增值和利润的最大化。

第三，非公性。从所有制性质和产权归属上看，非公有制企业不同于传统的国有企业、集体企业。一方面，就所有制性质而言，它主要是归属于非公有制经济范畴；另一方面，就产权而言，它不归属于国家或集体，而是归属于个人、若干自然人、私人财团等。

第四，独立性。非公有制企业还是一种在法律和经济上均具有独立性的经济组织，不同于经济（财产、财务）上不能完全独立的其他社会组织，其拥有独立的、边界清晰的产权，具有完全的经济行为能力和独立的经济利益，能够自决、自治、自律、自立，实行自我约束、自我激励、自我改造、自我积累和自我发展。它（作为一个整体）依法独立享有民事权利，独立承担民事义务和民事责任。它与其他自然人、法人在法律地位上完全平等，没有行政级别和行政隶属关系。

## 二、商会组织的概念和特征

商会组织是指与传统的纳入我国政治体制结构内的工会、共青团、妇联、科协、工商联、文联、侨联、台联等群众团体相对而言的社会组织。商会组织是除了群众团体之外，为了追求和实现一定的社会性宗旨或目标，在法律规定或许可的范围内，以公民或团体身份自愿结成的并按其章程开展活动的，不从事经营或不以营利为目的的民间性组织。主要包括社会团体、民办非企业单位、基金会、部分中介组织以及社区活动团队。

商会组织与其他经济组织、事业单位等相比较，主要有以下特征：

第一，自愿性。自愿性是商会组织与公共服务组织的最大区别所在。政府行政组织、图书馆等公共服务组织的基本功能是公共管理与服务，其成立是基于公共利益的需要，而不一定是基于公民的自愿，经费来源于国家财政。商会组织的成立是基于公民的自愿和互利（组织内成员之间存在某种共同需要或共同利益）的需要，其经费主要来源于自筹，或来自于社会捐助，或取之于成员所交的会费。

第二，非营利性。非营利性是商会组织区别于经济组织的一个基本特征。经济组织，包括服务类型企业，其宗旨是通过其经营活动获取利润，目的是追求最大利润和经济效益。而商会组织不是从事产品生产和流通，而是以从事非营利性的社会服务活动为主业，以保护社会公共利益和促进社会的进步与发展为主要宗旨，具有非营利性的特点。

第三，民间性。设立主体和资金来源的不同，是商会组织与企事业单位的主要区别所在。由国家举办或者其他组织利用国有资产设立的，从事教育、科技、文化、体育、卫生等活动的社会服务组织，属于事业单位。而商会组织主要是由企事业单位、社会力量以及公民个人等设立的，而不是由政府或政府职能部门设立的；其资金来源也是多渠道的，如单位主要创办人员的个人财产、集体所有的财产、社会各组织和公民个人的无偿捐赠和资助等，因此，其具有民间性的特点。

第四，合法性。商会组织应该按照法律规定接受审查批准，并经登记机构登记注册，即使不需要登记注册的群众自发性活动团体也需要按照要求进行备案。从运行机制上看，商会组织的实际运作必须依法进行，必须在法律规定的框架内，按照约定的章程或有关规则开展活动。

## 第二节 非公有制企业和商会组织的历史沿革和发展现状

### 一、非公有制企业的历史沿革

我国非公有制企业的发展大致可以分为恢复、成长、快速发展三个阶段。

第一阶段：恢复阶段，即20世纪80年代至1992年邓小平同志视察南方发表讲话。

1982年党的十二大第一次明确提出了要适当发展非公有制的个体经济。1987年中央针对一些个体经济不断扩大经营规模、发展成私营企业的实际情况，强调要采取"允许存在，加强管理，兴利除弊，逐步引导"的方针，引导它们健康发展。在中央政策的允许下，非公有制企业在中华大地开始发展起来。

第二阶段：成长阶段，即邓小平同志视察南方发表讲话至党的十五大召开。

1992年邓小平同志视察南方谈话发表后，当年召开的党的十四大明确指出，在所有制结构上，要以公有制（包括国家所有制和集体所有制）为主体，个体经济、

私营经济、外资经济为补充，多种经济成分长期共同发展，不同经济形式还可以自愿实行多种形式的联合经营。此后，在十四届五中全会闭幕会上，把公有制经济和其他经济成分的关系作为在社会主义现代化建设中的若干重大关系问题加以系统的阐述。这使得非公有制企业在思想上得到了解放，从而推动了它们的不断发展，各种非公有制企业也日益增多。

第三阶段：快速发展阶段，即十五大召开至今。

1997年召开的党的十五大明确提出，公有制为主体、多种所有制经济共同发展，是我国社会主义初级阶段的一项基本经济制度。非公有制经济是我国社会主义市场经济的重要组成部分。对个体、私营等非公有制经济要继续鼓励、引导，使之健康发展。1999年九届全国人大二次会议通过了宪法修正案，在宪法有关条文中明确了国家保护个体经济、私营经济的合法的权利和利益等内容。2002年召开的党的十六大提出坚持两个"毫不动摇"的方针：毫不动摇地巩固和发展公有制经济和毫不动摇地鼓励、支持、引导非公有制经济的发展。并把非公有制经济的地位提高到了促进社会生产力发展的重要力量的高度。这表明，我国对个体经济、私营经济已经有了符合社会主义初级阶段要求的认识和定位。这大大促进了我国非公有制企业的快速发展。

## 二、商会组织的历史沿革

商会组织发展经历了一个从小到大、从少到多，不断发展壮大的过程。从政策管理的角度看，改革开放以来，其发展大致分为三个阶段。

第一阶段：恢复阶段，即改革开放后至1992年全国社团管理工作会议之前。

十一届三中全会后，随着各项改革措施陆续出台，条块分割、部门分割的状况被打破，市场的竞争强烈要求企业之间、行业之间要加强交流、协作，行业协会等各种社团应运而生。

由于社团的大量涌现，1951年颁布的《社会团体登记暂行办法》已经不能适应新形势的要求。1987年民政部受国务院委托，在大量调查研究和反复论证的基础上，起草了《社会团体登记管理条例》（1998年修订），并于1989年10月经国务院公布施行。1988年8月和1989年6月，国务院分别发布了《基金会管理办法》（失效）和《外国商会管理暂行规定》（2013年修订）。这两部法规对基金会和外国商会的行为进行了规范，并与《社会团体登记管理条例》一起，初步形成了我国社

商会注册登记

团管理的法规构架。这一时期的商会组织，行政性、指令性色彩比较浓厚，无论是其规模还是数量，都还很小，社会影响力也不大。

第二阶段：快速发展阶段，即1992年全国社团管理工作会议至1996年中央政治局常委会研究民间组织管理工作之前。

1992年8月，民政部召开了建国以来首次全国社团管理工作会议，会议分析了我国社团的基本情况，总结交流社团管理工作的经验，研究探讨新形势下充分发挥社团积极作用的有关政策，确立了社团管理工作的战略目标和基本任务，为我国的社团建设和社团管理工作的发展奠定了基础。而在实践中，随着机构改革的深入进行，"小政府、大社会"格局逐步形成，商会组织的发展空间不断扩大，各类商会组织大量涌现，并形成了事业法人、社团法人、企业法人等多元主体并存的格局。登记管理机关也逐步确立了以登记管理、日常管理和监督管理为主要内容的行政管理制度，初步形成了以法规、政策规章为主，以地方法规配套而组成的社团管理政策法规体系。

第三阶段：规范完善阶段，即1996年中央政治局常委会研究民间组织管理工作至今。

1996年7月，中共中央政治局常委会专门研究了民间组织工作，就民间组织管理的指导思想、管理原则和目标任务作出了一系列重大决策，决定将民办非企业单位交给民政部门统一登记管理。随后，中共中央办公厅、国务院办公厅联合下发了《关于加强社团和民办非企业单位管理工作的通知》。1998年6月，在国务院机构改革中，国务院又批准成立了民政部民间组织管理局；10月，国务院发布了《民办非企业单位登记管理暂行条例》和新修订的《社会团体登记管理条例》。这一时期，一方面，各种商会组织不断发展壮大；另一方面，政府对商会组织的管理日益法制化和规范化。各级政府根据社会管理和市场发展的内在要求，对商会组织进行了必要的清理整顿，推动了商会组织的健康发展。

### 三、非公有制企业和商会的发展现状

第一，"两个毫不动摇"和"三个没有变"。2016年3月4日，习近平总书记在看望参加全国政协十二届四次会议的民建工商联委员时，着重谈了非公有制经济发展问题，并强调：首先，实行公有制为主体、多种所有制经济共同发展的基本经济制度，是中国共产党确立的一项大政方针，必须毫不动摇巩固和发展公有制经济，毫不动摇鼓励、支持和引导非公有制经济发展。其次，非公有制经济在我国经济社会发展中的地位和作用没有变；我们鼓励、支持、引导非公有制经济发展的方针政策没有变；我们致力于为非公有制经济发展营造良好环境和提供更多机会的方针政策没有变。

我们强调把公有制经济巩固好、发展好，同鼓励、支持、引导非公有制经济发

展不是对立的，而是有机统一的。公有制经济、非公有制经济应该相辅相成、相得益彰，而不是相互排斥、相互抵销。

我们党在坚持基本经济制度上的观点是明确的、一贯的，而且是不断深化的，从来没有动摇。公有制经济和非公有制经济都是社会主义市场经济的重要组成部分，都是我国经济社会发展的重要基础；国家保护各种所有制经济产权和合法利益，坚持权利平等、机会平等、规则平等，激发非公有制经济活力和创造力。要健全以公平为核心原则的产权保护制度，加强对各种所有制经济组织和自然人财产权的保护。

第二，"亲""清"——新型政商关系。新型政商关系，概括起来说就是"亲""清"两个字。对领导干部而言，所谓"亲"，就是要坦荡真诚同民营企业接触交往，特别是在民营企业遇到困难和问题情况下更要积极作为、靠前服务，对非公有制经济人士多关注、多谈心、多引导，帮助解决实际困难。所谓"清"，就是同民营企业家的关系要清白、纯洁，不能有贪心私心，不能以权谋私，不能搞权钱交易。对民营企业家而言，所谓"亲"，就是积极主动同各级党委和政府及部门多沟通多交流，讲真话，说实情，建净言，满腔热情支持地方发展。所谓"清"，就是要洁身自好、走正道，做到遵纪守法办企业、光明正大搞经营。

第三，新常态下当有新作为、新发展。改革开放以来，党和国家出台了一系列关于非公有制经济发展的政策措施。特别是中共十八大以来，中共十八届三中、四中、五中全会推出了一大批扩大非公有制企业市场准入、平等发展的改革举措，我们接续出台了一大批相关政策措施，形成了鼓励、支持、引导非公有制经济发展的政策体系，非公有制经济发展面临前所未有的良好政策环境和社会氛围。各地区各部门要从实际出发，细化、量化政策措施，制定相关配套举措，推动各项政策落地、落细、落实，让民营企业真正从政策中增强获得感。

第四，商会组织将发挥更积极作用。2016年5月，中央统战工作会议在北京召开。习近平总书记在会议中指出，促进非公有制经济健康发展和非公有制经济人士健康成长，要坚持团结、服务、引导、教育的方针，一手抓鼓励支持，一手抓教育引导，关注他们的思想，关注他们的困难，有针对性地进行帮助引导，引导非公有制经济人士特别是年青一代致富思源、富而思进，做到爱国、敬业、创新、守法、诚信、贡献。工商联是党和政府联系非公有制经济人士的桥梁和纽带，统战工作要向商会组织有效覆盖，发挥工商联对商会组织的指导、引导、服务职能，确保商会发展的正确方向。

习近平总书记的讲话充分体现了中央对商会组织和非公有制经济人士的重视和关怀，也反映了中央抓好经济发展工作的新思路和新方法，把引导好商会组织发展作为发展经济的新抓手，反映了党中央对非公有制经济人士群体在新时期社会主义的经济建设、政治建设、文化建设、社会建设和生态文明建设中所发挥的重要作用的充分肯定。

## 思考题

1. 什么是非公有制企业？
2. 简述非公有制企业和商会组织的特征。
3. 非公有制企业和商会组织的发展趋势是怎样的？

# 第六章　非公有制企业和商会组织设立的法律制度

本 章 要 点

非公有制企业主要包括私营企业、外商投资企业、港澳台商投资企业等各类经济组织。本章就各类非公有制企业相关法律法规规定作简要阐述，以增强各类非公有制企业依法经营和依法维护自身合法权益的能力；同时对个体私营协会、商会组织的设立和管理进行必要的介绍。

## 第一节　私营企业

### 一、私营企业概述

私营企业是指由自然人投资设立或由自然人控股，以雇佣劳动为基础的营利性经济组织。包括按照公司法、合伙企业法、私营企业暂行条例规定登记注册的私营有限责任公司、私营股份有限公司、私营合伙企业和私营独资企业。

根据私营企业暂行条例的规定，我国的私营企业分为独资企业、合伙企业、有限责任公司三种形式。

私营独资企业，即个人独资企业，是指依照个人独资企业法在中国境内设立，由一个自然人投资，财产为投资人个人所有，投资人以其个人财产对企业债务承担无限责任的经营实体。私营独资企业不具有法人资格。私营独资企业不仅应受个人独资企业法的调整，还应受私营企业暂行条例的调整。

私营合伙企业，是指依照合伙企业法在中国境内设立的由各合伙人订立合伙协议，共同出资、合伙经营、共享收益、共担风险，并对合伙企业债务承担连带无限责任的营利性组织。合伙企业也不具有法人资格。私营合伙企业受私营企业暂行条例和合伙企业法的双重调整与保护。

私营有限责任公司，是指投资者即股东以其出资额为限对公司承担责任，并以其全部资产对公司的债务承担责任的企业法人。私营有限责任公司的投资者对其所投资设立的公司的财产责任只限于其所出资的那部分，而不涉及投资者的其他财产。私营有限责任公司依法取得法人资格，受私营企业暂行条例和公司法的双重规范与调整。

### 二、私营企业的开办和关闭

私营企业暂行条例及施行办法规定了可以申请私营企业的主体有：农村村民；城镇待业人员；个体工商户经营者；辞职、退职人员；国家法律、法规和政策允许的离休、退休人员和其他人员。同时规定了私营企业的营业范围，私营企业可以在国家法律、法规和政策规定的范围内，从事工业、建筑业、交通运输业、商业、饮食业、服务业、修理业和科技咨询以及营利性的文化、艺术、旅游、体育、食品、医药、养殖等行业的生产经营。私营企业不得从事军工、金融业的生产经营，不得生产经营国家禁止经营的产品。

私营企业歇业，应当在距歇业三十日前向工商行政管理机关提出申请，经核准后办理注销登记。私营企业歇业，应当进行财产清算，偿还债务。私营企业破产，应当进行破产清算，偿还债务。

### 三、私营企业的权利和义务

私营企业暂行条例规定，私营企业在生产经营活动中享有下列权利：核准登记的名称在规定的范围内享有专用权；在核准登记的范围内自主经营；决定企业的机构设置，招用或者辞退职工；决定企业的工资制度和利润分配形式；按照国家价格管理规定，制定企业的商品价格和收费标准；订立合同；申请专利、注册商标。

私营企业按照国家法律、法规的规定，可以同外国公司、企业和其他经济组织或者个人举办中外合资经营企业、中外合作经营企业，可以承揽来料加工、来样加工、来件装配，从事补偿贸易。

私营企业在生产经营活动中应当履行下列义务：遵守国家法律、法规和政策；依法纳税；服从国家有关机关的监督管理。

### 四、私营企业的劳动管理

私营企业暂行条例规定，私营企业招用职工必须按照平等自愿、协商一致的原则以书面形式签订劳动合同，确定双方的权利、义务。

私营企业劳动合同应当向当地劳动行政管理机关备案。

劳动合同应当包括下列内容：对职工劳动的质量和数量要求；合同期限；劳动条件；劳动报酬、保险和福利待遇；劳动纪律；违反劳动合同应当承担的责任；双方议定的其他事项。

## 五、私营企业的财务和税收

私营企业必须在领取企业法人营业执照或者营业执照之日起三十日内，向当地税务机关申报办理税务登记。

私营企业必须按照国家财务会计法规和税务机关的规定，健全财务会计制度，配备财会人员，建立会计账簿，编送财务报表，严格履行纳税义务，接受税务机关的监督检查。

# 第二节　外商投资企业

我国的外商投资企业立法是伴随着我国的改革和对外开放政策而逐步建立并不断完善的，至今已经形成较为完备的外商投资企业法治体系。其中包括的法律、法规有：外资企业法、中外合资经营企业法、中外合作经营企业法、中外合资经营企业法实施条例、外资企业法实施细则、中外合作经营企业法实施细则以及国务院关于鼓励外商投资的规定等。除此之外，外商投资企业的主管部门和相关部门还颁布了大量的部门规章，如《关于举办股份有限公司形式中外合资企业有关问题的通知》和《外商投资企业合同、章程的审批原则和审查要点》等。

## 一、外商投资企业概述

外商投资企业，是指外国投资者经中国政府批准，在中国境内投资举办的企业。

根据我国有关法律和行政法规规定，我国目前的外商投资企业主要有以下几种：

### （一）中外合资经营企业

中外合资经营企业亦称股权式合营企业。它是由外国公司、企业和其他经济组织或者个人同中国的公司、企业或者其他经济组织，依照中国的法律和行政法规，经中国政府批准，设在中国境内，由双方共同投资、共同经营，按照各自的出资比例共担风险、共负盈亏的企业。这种企业形式按照中外投资者的出资比例来确定投资者的风险、责任和利润分配，各自的权利和义务十分明确，中外投资者多数愿意采取这种形式。这种形式较多地应用于投资多、技术性强、合作时间长的项目。

### （二）中外合作经营企业

中外合作经营企业亦称契约式合营企业。它是由外国公司、企业和其他经济组织或者个人同中国的公司、企业或者其他经济组织，依照中国的法律和行政法规，经中国政府批准，设在中国境内的，由双方通过合作经营企业合同约定各自的权利和义务的企业。这种形式的特点是合作方式较为灵活，中方投资者可以无形资产等要素作为合作的条件，解决了我国企业投资资金缺乏的问题；允许外方投资者先行回收投资，对外国投资者有较大的吸引力。

### （三）外资企业

外资企业亦称外商独资经营企业。它是指外国的公司、企业和其他经济组织或者个人，依照中国的法律和行政法规，经中国政府批准，设在中国境内的，全部资本由外国投资者投资的企业。但其不包括外国公司、企业和其他经济组织在中国境内设立的分支机构。这一形式的股权完全属于外国投资者，因而外国投资者愿意采用更加先进的技术和设备，带进一些通过合资形式也难以引进的技术，在国家不投资大量配套资金的情况下，可以扩大就业，增加税收。

## 二、中外合资经营企业

### （一）设立中外合资经营企业的条件和程序

#### 1.设立条件

在中国境内设立中外合资经营企业（以下简称合营企业），应当能够促进中国经济的发展和科学技术水平的提高，有利于社会主义现代化建设。国家鼓励、允许、限制或者禁止设立合营企业的行业，按照国家指导外商投资方向的规定及外商投资产业指导目录执行。

申请设立合营企业有下列情况之一的，不予批准：有损中国主权的；违反中国法律的；不符合中国国民经济发展要求的；造成环境污染的；签订的协议、合同、章程显属不公平，损害合营一方权益的。

#### 2.审批机关

根据中外合资经营企业法及其实施条例规定，设立合营企业的审批机关是国务院对外贸易经济合作部（于2003年整合为商务部，下同）。国家规定的限额以上、限制投资和涉及配额、许可证管理的合营企业的设立由国务院对外贸易经济合作部负责核准。当拟设立的合营企业的投资总额在国务院规定的投资审批权限以内，中国合营者的资金来源已经落实，并且不需要国家增拨原材料，不影响燃料、动力、交通运输、外贸出口配额等全国平衡的情况下，可由国务院授权的省、自治区、直辖市人民政府及国务院有关部门审批，报国务院对外贸易经济合作部备案。

#### 3.设立程序

根据中外合资经营企业法及其实施条例的规定，设立合营企业一般要经过以下几个程序：

（1）由中外合营者共同向审批机关报送有关文件。申请设立合营企业，中外合营者须共同向审批机关报送下列文件：设立合营企业的申请书；合营各方共同编

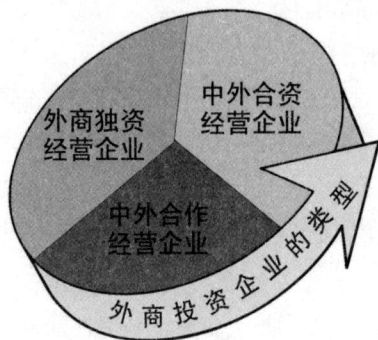

制的可行性研究报告；由合营各方授权代表签署的合营企业协议、合同和章程；由合营各方委派的合营企业董事长、副董事长、董事人选名单；审批机关规定的其他文件。

（2）审批机关审批。合营企业经批准后由审批机关发给批准证书。须经国务院对外贸易经济合作部审批批准的，由其发给批准证书；国务院授权的省级人民政府或国务院有关部门审批批准的，应当报国务院对外贸易经济合作部备案，并由国务院发给批准证书。

（3）合营企业应当自收到批准证书后一个月内，按照国家有关规定，向工商行政管理机关办理登记手续，领取营业执照，开始营业。合营企业的营业执照签发日期，即为该合营企业的成立日期。

## （二）中外合资经营企业的注册资本与投资总额

### 1. 合营企业的注册资本

合营企业的注册资本，是指为设立合营企业在工商行政管理机关登记注册的资本，应为合营各方认缴的出资额之和。依照我国有关法律、法规的规定，合营企业的注册资本应当符合下列要求：

（1）在合营企业的注册资本中，外国合营者的出资比例一般不得低于百分之二十五，这是外国合营者认缴出资的最低限额。对其最高限额法律没有明确规定。

（2）合营企业在合营期限内，不得减少其注册资本。但因投资总额和生产经营规模等发生变化，确需减少注册资本的，须经审批机构批准。对合营企业在合营期限内增加注册资本，法律没有禁止。但是，合营企业增加注册资本，应经董事会会议通过，报经审批机构核准。合营企业增加、减少注册资本，应当修改合营企业章程，并办理变更注册资本登记手续。

（3）合营企业的注册资本应符合公司法规定的有限责任公司的注册资本的最低限额。

### 2. 合营企业的投资总额

合营企业的投资总额（含企业借款），是指按照合营企业的合同、章程规定的生产规模需要投入的基本建设资金和生产流动资金的总和。合营企业的借款是指为弥补投资总额的不足，以合营企业的名义向金融机构借入的款项。合营企业的注册资本和投资总额之间应当保持正确、合理的比例关系。为了正确处理这二者之间的关系，1987年3月1日经国务院批准，国家工商行政管理局发布了《关于中外合资经营企业注册资本与投资总额比例的暂行规定》，其中明确了合营企业注册资本与投资总额的比例：（1）投资总额在300万（含300万）美元以下的，注册资本至少应占投资总额的7/10；（2）投资总额在300万美元以上至1000万（含1000万）美元的，注册资本至少应占投资总额的1/2，其中投资总额在420万美元以下的，注册资本不得低于210万美元；（3）投资总额在1000万美元以上至3000万（含3000万）美元的，注册资本至少应占投资总额的2/5，其中投资总额在1250万美元以下的，注册资本不得低于500万美元；（4）投资总额在3000万美元以上的，注册资本至少应占投资总额的1/3，其中投资总额在3600万美元以下的，注册资本不得低于1200万美元。

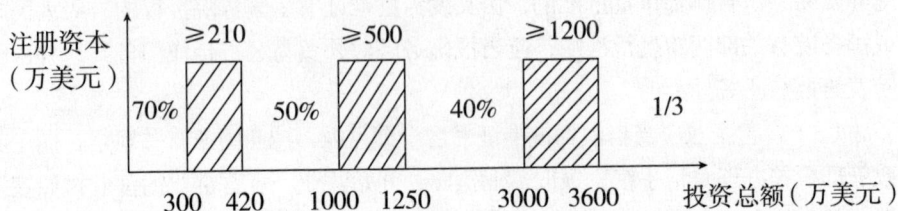

合营企业如遇特殊情况不能执行此规定的，由国务院对外经济贸易部（2003年整合为商务部）会同国家工商行政管理局批准。

### （三）中外合资经营企业组织机构

根据中外合资经营企业法及其实施条例的规定，合营企业的组织机构是董事会和经营管理机构，实行董事会领导下的总经理负责制。

1. 董事会

董事会是合营企业的最高权力机构，根据合营企业章程的规定，讨论决定合营企业的一切重大问题。董事会由董事长、副董事长及董事组成。董事会成员不得少于三人。董事长和副董事长由合营各方协商确定或者由董事会选举产生。中外合营者的一方担任董事长的，由他方担任副董事长。董事名额的分配由合营各方参照出资比例协商确定，董事由合营各方按照分配的名额委派和撤换。董事任期四年，可以连任。

董事会会议由董事长召集，董事长不能召集时，可以由董事长委托副董事长或者其他董事召集。董事会每年至少召开一次董事会会议，经1/3以上董事提议，可以由董事长召开临时会议。

董事会会议讨论的重大问题具体包括：企业发展规划、生产经营活动方案、收支预算、利润分配、劳动工资计划、停业，以及总经理、副总经理等高级管理人员的任命或聘请及其职权和待遇等。董事会会议应有2/3以上董事出席，其决议方式可以根据合营企业章程载明的议事规则作出。但涉及合营企业的下列事项，必须经出席董事会会议的董事一致通过方可作出决议：合营企业章程的修改；合营企业的终止、解散；合营企业注册资本的增加、减少；合营企业的合并、分立。

2. 经营管理机构

经营管理机构负责合营企业的日常经营管理工作。经营管理机构设总经理1人，副总经理若干人，其他高级管理人员若干人。总经理的职责主要有：执行董事会会议的各项决议；组织领导合营企业的日常经营管理工作；在董事会的授权范围内，代表合营企业对外进行各项经营业务；任免下属人员；履行董事会授予的其他职权。

（四）中外合资经营企业权利的转让

合营企业权利的转让是指在合营企业中合营一方将其全部或部分权利转让给合营企业另一方或第三方。

1. 合营企业权利的转让条件

根据中外合资经营企业法及其实施条例的规定，合营企业权利的转让必须具备如下条件，才能具有法律效力：

（1）合营企业权利的转让须经合营各方同意。虽然权利的转让是转让方与受让方之间的协议，但转让生效后，受让方成为合营企业的主体，参与企业的经营管理，必然涉及合营他方的利益。因此，为了保护合营他方的合法权益，权利的转让必须经合营各方同意。

（2）合营企业权利的转让必须报审批机构批准。转让生效后，合营企业的主体发生了变更，有时会影响到企业法律性质的变化。为了维护国家利益和加强对合营企业的管理，合营企业权利的转让报审批机关批准，向登记管理机构办理变更登记手续，接受国家对权利转让的审查。

（3）合营企业一方转让其全部或部分权利时，合营他方有优先购买权。合营一方向第三者转让权利的条件，不得比向合营他方转让的条件优惠。

2. 合营企业权利的转让程序

合营企业权利的转让，一般分为四个步骤：

（1）申请权利转让。当合营一方提出转让权利要求时，合营他方应认真研究其是否正当、合法。如确实必须转让的，合营他方应作出明确表示，告知同意转让。同时合营他方应考虑是否购买部分或全部转让的权利，如决定不买，应及时通知对方寻找第三者。在此基础上，由合营企业提出权利转让的书面申请。

（2）董事会审查决定。在确定合营企业权利转让时，应召集董事会会议进行审查。董事会审查时应注意掌握：权利的转让是否经合营各方同意；权利的转让是否经董事会会议通过；是否对权利的受让方进行了资格审查，是否符合转让条件。

（3）报告审批机关批准。合营企业权利转让经董事会审查后，应报审批机构批准。报批时应报送以下文件：转让权利的申请书；转让权利的协议书；原合营企业合同、章程修正本；受让者资信情况表及营业执照副本；受让者委托的董事名单；审批机关规定的其他文件。审批机构受理后，应在三十天内作出批准或不批准的决定。

（4）办理变更登记手续。转让权利经审批机关批准后，合营企业应向登记管理机关办理变更登记手续。

（五）中外合资经营企业的期限、解散和清算

1.合营企业的期限

合营企业的期限，是指合营各方根据中国的法律、行政法规的规定和合营企业的经营目标的期望，在合同中对合营企业存续期间的规定。中外合资经营企业法规定，合营企业的合营期限，可以按不同行业、不同情况约定。有的行业的合营企业，应当约定合营期限；有的行业的合营企业，可以约定合营期限，也可以不约定合营期限。根据这一规定，中外合资经营企业法实施条例和中外合资经营企业合营期限暂行规定对合营企业的合营期限又作了如下具体规定：

（1）举办合营企业，属于下列行业的，合营各方应当依照国家有关法律、行政法规的规定，在合营合同中约定合营企业的合营期限：服务性行业的，如饭店、公寓、写字楼、娱乐、饮食、出租汽车、彩扩洗像、维修、咨询等；从事土地开发及经营房地产的；从事资源勘查开发的；国家规定限制投资项目的；国家其他法律、法规规定需要约定合营期限的。

对于属于国家规定鼓励投资和允许投资项目的合营企业，除上述行业外，合营各方可以在合同中约定合营期限，也可以不约定合营期限。

（2）合营企业约定合营期限，合营各方同意延长合营期限的，应当在距合营期满六个月前向审查批准机关提出申请。审查批准机关应当在收到申请之日起一个月内决定批准或者不批准。合营企业各方如一致同意将合营合同中约定的合营期限条款修改为不约定合营期限的协议，应提出申请，报原审批机关审查。原审批机关应当自收到上述申请文件之日起九十日内决定批准或不批准。

（3）合营各方在合营合同中不约定合营期限的合营企业，经税务机关批准，可以按照国家有关税收的规定享受减税、免税优惠待遇。如实际经营期未达到国家有关税收优惠规定的年限，应当依法补缴已经减免的税款。

2.中外合资经营企业的解散

根据中外合资经营企业法及其实施条例的规定，合营企业解散的原因主要有以下几项：

（1）合营期限届满。合营企业合同或章程确定的合营期限已经到期，而投资各方又无意继续延长合营期限，则合营企业解散。

（2）合营企业发生严重亏损，无力继续经营。企业因经营管理不善或者其他原因，造成严重亏损，企业无力继续经营，则合营企业解散。

（3）合营一方不履行合营企业协议、合同、章程规定的义务，致使企业无法继续经营。

（4）因自然灾害、战争等不可抗力遭受严重损失，无法继续经营。

（5）合营企业未达到其经营目的，同时又无发展前途。

（6）合营企业合同、章程所规定的其他解散原因。

（7）合营企业解散后，各项账册及文件应当由原中国合营者保存。

上述第（2）（4）（5）（6）项情况发生的，由董事会提出解散申请书，报审批机关批准。第（3）项情况发生的，由履行合同一方提出申请，报审批机构批准。

另外，根据企业破产法规定，企业无力偿还到期债务的，企业债权人可以向法院要求宣告该企业破产；企业也可以自行申请破产。法院宣告企业破产后，企业应予解散。

3.中外合资经营企业的清算

（1）合营企业宣告解散时，应当进行清算。合营企业应当依法成立清算委员会，由清算委员会负责清算事宜。

（2）清算委员会的成员一般应当在合营企业的董事中选任。董事不能担任或者不适合担任清算委员会成员时，合营企业可以聘请中国的注册会计师、律师担任。审批机构认为必要时，可以派人进行监督。清算费用和清算委员会成员的酬劳应当从合营企业现存财产中优先支付。

（3）清算委员会的任务是对合营企业的财产、债权、债务进行全面清查，编制资产负债表和财产目录，提出财产作价和计算依据，制定清算方案，提请董事会会议通过后执行。清算期间，清算委员会代表该合营企业起诉和应诉。

（4）合营企业以其全部资产对其债务承担责任。合营企业清偿债务后的剩余财产按照合营各方的出资比例进行分配，但合营企业协议、合同、章程另有规定的除外。合营企业解散时，其资产净额或者剩余财产减除企业未分配利润、各项基金和清算费用后的余额，超过实缴资本的部分为清算所得，应当依法缴纳所得税。

（5）合营企业的清算工作结束后，由清算委员会提出清算结束报告，提请董事会会议通过后，报告审批机构，并向登记管理机构办理注销登记手续，缴销营业执照。

## 三、中外合作经营企业

### （一）设立中外合作经营企业的条件和程序

1.设立合作企业的条件

在中国境内设立合作企业，应当符合国家的发展政策和产业政策，遵守国家关于指导外商投资方向的规定。根据中外合作经营企业法的规定，国家鼓励举办的合作企业有，一是产品出口的生产型合作企业，即企业产品主要用于出口创汇的生产型合作企业；二是技术先进的生产型合作企业，即外国合作者提供先进技术，从事新产品的开发，实现产品升级换代，以增加出口创汇或者替代进口的生产型合作企业。

2.设立合作企业的程序

设立合作企业的基本程序包括以下几个程序：

（1）由中国合作者向审查批准机关报送有关文件。这些文件包括：设立合作企业的项目建议书；设立合作企业的项目建议书，并附送主管部门审查同意的文件；合作各方共同编制的可行性研究报告，并附送主管部门审查同意的文件；由合作各方的法定代表人或其授权的代表签署的合作企业协议、合同、章程；合作各方的营业执照或者注册登记证明、资信证明及法定代表人的有效证明文件，外国合作者是自然人的，应当提供有关其身份、履历和资信情况的有效证明文件；合作各方协商确定的合作企业董事长、副董事长、董事或者联合管理委员会主任、副主任、委员的人选名单；审查批准机关要求报送的其他文件；上述所列文件，除是自然人的外国合作者所需提供的文件外，必须报送中文本。

（2）审查批准机关审批。审查批准机关应当自收到规定的全部文件之日起四十五日内决定批准或者不予批准。审查批准机关认为报送的文件不全或者有不当之处的，有权要求合作各方在指定期间内补全或修正。

（3）批准设立的合作企业依法向工商行政管理机关申请登记，领取营业执照。

以上所称审查批准机关，是指国务院对外贸易经济合作部或者国务院授权的部门和地方人民政府。国务院对外贸易经济合作部和国务院授权的部门批准设立的合作企业，由对外贸易经济合作部颁发批准证书；国务院授权的地方人民政府批准设立的合作企业，由有关地方人民政府颁发批准证书，并自批准之日起三十日内将有关批准文件报送国务院对外贸易经济合作部备案。

## （二）中外合作经营企业的组织机构和经营管理

### 1. 合作企业的组织机构

合作企业设立董事会或者联合管理委员会作为合作企业的组织机构。董事会或者联合管理委员会是合作企业的权力机构，按照合作企业章程的规定，决定合作企业的重大问题。董事会或者联合管理委员会成员不得少于三人，其名额的分配由中外合作者参照其投资或者提供的合作条件协商确定。董事会或者联合管理委员会成员由合作各方自行委派或者撤换。董事会董事长、副董事长或者联合管理委员会主任、副主任的产生办法由合作企业章程规定；中外合作者的一方担任董事长、主任的，副董事长、副主任由他方担任。董事或者委员的任期由合作企业章程规定，但是每届任期不得超过三年。董事或者委员任期届满，委派方继续委任的，可以连任。

董事会会议或者联合管理委员会会议每年至少召开一次，由董事长或者主任召集并主持。董事长或者主任因特殊情况不能履行职务时，由指定的副董事长、副主任或者其他董事、委员召集并主持。1/3以上的董事或者委员可以提议召开董事会会议或者联合管理委员会会议。董事会会议或者联合管理委员会会议应当有2/3以上董事或者委员出席方能举行。董事会会议或者联合管理委员会会议作出决议，须经全体董事或者委员过半数通过。但对合作企业章程的修改、注册资本的增减、资产抵押以及合作企业的合并、分立、变更组织形式和解散等事项，应由出席董事会会议或者联合管理委员会会议的董事或者委员一致通过。

合作企业成立后，改为委托合作各方以外的他人经营管理的，必须经董事会或者联合管理委员会一致同意，报审查批准机关批准，并向工商行政管理机关办理变更登记手续。

2. 合作企业的经营管理

合作企业的经营管理活动，根据批准的合作企业合同、章程进行，其经营管理自主权不受干涉，并依法受到保护。

（三）中外合作经营企业的合同和章程

1. 合作企业的合同

合作企业的合同，是指合作各方为设立合作企业就相互之间的权利、义务关系达成一致意见后形成的书面文件。也就是说，合作企业中合作各方的权利、义务都是在合作企业合同中确定的。因此，合作企业合同对于调整合作企业合作各方的关系，保障合作各方的投资权益具有重要意义。

根据中外合作经营企业法及其实施细则的规定，合作企业合同一般包括以下主要条款：合作各方名称、注册地、住所及法定代表人的姓名、职务、国籍（外国合作者是自然人的，其姓名、国籍和住所）；合作企业的名称、住所、经营范围；合作企业的投资总额、注册资本，合作各方投资或者提供合作条件的方式、期限；合作各方投资或者提供的合作条件的转让；合作各方收益或者产品的分配，风险或者亏损的分担；合作企业董事会或者联合管理委员会的组成，董事或者联合管理委员会委员名额的分配，总经理及其他高级管理人员的职责和聘任、解聘办法；采用的主要生产设备、生产技术及其来源；产品在中国境内销售和境外销售的安排；合作企业外汇收支的安排；合作企业的期限、解散和清算；合作各方其他义务以及违反合同的责任；财务、会计、审计的处理原则；合作各方之间争议的处理；合作企业合同的修改程序。

合作企业协议合同自审查批准机关颁发批准证书之日起生效。在合作期限内，合作企业合同有重大变更的，须经审查批准机关批准。

2. 合作企业的章程

合作企业的章程，是指按照合作企业合同约定，经合作各方一致同意，约定合作企业的组织原则、经营管理方法等事项的书面文件。合作企业章程的内容与合作企业合同不一致的，以合作企业合同为准。合作企业章程自审查批准机关颁发批准证书之日起生效。在合作期限内，合作企业章程有重大变更的，须经审查批准机关批准。

根据中外合作经营企业法及其实施细则的规定，合作企业的章程主要包括下列内容：合作企业名称及住所；合作企业的经营范围和合作期限；合作各方的名称、注册地、住所及法定代表人的姓名、职务和国籍（外国合作者是自然人的，其姓名、国籍和住所）；合作企业的投资总额、注册资本，合作各方认缴出资额、投资或者提供合作条件的方式、期限；合作各方收益或者产品的分配，风险或者亏损的分担；合作企业董事会或者联合管理委员会的组成、职权和议事规则，董事会董事或者联合管理委员会委员的任期，董事长、副董事长或者联合管理委员会主任、副主任的职责；经营管理机构的设置、职权、办事规则，总经理及其他高级管理人员的职责和聘任、解聘办法；有关职工招聘、培训、劳动合同、工资、社会保险、福利、职工安全卫生等劳动管理事项的规定；合作企业财务、会计和审计制度；合作企业解散和清算办法；合作企业章程的修改程序。

### （四）外商先行回收投资的规定

#### 1.外商先行回收投资的方式

根据中外合作经营企业法及其实施细则的规定，中外合作者在合作企业合同中约定合作期限届满时，合作企业的全部固定资产无偿归中国合作者所有的，外国合作者在合作期限内可以申请按下列方式先行回收其投资：（1）在按照投资或者提供合作条件进行分配的基础上，在合作企业合同中约定扩大外国合作者的收益分配比例；（2）经财政税务机关审查批准，外国合作者在合作企业缴纳所得税前回收投资；（3）经财政税务机关和审查批准机关批准的其他回收投资方式。

#### 2.外商先行回收投资的法定条件

根据中外合作经营企业法及其实施细则的规定，外国合作者在合作期限内先行回收投资应符合下列法定条件：（1）中外合作经营者在合作企业合同中约定合作期限届满时，合作企业的全部固定资产无偿归中国合作者所有；（2）对于税前回收投资的，必须向财政税务机关提出申请，并由财政税务机关依法审查批准；（3）中外合作者应当依照有关法律的规定和合作企业合同的约定，对合作企业的债务承担责任；（4）外国合作者提出先行回收投资的申请，并具体说明先行回收投资的总额、期限和方式，经财政税务机关审查同意后，报审查批准机关审批；（5）外国合作者应在合作企业的亏损弥补之后，才能先行回收投资。

### （五）中外合作经营企业的期限、解散和清算

#### 1.合作企业的期限

合作企业的期限由中外合作者协商确定，并在合作企业合同中订明。合作企业期限届满，合作各方协商同意要求延长合同期限的，应当在期限届满的一百八十天前向审查批准机关提出申请，说明原合作企业合同执行情况、延长合作期限的原因，

同时报送合作各方就延长的期限内各方的权利、义务等事项所达成的协议。审查批准机关应当自接到申请之日起三十天内，决定批准或者不批准。经批准延长合作期限的，合作企业凭批准文件向工商行政管理机关办理变更登记手续，延长的期限从期限届满后的第一天起计算。合作企业合同约定外国合作者先行回收投资，并且投资已经回收完毕的，合作企业期限届满不再延长。但是，外国合作者增加投资的，经合作各方协商同意，可以向审查批准机关申请延长合作期限。

2. 合作企业的解散

根据中外合作经营企业法及其实施细则的规定，合作企业解散的原因主要有以下几项：（1）合作期限届满；（2）合作企业发生严重亏损，或者因不可抗力遭受严重损失，无力继续经营；（3）中外合作者一方或者数方不履行合作企业合同、章程规定的义务，致使合作企业无法继续经营；（4）合作企业合同、章程中规定的其他解散原因已经出现；（5）合作企业违反法律、行政法规，被依法责令关闭。

上述第（2）（4）项所列情形发生，应当由合作企业的董事会或者联合管理委员会作出决定，报审查批准机关批准。在上述第（3）项所列情形下，不履行合作企业合同、章程规定的义务的中外合作者一方或者数方，应当对履行合同的他方因此遭受的损失承担赔偿责任。履行合同的一方或者数方有权向审查批准机关提出申请，解散合作企业。

3. 合作企业的清算

中外合作经营企业法规定，合作企业期满或者提前终止时，应当依照法定程序对资产和债权、债务进行清算。中外合作者应当依照合作企业合同的约定确定合作企业财产的归属。也就是说，合作企业的清算事宜，应依照国家有关法律、行政法规及合作企业合同、章程的规定办理。

## 四、外资企业

### （一）设立外资企业的条件和程序

1. 设立外资企业的条件

根据外资企业法及其实施细则的规定，设立外资企业，必须有利于中国国民经济的发展，能够取得显著的经济效益。国家鼓励外资企业采用先进技术和设备，从事新产品开发，实现产品升级换代，节约能源和原材料，并鼓励举办产品出口的外资企业。

申请设立外资企业，有下列情况之一的，不予批准：有损中国主权或者社会公共利益的；危及中国国家安全的；违反中国法律、法规的；不符合中国国民经济发展要求的；可能造成环境污染的。

2. 设立外资企业的程序

根据外资企业法及其实施细则的规定，设立外资企业的法律程序一般有申请、审批和登记三个阶段。但在申请之前，须经企业所在地县级或者县级以上人民政府签署意见。设立外资企业包括如下几个具体步骤：

（1）外国投资者向拟设外资企业所在地的县级或者县级以上人民政府提交报告。报告的内容包括：设立外资企业的宗旨；经营范围、规模；生产的产品；使用的技术设备；用地面积及要求；需要用水、电、煤气或者其他能源的条件和数量；对公共设施的要求等。收到报告的人民政府应自收到之日起三十日内以书面形式答复外国投资者。

（2）外国投资者通过一批设立外资企业所在地的县级或者县级以上人民政府向审批机关提出申请，并报送下列文件：设立外资企业申请书；可行性研究报告；外资企业章程；外资企业法定代表人（或董事会人选）名单；外国投资者的法律证明文件和资信证明文件；拟设立外资企业所在地的县级或者县级以上人民政府的书面答复；需要进口的物资清单等。

（3）审批。审批机关在收到申请文件之日起九十日内决定批准或者不批准。

（4）外国投资者在收到批准证书之日起三十日内向工商行政管理机关申请登记，领取营业执照。外资企业的营业执照签发之日为该企业成立日期。外国投资者在收到批准证书之日起满三十日未向工商行政管理机关申请登记的，外资企业批准证书自动失效。外资企业应当在企业成立之日起三十日内向税务机关办理税务登记。

外资企业的分立、合并或者由于其他原因导致资本发生重大变化，须经审批机关批准，并应聘请中国的注册会计师验证和出具验资报告；经审批机关批准后，向工商行政管理机关办理变更登记手续。

**（二）外资企业的组织机构和经营管理**

1. 外资企业的组织形式

根据外资企业法及其实施细则的规定，外资企业的组织形式为有限责任公司，经批准也可为其他责任形式。实践中，外资企业大多数都采用了有限责任公司的形式，即外国投资者对企业的责任以其认缴的出资额为限。

外资企业为其他责任形式的，外国投资者对企业的责任适用中国法律、法规的规定。

2. 外资企业的组织机构

外资企业的组织机构可以由外国投资者根据企业不同的经营内容、经营规模、经营方式，本着精简、高效率、科学合理的原则自行设置，中国政府不加干涉。但是，按照国际惯例，设立外资企业的权力机构应遵循资本占有权同企业控制权相统一的原则，根据这一原则，外资企业的最高权力机构由资本持有者组成。

外资企业应根据其组织形式设立董事会。如果一个企业是由多个外国投资者出资建立的，则该企业所设立的董事会中董事的名额，一般应按照每个股东的出资比例分配。外资企业设立的董事会应推选出董事长。董事长是企业的法定代表人，须向中国政府申报备案。

3.外资企业的经营管理

（1）生产经营管理。外资企业在制定生产经营计划、购买物资、销售产品等方面享有与中外合资经营企业大致相同的自主权。

（2）劳动管理。外资企业在中国境内雇用职工，应当依照中国的法律、行政法规签订劳动合同。劳动合同应明确雇用、辞退、报酬、福利、劳动保护、劳动保险等事项。外资企业不得雇用童工。

外资企业应负责职工的业务、技术培训，建立考核制度，使职工在生产、管理技能方面能够适应企业的生产与发展的需要。外资企业的职工有权建立工会组织，开展工会活动。外资企业研究决定有关职工奖惩、工资制度、生活福利、劳动保护和保险问题时，工会代表有权列席会议。外资企业应当听取工会的意见，与工会充分合作。外资企业应当每月按照企业职工实发工资总额的2%拨交工会经费，由本企业工会依照有关工会经费管理办法使用。

（3）财务会计管理。外资企业应当执行国家统一的财务会计制度，并根据中国有关法律、法规、财政机关的规定，制定适合本企业的财务会计制度，报当地财政、税务机关备案。

外资企业依照中国税法规定缴纳所得税后的利润，应当提取储备金和职工奖励及福利基金。储备基金的提取比例不得低于税后利润的10%，当累计提取金额达到注册资本的50%时，可以不再提取。职工奖励及福利基金的提取比例由外资企业自行确定。外资企业以往会计年度的亏损未弥补前，不得分配利润；以往会计年度未分配的利润，可与本会计年度可分配的利润一并分配。外资企业的年度会计报表和清算会计报表，应当依照中国财政、税务机关的规定编制。以外币编报会计报表的，应当同时编报外币折合为人民币的会计报表。外资企业的年度会计报表和清算会计报表，应当聘请中国的注册会计师进行验证并出具报告，应当在规定的时间内报送财政、税务机关，并报审批机关和工商行政管理机关备案。

**（三）外资企业的期限、终止和清算**

1.外资企业的期限

根据外资企业法及其实施细则的规定，外资企业的经营期限，根据不同行业的具体情况，由外国投资者在设立外资企业的申请书中拟订，经审批机关批准。外资企业的经营期限，从其营业执照签发之日起计算。

外资企业经营期满需要延长经营期限的，应当在距经营期满一百八十日前向审批机关报送延长经营期限的申请书。审批机关应当在收到申请书之日起三十日内决定批准或者不批准。

外资企业经批准延长经营期限的，应当自收到批准延长期限文件之日起三十日内，向工商行政管理机关办理变更登记手续。

2.外资企业的终止

根据外资企业法及其实施细则的规定，外资企业有下列情形之一的，应予终止：（1）经营期限届满；（2）经营不善，严重亏损，外国投资者决定解散；（3）因自然灾害、战争等不可抗力而遭受严重损失，无法继续经营；（4）破产；（5）违反中国法律、法规，危害社会公共利益被依法撤销；（6）外资企业章程规定的其他解散的事由已经出现。

外资企业如存在上述第（2）（3）（4）项所列情形，应当自行提交终止申请书，报审批机关核准，审批机关作出核准的日期为企业的终止日期。

3.外资企业的清算

外资企业宣告终止时，应当进行清算。除企业破产或者撤销清算，应当按照中国有关法律规定进行清算外，外资企业的清算应由外资企业提出清算程序、原则和清算委员会人选，报审批机关审核后进行清算。清算委员会应当由外资企业的法定代表人、债权人代表以及有关主管机关的代表组成，并聘请中国的注册会计师、律师等参加。

外资企业清算结束，其资产净额和剩余财产超过注册资本的部分视同利润，应当依照中国税法缴纳所得税。同时，应当向工商行政管理机关办理注销登记手续，缴销营业执照。

## 第三节　港澳台商投资企业

### 一、港澳台商投资企业概述

港澳台商投资企业包括港澳台商合资经营企业、港澳台商合作经营企业、港澳台商独资经营企业、港澳台商投资股份有限公司。

港澳台商合资经营企业是指港澳台地区投资者与内地企业依照中外合资经营企业法及有关法律的规定，按照合同规定的比例投资设立、分享利润和分担风险的企业。

港澳台商合作经营企业是指港澳台地区投资者与内地企业依照中外合作经营企业法及有关法律的规定，按照合同规定的比例投资设立、分享利润和分担风险的企业。

港澳台商独资经营企业是指依照外资企业法及有关法律的规定，在内地由港澳台地区投资者全额投资设立的企业。

港澳台商投资股份有限公司是指根据国家有关规定，经对外经济贸易主管部门依法批准设立，其中港澳台商的股本占公司注册资本的比例达25%以上的股份有限公司。凡其中港澳台商的股本占公司注册资本的比例小于25%的，属于内资企业中的股份有限公司。

### 二、港澳台商投资企业的法律适用

中外合作经营企业法实施细则第五十七条规定，香港、澳门、台湾地区的公司、企业和其他经济组织或者个人以及在国外居住的中国公民举办合作企业，参照本实施细则办理。外资企业法实施细则第八十条规定，香港、澳门、台湾地区的公司、企业和其他经济组织或者个人以及在国外居住的中国公民在大陆设立全部资本为其所有的企业，参照本实施细则办理。公司法第二百一十七条规定，外商投资的有限责任公司和股份有限公司适用本法；有关外商投资的法律另有规定的，适用其规定。据此规定，除港澳台商投资的有限责任公司和股份有限公司适用公司法外，其他类型的港澳台商投资的企业，仍然适用"三资企业法"的有关规定。

### 三、台湾同胞投资保护

为保护和鼓励台湾同胞到大陆投资，促进海峡两岸的经济发展，早在1988年7月，国务院就颁布了关于鼓励台湾同胞投资的规定；1994年3月，全国人大常委会颁布了台湾同胞投资保护法；1999年12月，国务院颁布了台湾同胞投资保护法实施细则。其中明确表示，台商到大陆投资，可依照大陆有关法律、行政法规和实施细则的规定，享受税收等方面的优惠待遇。

#### （一）台商到大陆投资享受优惠待遇

根据台湾同胞投资保护法实施细则的有关规定，台湾同胞投资是指台湾地区的公司、企业、其他经济组织或者个人作为投资者在大陆的投资。台商在其他国家投资的为其本人所拥有或实际控股的公司，到大陆的投资可以比照适用台湾同胞投资保护法及实施细则，获得相应的台胞投资待遇，享受大陆方面为台胞投资提供的一些便利和保护措施。

#### （二）台商在大陆进行投资的主要形式

根据《国务院关于鼓励台湾同胞投资的规定》规定，台湾在大陆进行投资的主要形式有：举办台湾投资者拥有全部资本的企业；举办合资经营企业、合作经营企业；开展补偿贸易、来料加工装配、合作生产；购买企业的股票和债券；购置房产；

依法取得土地使用权，开发经营；法律、法规允许的其他投资形式。

从投资性质上来讲，台胞在大陆投资属于国内投资的范围，但由于两岸经济体制的不同，因此在投资的申请审批程序上而有所差异。同时，不同的投资方式也有相应的申请审批程序。

### （三）台胞投资企业的审批

台湾投资者在大陆投资举办合资经营企业、合作经营企业，由大陆的合资、合作方负责申请；举办台湾投资者拥有全部资本的企业，由台湾投资者直接申请或者委托在大陆的亲友、咨询服务机构等代为申请。台湾投资者投资举办企业的申请，由当地对外经济贸易部门或者地方人民政府指定的审批机关统一受理。

台胞投资企业的审批，按照国务院规定的权限办理。各级对外经济贸易部门或者地方人民政府指定的审批机关应当在收到全部申请文件之日起四十五天内决定批准或者不批准。

申请人应当在收到批准证书之日起三十天内，按照有关登记管理办法，向工商行政管理机关申请登记，领取营业执照。

# 第四节 个体私营协会

## 一、个体私营协会设立概况

伴随着我国个体私营经济的迅速恢复和发展，个体私营协会从无到有，不断发展壮大。我国第一个县级个体劳动者协会组织成立于1980年9月。1986年12月，首个全国性个体私营协会——中国个体劳动者第一次代表大会在北京召开，中国个体劳动者协会宣布成立。此后，各地又陆续建立起个体私营企业协会。据中国个体劳动者协会统计，截至2009年底，全国县级以上个体私营协会总计有4137个，全国加入各级个体劳动者协会的个体工商户共有2529.83万户，加入各级私营企业协会的私营企业共有433.93万户，个体私营协会会员企业中的从业人员共有1.08亿人。

## 二、个体私营协会的法律地位

个体私营协会是由全国个体工商户、个人独资企业、合伙企业等组织和个人依法自愿组成的全国联合性非营利社会团体。协会是党和政府联系广大个体劳动者和个体私营企业的桥梁纽带；是进行经营自律、维护市场公平竞争秩序的有力助手；是为会员提供服务、维护会员合法权益、引导会员诚信自律的重要力量；在推进非公有制经济组织党建工作、加强和创新社会管理、促进经济社会科学发展等方面发挥了重要作用。

### 三、个体私营协会的指导思想和办会宗旨

个体私营协会坚持高举中国特色社会主义伟大旗帜，以邓小平理论、"三个代表"重要思想、科学发展观为指导，坚持毫不动摇巩固和发展公有制经济，毫不动摇鼓励、支持、引导非公有制经济发展的方针，遵守国家宪法、法律、法规、规章和政策，促进个体私营经济健康发展。组织会员自我服务、自我教育、自我管理、自我发展，遵守社会道德风尚，履行社会责任，把社会主义核心价值观融入会员精神文明和企业文化建设全过程。团结、教育、引导会员爱岗敬业、守法经营、诚信服务、奉献社会，坚定不移地走中国特色社会主义道路。

### 四、个体私营协会的工作职能

第一，宣传贯彻中小企业促进法、个人独资企业法、合伙企业法、个体工商户条例、私营企业暂行条例和《国务院关于鼓励支持和引导个体私营等非公有制经济发展的若干意见》《国务院关于鼓励和引导民间投资健康发展的若干意见》等国家法律、法规和政策，促进个体私营经济发展环境法治化、规范化。

第二，开展调查研究，了解个体私营经济发展状况，进行统计分析，组织理论研讨和高层论坛，为国家制定相关法律、法规和政策提供参考。

第三，加强社会主义法治和道德教育，引导会员守法诚信，遵守职业道德，参加公益活动，履行社会责任，践行社会主义核心价值；总结推广先进经验，按照规定经批准评选表彰先进会员，推荐先进人物参加相关组织或获得相关荣誉，加强和推进会员精神文明建设。

第四，贯彻中央《关于加强和改进非公有制企业党的建设工作的意见（试行）》，协助有关部门开展个体工商户、专业市场和小微企业党建工作，扩大非公有制经济领域党组织和党的工作覆盖面，充分发挥党组织在非公有制企业职工群众中的政治核心作用和企业发展中的政治引领作用。

第五，经政府有关部门同意，组织招商引资、商务考察、人才技术交流等活动，发挥个体私营经济在促进地方和区域经济发展、资源节约和生态保护中的作用，促进经济结构调整和经济发展方式转变。

第六，为会员提供管理咨询、投资融资、技术支持、企业信息化、对外合作、经营信息、展览展销等服务，支持个体私营企业转型升级科学发展；提供法律咨询与服务，建立会员间沟通互助渠道，调解会员经营纠纷，反映会员合理诉求，维护会员合法权益。

第七，建设会员之家，关心会员生活，组织文化体育活动，兴办为会员服务的福利事业和经济实体，建设网络平台，依照国家有关规定编辑出版刊物和书籍，利用多种宣传渠道，积极推进个体私营企业文化建设。

第八，开展创业、就业指导，组织人才引进、用工招聘、岗位技能培训，引导

企业建立和谐劳动关系，发挥个体私营经济在创业、就业、再就业中的重要作用。

第九，指导团体（单位）会员开展工作，加强与团体（单位）会员的互助、合作。

第十，开展国际交流与合作，加强与我国台湾、香港、澳门地区有关组织和社团的联系与合作。

第十一，强化协会自身建设，坚定理想信念，建立行业组织和分支机构，完善组织结构，健全规章制度，实行规范管理，加强效能建设，提高协会公信力、凝聚力和影响力。

第十二，承接、承办政府和有关部门委托的各项工作。

## 第五节　商会的设立和管理

### 一、商会组织概述

商会组织主要包括社会团体、行业协会、民办非企业单位、基金会、部分中介组织等。

#### （一）社会团体

社会团体，是指由中国公民自愿组成，为实现会员共同意愿，按照其章程开展活动的非营利性社会组织。包括学术性社团、行业性社团、专业性社团和联合性社团等。截至2010年底，全国共有社会组织44.6万个。

根据所提供的产品是否面向公众，社会团体分为公益型社会团体和互益型社会团体。公益型社会团体是指面向公众提供公共物品的社会团体，如环境保护协会、消费者协会。互益型社会团体是指面向自己提供公共物品的社会团体，如各种行业协会、商会、学会、兴趣团体等。根据是否取得法人资格，社会团体分为法人社会团体和非法人社会团体。法人社会团体是指符合法律规定的条件，到指定的登记部门进行登记，依法取得法人资格的社会团体。非法人社会团体是指没有法人资格的社会团体。根据社会团体的性质和任务，其可分为学术性社会团体、行业性社会团体、专业性社会团体和联合性社会团体。学术社会团体指以从事科学研究和学术交流为主的社会团体。行业性社会团体一般指从事某一行业管理、协调或者服务的社会团体。专业性社会团体是指由专业人员组成或依靠专业技术、专门资金从事某项事业而成立的社会团体。联合性社会团体是指人群的联合体或团体的联合体。

## （二）行业协会

行业协会，是指从事相同性质经济活动的经济组织，为了维护共同的合法经济利益，自愿组织的非营利性社会组织。

行业协会可分为三类：一是通过分解和剥离政府行业主管部门，自上而下地培育的行业协会，这类行业协会主要是在政府机构改革过程中由政府通过行政手段组建，因此又称为官办行业协会；二是由行业内企业自发、自愿组建并根据社会团体登记管理条例取得社会团体法人资格的民办协会，又称为市场内生型行业协会；三是在政府的倡导和推动下由企业自主组建，政府给予一定扶持的，称体制内外结合型或中间型行业协会。

## （三）民办非企业单位

民办非企业单位是指企业事业单位、社会团体和其他社会力量以及公民个人利用非国有资产举办的，从事非营利性社会服务活动的社会组织。其明显特征是，不是由政府或者政府部门举办的。民办非企业单位的特征在于它的民间性、非营利性、社会性、独立性和实体性。包括教育类民办非企业单位、城镇非营利性医疗机构、文化类民办非企业单位、科技类民办非企业单位、体育类民办非企业单位、职业培训类民办非企业单位，以及民办福利院、敬老院、托老所、婚姻介绍所等。民办非企业这个概念首次出现在1996年中共中央办公厅、国务院办公厅《关于加强社会团体和民办非企业单位管理工作的通知》中，1996年7月，中共中央政治局常委会专门研究了民间组织的工作，并决定将民办非企业单位交给民政部门统一登记管理。

## （四）基金会

基金会是指利用自然人、法人或者其他组织捐赠的财产，以从事公益事业为目的，按照基金会管理条例的规定成立的非营利性法人。基金会是对兴办、维持或发展某项事业而储备的资金或专门拨款进行管理的机构，一般为民间非营利性组织。宗旨是通过无偿资助，促进社会的科学、文化教育事业和社会福利救助等公益性事业的发展。基金会的资金具有明确的目的和用途。基金会分为面向公众募捐的基金会和不得面向公众募捐的基金会。公募基金会按照募捐的地域范围，分为全国性公募基金会和地方性公募基金会。

## （五）社会中介组织

社会中介组织是指在政府、企事业单位和个人之间起桥梁和纽带作用，为经济、社会活动提供服务的各种组织、机构的总称。如各类工商业协会、行会，各类社团，各类事务所，信息咨询机构，计量和质量检验认证机构等。它是经济、社会主体之间进行活动的介体，自身既不生产商品，也不经营商品，只向社会提供服务，而且一般是以专业技术为基础的较高层次的服务。党的十五大报告明确指出，要积极

"培育和发展社会中介组织"。中国经济体制改革研究基金会1999年全国公开招标项目——中国社会中介组织的发展与培育课题的研究报告中指出，会计（审计）师事务所、资产评估事务所、律师事务所、消费者协会、税务师事务所、国有资产经营投资公司、经纪公司等，这些与市场运行直接有关的中介，一般被称为市场中介；各种研究会、学会、基金会、协会、联合会、俱乐部、联谊会、交易所、民间社团和咨询机构等，通常被称为狭义的社会中介。市场中介与狭义的社会中介被通称为广义的社会中介。

## 二、商会组织的设立

### （一）社团的设立规定

社会团体登记管理条例对社会团体的概念作了规定，社会团体是指我国公民自愿组成，为实现会员的共同意愿，按照其章程开展活动的非营利性社会组织。包括各类使用学会、协会、研究会、促进会、联谊会、联合会、基金会、商会等称谓的社会团体。条例对申请成立社会团体应当具备的条件作了规定，成立社会团体，应当具备下列条件：有50个以上的个人会员或30个以上的单位会员；个人会员、单位会员混合组成的，会员总数不得少于50个；有规范的名称和相应的组织机构；有固定的住址；有与其业务活动相适应的专职工作人员；有合法的资产和经费来源，全国性的社会团体有10万元以上活动资金，地方性和跨行政区域的社会团体有3万元以上活动资金；有独立承担民事责任的能力。

社会团体的名称应当符合法律、法规的规定，不得违背社会道德风尚。社会团体的名称应当与其业务范围、成员分布、活动地域相一致，准确反映其特征。全国性的社会团体的名称冠以"中国""全国""中华"等字样的，应当按照国家有关规定经过批准，地方性的社会团体的名称不得冠以"中国""全国""中华"等字样。

不具备上述条件中的任何一条，均不能申请成立社会团体。

### （二）民办非企业单位的设立规定

1. 申请登记民办非企业单位必须具备的条件

（1）经业务主管单位审核同意。申请登记民办非企业单位，首先必须有与该民办非企业单位业务相关的行政管理部门或者经政府授权的组织作为业务主管单位。例如，某县的某中学，其要办理民办非企业登记就必须向其业务主管单位申请，某中学属于教育类，所以县教育局是它的业务主管单位。

（2）有规范的名称和必要的组织机构。申请成立民办非企业单位，必须有自己的名称。命名要规范，能准确反映该民办非企业单位的宗旨与业务范围。民办非企业单位名称依次由字号、行（事）业或业务领域、组织形式等三个主要部分组成。民办非企业单位名称要冠以该民办非企业单位所在地的行政区划名称。

（3）有与其业务活动相适应的从业人员。根据民办非企业单位的不同类型和业务要求，对从业人员有一定的数量、结构和技术能力方面的要求。如设立民办学校，就要求有与学校规模相适应的教师和具有管理资格的人员。

（4）有与其业务活动相适应的合法财产。有相适应的财产是民办非企业单位能正常开展业务活动的保证。

（5）有必要的场所。民办非企业的活动场所可以有两个或多个，但是其设置地不能超越登记管理机关和业务主管单位所管辖的区域。

（6）民办非企业单位的名称应当符合国务院民政部门的规定，不得冠以"中国""全国""中华"等字样。

2. 申请民办非企业单位应提交的文件材料

提交的材料包括：登记申请书；业务主管单位的批准文件；场所使用权证明；验资报告；拟任负责人的基本情况、身份证明；章程草案。

3. 申请民办非企业单位登记的管辖

对于申请民办非企业单位登记的管辖规定，国务院民政部门和县级以上人民政府民政部门是本级民办非企业单位登记机关，负责同级业务主管单位审查同意的民办非企业单位的登记管理。

4. 申请民办非企业单位登记办理程序

申请民办非企业单位登记办理程序包括：

（1）申请成立民办非企业单位，经业务主管单位审查同意后，由举办者向登记管理机关申请登记。

（2）登记管理机关自收到成立登记申请的全部有效文件之日起60日内，作出准予登记或不予登记的决定。

准予登记的，根据其依法承担民事责任的不同方式，分别发给《民办非企业单位（法人）登记证书》《民办非企业单位（合伙）登记证书》《民办非企业单位（个人）登记证书》；不予登记的，向申请人说明理由。

**（三）教育类民办非企业的设立规定**

2001年10月19日民政部与教育部联合制定了《关于印发〈教育类民办非企业单位登记办法〉（试行）的通知》，对教育类民办非企业单位的概念、审批设立、申请登记等内容作了规定。

1. 教育类民办非企业的设立

按照民办教育促进法的规定，国务院教育行政部门负责全国民办教育工作的统筹规划、综合协调、宏观管理；县级以上各级教育行政部门根据省、自治区、直辖市人民政府规定的职责，负责本行政区域内的民办教育工作；各级人民政府民政部门是教育类民办非企业单位的登记管理机关；县级以上民政部门负责同级教育行政部门审批设立的教育类民办非企业单位的登记工作。

2.申请登记应当向民政部门提交的文件和材料

申请设立的教育类民办非企业单位应当向审批机关提交的文件和材料有：申请正式设立民办学校的，举办者应当向审批机关提交下列材料：（1）筹设批准书；（2）筹设情况报告；（3）学校章程、首届学校理事会、董事会或者其他决策机构组成人员名单；（4）学校资产的有效证明文件；（5）校长、教师、财会人员的资格证明文件。

申请筹设民办学校，举办者应当向审批机关提交下列材料：（1）申办报告，内容应当主要包括：举办者、培养目标、办学规模、办学层次、办学形式、办学条件、内部管理体制、经费筹措与管理使用等；（2）举办者的姓名、住址或者名称、地址；（3）资产来源、资金数额及有效证明文件，并载明产权；（4）属捐赠性质的校产须提交捐赠协议，载明捐赠人的姓名、所捐资产的数额、用途和管理方法及相关有效证明文件。

民政部门对符合登记条件的单位，依法简化登记手续并核准登记。对不符合登记条件的单位，不予登记，并向申请人说明理由。

3.注销登记

教育类民办非企业单位申请注销登记的，须向审批机关提交：（1）法定代表人签署并加盖公章的注销登记申请书，法定代表人因故不能签署的，应当提交不能签署的理由的文件；（2）教育行政部门审查同意的文件；（3）清算组织出具的清算报告；（4）民办非企业单位登记证书（正、副本）；（5）民办非企业单位的印章和财务凭证。民政部门准予注销登记的，应当发给教育类民办非企业单位注销证明文件。

**（四）城镇非营利性医疗机构的设立规定**

各类城镇非营利性医疗机构（政府举办的非营利性医疗机构除外）在取得《医疗机构执业许可证》后，应当依法到民政部门进行民办非企业单位登记，具体包括五类：（1）社会捐资兴办的非营利性医疗机构；（2）社会团体及其他社会组织举办的非营利性医疗机构；（3）企事业单位设立的、对社会开放的，且其总资产中的非国有资产份额占三分之二以上的非营利性医疗机构；（4）国有或集体资产与医疗机构职工集资合办的，且其总资产中的非国有资产份额占三分之二以上的非营利性医疗机构；（5）自然人举办的合伙或个体非营利性医疗机构。包括民办门诊部（所）、医院，民办康复、保健、卫生疗养院（所）等。

2000年12月5日，民政部与卫生部根据民办非企业单位登记管理暂行条例和医疗机构管理条例，联合下发了《关于城镇非营利性医疗机构进行民办非企业单位登记有关问题的通知》，对卫生事业类民办非企业单位申请登记的对象、程序和方法作了规定。

新成立的城镇非营利性医疗机构，须首先按照医疗机构管理条例，在卫生行政部门领取《医疗机构执业许可证》，再到同级民政部门进行民办非企业单位登记。城镇非营利性医疗机构申请民办非企业单位登记应当向民政部门提交相关的文件和材料，主要有：登记申请书、章程草案、已填具的民办非企业单位有关登记表格、医疗机构执业许可证及复印件及其他材料。

登记管理机关对符合登记条件的依法核准登记，分别发给《民办非企业单位（法人）登记证书》《民办非企业单位（合伙）登记证书》《民办非企业单位（个体）登记证书》，并予以公告。对不符合登记条件的，登记管理机关不予登记。

卫生行政部门作出吊销某医疗机构的行政处罚决定后，应及时通知相应的民办非企业单位登记管理机关；民办非企业单位登记管理机关接到通知后，应及时对该机构撤销登记，并予以公告。

### （五）文化类民办非企业单位的设立规定

根据国务院发布的民办非企业单位登记管理暂行条例的规定，文化部与民政部联合制定了《文化类民办非企业单位登记审查管理暂行办法》的通知，对文化类民办非企业单位的概念、审批设立、申请登记等内容作了规定。

1.概念

文化类民办非企业单位是指企业、事业单位、社会团体和其他社会力量以及公民个人利用非国有资产举办的，从事非营利性文化服务活动的社会组织。文化类民办非企业单位根据依法承担民事责任的不同方式，分为民办非企业单位（法人）、民办非企业单位（合伙）和民办非企业单位（个体）三种。

2.文化类民办非企业单位类型

文化类民办非企业单位包括：（1）从事舞台艺术创作、演出和传统艺术整理、加工和保护的民办艺术表演团（队）；（2）从事艺术人才培养和教育的民办艺术院（校）；（3）从事老年文化活动、辅导、培训的老年文化大学；（4）从事文化艺术辅导及丰富群众文化生活业务的民办文化馆或活动中心（站）；（5）从事图书、资料、文献情报借阅及社会教育工作的民办图书馆（室）；（6）从事文物宣传、保护、展览等活动的民办博物馆（院）；（7）从事艺术收藏、展览及交流的民办美术馆（室）、书画雕塑（室）、名人纪念馆、名人故居纪念馆、收藏馆（室）；（8）从事艺术发掘、整理、研究、咨询及艺术科技开发的民办艺术研究院（所）；（9）从事文化传播、交流的文化网络中心（站）；（10）从事文化艺术活动的其他民办非企业单位。

3. 申请设立文化类民办非企业单位应具备的条件

申请设立文化类民办非企业单位，除符合国家和登记管理部门规定外，还应当具备有下列条件：（1）拟定名称需经登记管理机关预审；（2）业务活动范围属于文化行政部门的职能权限；（3）有符合文化行业从业资格的业务人员；（4）有开展业务活动必需的设备、器材、场所和其他设施等。

申请设立文化类民办非企业单位，须向文化行政部门提交：申请书；场所使用权证明；会计师事务所验资报告或银行资信证明及每年收入支出的估算情况材料；拟任负责人的基本情况、身份证明、申办地户籍证明及固定住址和联系方式；章程草案；主要业务人员的从业资格证明；与开展业务活动相关的设备、器材和其他设施清单；以及文化行政部门要求的其他材料。

文化类民办非企业单位申请注销登记的，首先，应向文化行政部门提交法定代表人或单位负责人签署并加盖单位公章的注销登记申请书，法定代表人或单位负责人因故不能签署的，应说明理由，提交证明文件。其次，提交登记证书副本。最后，提供依法成立的清算组织出具的清算报告以及注销登记的善后情况等文件。此外，还有一些文化行政部门要求的其他文件。

（六）科技类民办非企业单位的设立规定

1. 科技类民办非企业单位的类型

根据科技类民办非企业单位所从事的业务范围，科技类民办非企业单位包括：从事科学研究与技术开发业务的科学技术研究院（所、中心）；从事科技成果转让与扩散业务的科学技术转移（促进）中心；从事科技咨询、服务和培训业务的科技咨询中心（部）、技术服务中心（部）和技术培训中心（部）；从事科技成果评估业务的科技评估事务中心（所）；从事科学技术知识普及业务的科普及（传播）中心和其他从事科学技术活动的科技类民办非企业单位。2000年5月24日，科学技术部与民政部联合制定了《科技类民办非企业单位登记审查与管理暂行办法》，对科技类民办非企业单位的概念、申请的条件、从业的范围等内容作了规定。

2. 申请设立须具备的条件

科技类民办非企业单位的设立条件：

（1）须经业务主管单位审查同意。

（2）须有规范的名称、必要的组织机构。其中，名称应当符合国务院民政部门的规定，不得冠以"中国""全国""中华"等字样。

（3）须有与业务范围和业务量相当的科技人员，关键业务岗位主要负责人由科技人员担任。

（4）须拥有与其业务活动相适应的合法财产。

（5）业务范围和活动领域符合国家促进科技进步的相关法律法规和政策。

（6）须具备必要的科研设施和条件。

科技类民办非企业单位对于修改章程的，应附原章程和新章程草案；对于变更法定代表人或负责人的，应出具变更后法定代表人或负责人的身份证明及民办非企业单位登记暂行办法规定的其他材料；对于变更业务主管单位的，应提交变更业务主管单位申请书；变更资金的，应提交有关资产变更证明文件等；科技行政管理部门自收到全部有效文件之日起二十个工作日内，作出同意或不同意的批复。科技行政管理部门配合登记管理机关，按照科技类民办非企业单位登记审查与管理暂行办法的要求，对申请变更法定代表人或负责人的科技类民办非企业单位进行财务审计。科技类民办非企业单位业务活动超出《科技类民办非企业单位登记审查与管理暂行办法》规定范围，或改变其设立宗旨的，应办理业务主管单位变更手续。

## 思考题

1. 私营企业的法律特征有哪些？其包括哪些类型？

2. 何为港澳台商投资企业？港澳台商投资企业适用哪些法律？

3. 个体私营协会的法律地位？

4. 商业组织的设立应具备哪些条件？

# 第七章　民营经济经营法律制度

本 章 要 点

民营经济经营法律制度主要包括合同、担保、产品质量、招投标、广告、安全生产、环境保护、劳动以及企业破产法律制度等。了解民营经济经营法律制度是民营经济管理人员组织生产经营的前提。

## 第一节　合同法律制度

### 一、合同的概念

合同是指平等主体的自然人、法人、其他组织之间设立、变更、终止民事权利义务关系的协议。其中法人是指依法独立享有民事权利和承担民事义务的组织，包括机关、团体、企业、事业单位、公司等。其他组织是指不具备法人资格的合伙组织以及分支机构等。民事权利义务关系是指财产关系。

### 二、合同的订立

#### （一）合同订立的形式

合同的订立，是指两个或两个以上的当事人，依法就合同的主要条款经过协商一致，达成协议的法律行为。合同当事人可以是自然人，也可以是法人或者其他组织，但都应当具有与订立合同相应的民事权利能力和民事行为能力。当事人也可以依法委托代理人订立合同。

我国合同法规定，当事人订立合同，有书面形式、口头形式和其他形式。法律、行政法规规定采用书面形式的，应当采用书面形式。当事人约定采用书面形式的，应当采用书面形式。

## （二）合同的主要条款

合同的条款是合同中经双方当事人协商一致，规定双方当事人权利义务的具体条文。合同当事人的权利义务，除法律规定的以外，主要由合同的条款确定。合同的条款是否齐备、准确，决定了合同能否成立、生效以及能否顺利地履行、实现。由于合同的类型和性质不同，合同的主要条款可能有所不同。根据合同法的规定，合同的内容由当事人约定，一般应当包括以下条款：当事人的名称或者姓名和住所；标的；数量；质量；价款或者报酬；履行期限、地点和方式；违约责任；解决争议的方法。

## （三）合同订立的程序

根据合同法的规定，当事人采取要约、承诺方式订立合同。

1. 要约

要约是希望和他人订立合同的意思表示。当一方当事人向对方提出合同条件作出签订合同的意思表示时，称为要约。发出要约的当事人称为要约人，要约所指向的对方当事人则称为受要约人。要约在不同情况下还可以称之为发盘、出盘、发价、出价或报价等。

实践中，需要注意的是要约与要约邀请的区别。要约邀请是希望他人向自己发出要约的意思表示。要约邀请与要约不同，要约是一个一经承诺就成立合同的意思表示；而要约邀请的目的则是邀请他人向自己发出要约，自己如果承诺才成立合同。要约邀请处于合同的准备阶段，没有法律约束力。合同法规定，寄送的价目表、拍卖公告、招标公告、招股说明书等都属于要约邀请，商业广告的内容符合要约规定的，视为要约。

2. 承诺

承诺是受要约人同意要约的意思表示。承诺应当具备以下条件：（1）承诺必须由受要约人作出，如由代理人作出承诺，则代理人须有合法的委托手续；（2）承诺必须向要约人作出；（3）承诺的内容必须与要约的内容一致；（4）承诺必须在有效期限内作出。

承诺生效时间以到达要约人时确定。所谓到达，指承诺的通知到达要约人支配的范围内，如要约人的信箱、营业场所等。至于要约人是否实际阅读和了解承诺通知则不影响承诺的效力。承诺通知一旦到达要约人，合同即宣告成立。

## 三、合同的效力

合同的效力即合同的法律效力，是指已经成立的合同在当事人之间产生一定的法律约束力。有效合同对当事人具有法律约束力，国家法律予以保护，无效合同不具有法律约束力。合同法就合同的效力问题规定了有效合同、无效合同、可撤销合同、效力待定合同四种情况。

## （一）合同的生效

合同的生效，是指已经成立的合同开始发生以国家强制力保障的法律约束力，即合同发生法律效力。合同的效力主要体现在对当事人的约束力上。合同对当事人的约束力具体体现为权利和义务两方面。

从权利方面来说，合同当事人依据法律和合同的规定所产生的权利依法受到法律保护；从义务方面来说，合同对当事人的约束力表现在两个方面：一方面，当事人根据合同所产生的义务具有法律的强制性。另一方面，如果当事人违反合同义务则应当承担违约责任。也就是说，如果当事人不履行其应负的义务，合同另一方当事人将要借助国家的强制力强制义务人履行义务。

## （二）无效合同

无效合同，是相对于有效合同而言的，它是指合同虽然已经成立，但因其在内容和形式上违反了法律、行政法规的强制性规定和有损社会公共利益，因此应确认为无效。根据合同法的规定，有下列情形之一的合同无效：一是一方以欺诈、胁迫的手段订立合同，损害国家利益；二是恶意串通，损害国家、集体或者第三人利益；三是以合法形式掩盖非法目的的；四是损害社会公共利益；五是违反法律、行政法规的强制性规定。

## （三）可撤销合同

可撤销合同是指当事人在订立合同时，因意思表示不真实，法律允许撤销权人通过行使撤销权而使已经生效的合同归于无效。例如，因重大误解而订立的合同，误解的一方有权请求法院撤销该合同。

合同法规定了三种可撤销的合同：一是因重大误解订立的合同；二是显失公平的合同；三是以欺诈、胁迫的手段或者乘人之危，使对方在违背真实意思的情况下订立的合同。

## （四）效力待定合同

效力待定合同是指合同虽然已经成立，但因其不完全符合有关生效要件的规定，因此其效力能否发生，尚未确定，一般须经有权人表示承认才能生效。

效力待定合同主要包括以下几种类型：一是限制民事行为能力人订立的合同，经法定代理人追认后，该合同有效，但如果是纯获利益的合同或者是与其年龄、智力、精神健康状况相适应而订立的合同，不必经法定代理人追认，该合同有效；二是行为人没有代理权、超越代理权或者代理权终止后以被代理人名义订立的合同，未经被代理人追认，对被代理人不发生效力，由行为人承担责任；三是无处分权的人处分他人财产，经权利人追认或者无处分权的人订立合同后取得处分权的，该合同有效。

## 四、合同的履行

合同的履行是指合同生效后，双方当事人按照合同规定的各项条款，完成各自承担的义务和实现各自享有的权利，使双方当事人的合同目的得以实现的行为。

### （一）合同内容约定不明确时的履行规则

合同生效后，当事人就质量、价款或者报酬、履行地点等内容没有约定或者约定不明确的，可以协议补充；不能达成补充协议的，按照合同有关条款或者交易习惯确定。仍不能确定的，适用下列规定：

1. 质量要求不明确的

质量要求不明确的，按照国家标准、行业标准履行；没有国家标准、行业标准的，按照通常标准或者符合合同目的的特定标准履行。

2. 价款或者报酬不明确的

价款或者报酬不明确的，按照订立合同时履行地的市场价格履行；依法应当执行政府定价或者政府指导价的，按照规定履行。

3. 履行地点不明确的

履行地点不明确，给付货币的，在接受货币一方所在地履行；交付不动产的，在不动产所在地履行；其他标的，在履行义务一方所在地履行。

4. 履行期限不明确的

履行期限不明确的，债务人可以随时履行，债权人也可以随时要求履行，但应当给对方必要的准备时间。

5. 履行方式不明确的

履行方式不明确的，按照有利于实现合同目的的方式履行。

6. 履行费用的负担不明确的

履行费用的负担不明确的，由履行义务一方负担。

### （二）双务合同中的抗辩权

双务合同履行中的抗辩权，是指在符合法定条件时，当事人一方对抗对方当事人的履行请求权，暂时拒绝履行其债务的权利，包括同时履行抗辩权、先履行抗辩权和不安抗辩权。

1. 同时履行抗辩权

双务合同的当事人没有先后履行顺序的，应当同时履行。一方在对方履行之前可拒绝履行自己的债务的权利。

2. 先履行抗辩权

当事人互负债务，有先后履行顺序的，先履行一方未履行之前，后履行一方有权拒绝其履行请求，先履行一方履行债务不符合约定的，后履行一方有权拒绝其相应的履行请求。

### 3. 不安抗辩权

先给付义务人在有证据证明后给付义务人的经营状况严重恶化，或者转移财产、抽逃资金以逃避债务，或者丧失商业信誉，以及其他丧失或者可能丧失履行债务能力的情况时，可中止自己的履行；后给付义务人接收到中止履行通知后在合理的期限内提供了适当担保的，先给付义务人应当履行其债务；后给付义务人在合理的期限内未恢复履行能力并且未提供适当担保的，先给付义务人可以解除合同。

### （三）合同的保全

合同的保全，是指法律为防止因债务人的财产不当减少或不增加而给债权人的债权带来损害，允许债权人行使撤销权或代位权，以保护其债权。合同的保全措施包括代位权和撤销权两种。

### 1. 代位权

债权人的代位权是指因债务人怠于行使其到期债权，对债权人造成损害的，债权人可以向人民法院请求以自己的名义代位行使债务人的债权，但该债权专属于债务人自身的除外。

### 2. 撤销权

债权人的撤销权，是指因债务人放弃其到期债权或者无偿转让财产，对债权人造成损害的，债权人可以请求人民法院撤销债务人的行为。

## 五、合同的变更和转让

### （一）合同的变更

合同的变更是指合同成立后，当事人双方根据客观情况的变化，依照法律规定的条件和程序，对原合同进行修改或者补充。合同的变更是在合同的主体不改变的前提下对合同内容或标的的变更，合同性质和标的性质并不改变。

当事人在变更合同时，应本着协商的原则进行。当事人可以依据有关法律规定，就变更合同事项达成协议。合同变更后的内容就取代了原合同的内容，当事人就应当按照变更后的内容履行合同。为了减少在合同变更时可能发生的纠纷，当事人对合同变更的内容约定不明确的，推定为未变更。

### （二）合同的转让

合同的转让，是指合同当事人一方将其合同的权利和义务全部或部分转让给第三人。合同的转让有三种情况：合同权利转让、合同义务转移、权利和义务一并转让。

### 1. 合同权利转让

合同权利转让是指不改变合同权利的内容，由债权人将合同权利的全部或者部分转让给第三人。

2. 合同义务转移

合同义务转移是指经债权人同意，债务人将合同义务的全部或者部分转移给第三人。

3. 合同权利义务的一并转让

合同权利义务的一并转让是指当事人一方经对方同意，将自己在合同中的权利和义务一并转让给第三人。

## 六、合同权利义务的终止

合同权利义务的终止，简称为合同的终止，又称合同的消灭，是指合同关系在客观上不复存在，合同权利和合同义务归于消灭。根据合同法规定，有下列情形之一的，合同的权利义务终止：

一是清偿，即债务已经按照约定履行。

二是合同解除，即在合同有效成立以后，当解除的条件具备时，因当事人一方或双方的意思表示，使合同归于消灭的行为，它也是一种法律制度。

三是提存，即由于债权人的原因，债务人无法向其交付合同标的物而将该标的物交给提存机关，从而消灭合同的制度。

四是抵销，即当事人之间互负到期债务，又互享债权，当事人可以自己的债权充抵对方的债权，使自己的债务与对方的债务在等额内消灭。当事人主张抵销的，应当通知对方。通知自到达对方时生效。抵销不得附条件或者附期限。

五是免除，即债权人自愿放弃了债权，债务人的债务即被解除。债权人免除债务人部分或者全部债务的，合同的权利义务部分或者全部终止。

六是混同，是指债权和债务同归一人，致使合同权利义务关系消灭的事实。

七是法律规定或者当事人约定终止的其他情形。

## 七、违约责任

违约责任，也称为违反合同的民事责任，是指合同一方当事人因不履行合同义务或者履行合同义务不符合约定，而向对方承担的民事责任。

### （一）承担违约责任的形式

违约的当事人承担违约责任的主要形式有继续履行、采取补救措施、赔偿损失、支付违约金和返还定金等。具体适用哪种违约责任，由当事人根据自己的要求加以选择。

继续履行合同，即当事人一方未支付价款或者报酬的，对方可以要求其支付价款或者报酬。

采取补救措施，履行质量不符合约定的，应当按照合同的约定承担违约责任。受损害方可以根据标的的性质以及损失的大小，合理选择要求对方采取修理、更换、重作、退货、减少价款或者报酬等补救措施。

赔偿损失，当事人一方不履行合同义务或者履行合同义务不符合约定的，在履行义务或者采取补救措施后，对方还有其他损失的，应当赔偿损失。

甲方违约，赔偿损失10000元

支付违约金，为了保证合同的履行，保护自己的利益不受损失，合同当事人可以约定一方违约时应当根据违约情况向对方支付一定数额的违约金，也可以约定因违约产生的损失赔偿额的计算方法。

定金是合同当事人一方为了担保合同的履行而预先向对方支付的一定数额的金钱。当事人可以依照担保法约定一方向对方给付定金作为债权的担保。债务人履行债务后，定金应当抵作价款或者收回。给付定金的一方不履行约定的债务的，无权要求返还定金；收受定金的一方不履行约定的债务的，应当双倍返还定金。

**（二）违约责任的免除**

一般来说，在合同订立之后，如果一方当事人没有履行合同或者履行合同不符合约定，不论是自己的原因，还是第三人的原因，均应当向对方承担违约责任。但是，当事人一方违约是由于某些无法避免的客观原因造成的，则可以根据情况免除违约方的违约责任。

合同法规定，因不可抗力不能履行合同的，根据不可抗力的影响，部分或者全部免除责任；当事人迟延履行后发生不可抗力的，不能免除责任。不可抗力造成违约的，违约方虽然没有过错，但法律规定因不可抗力造成的违约也要承担违约责任的，违约方也要承担无过错的违约责任。当事人一方因不可抗力不能履行合同的，应当及时通知对方，以减轻可能给对方造成的损失，并应当在合理期限内提供证明。

## 八、合同法规定的有名合同

我国合同法规定了15种典型的合同，包括：买卖合同，供用电、水、汽、热力合同，赠与合同，借款合同，租赁合同，融资租赁合同，承揽合同，建设工程合同，运输合同，技术合同，保管合同，仓储合同，委托合同，行纪合同，居间合同。

货物运输合同

## 以案释法 ⑩

### 承诺须与要约一致并在有效期内作出

【案情介绍】2004年5月10日，某机床厂向某贸易公司发出要约："出售A型机床5台，单价45万元，同意请于5月底前回复。"贸易公司5月20日回复："电悉，型号、数量合适，价格40万元即可接受。"半月后，机床价格暴涨，贸易公司又于6月15日去电："接受你5月10日电，可即时发货。"机床厂对此电文不予理会，却将5台机床以单价50万元卖给了另一家公司。贸易公司遂将机床厂诉至法院，要求其承担违约责任。法院审理后，认为合同尚不成立，驳回了贸易公司的请求。

【以案释法】本案中，机床厂向贸易公司发出要约后，贸易公司的两次回复都不构成承诺。第一次回复的价格与要约不同，是对要约的实质性变更。第二次回复超出了有效期，要约已经失效。两次回复的实质都是向机床厂发出新的要约，只有机床厂承诺，合同才能成立。

## 第二节　担保法律制度

担保是为了担保债权实现而采取的法律措施。包括保证、抵押、质押、留置和定金担保。在借贷、买卖、货物运输、加工承揽等经济活动中，债权人需要以担保的方式保障其债权的实现的，可以设定担保。

### 一、保证

保证，是指保证人和债权人约定，当债务人不履行债务时，保证人按照约定履行债务或者承担责任的行为。

#### （一）保证的方式

保证分为一般保证和连带责任保证。一般保证是指与主债务并无连带关系的保证债务。一般保证具有补充性，当债权人未就主债务人的财产先为执行并且无效果之前，便要求保证人履行保证义务时，保证人有权拒绝，这种权利称为先诉抗辩权。连带责任保证是指保证人与债务人对主债务承担连带责任的保证。连带责任保证仍具有一般保证的从属性。

#### （二）保证的期限

一般保证的保证人与债权人未约定保证期间的，保证期间为主债务履行期届满之日起六个月。连带责任保证的保证人与债权人未约定保证期间的，债权人有权自主债务履行期届满之日起六个月内要求保证人承担保证责任。在合同约定的保证期间和主债务履行期届满之日起六个月内，债权人未要求保证人承担保证责任的，保证人免除保证责任。

### （三）保证人不承担保证责任的情形

有下列情形之一的，保证人不承担民事责任：第一，主合同当事人双方串通，骗取保证人提供保证的；第二，主合同债权人采取欺诈、胁迫等手段，使保证人在违背真实意思的情况下提供保证的。

### 二、抵押

抵押，是指债务人或者第三人不转移对特定财产的占有，将该财产作为债权的担保，在债务人不履行到期债务或发生当事人约定的实现抵押权情形时，债权人有权以该财产折价或者以拍卖、变卖该财产的价款优先受偿的行为。

### （一）抵押财产

1. 可以抵押的财产

债务人或者第三人有权处分的下列财产可以抵押：建筑物和其他土地附着物；建设用地使用权；以招标、拍卖、公开协商等方式取得的荒地等土地承包经营权；生产设备、原材料、半成品、产品；正在建造的建筑物、船舶、航空器；交通运输工具；法律、行政法规未禁止抵押的其他财产。

2. 不可抵押的财产

下列财产不可以抵押：土地所有权；耕地、宅基地、自留地、自留山等集体所有的土地使用权，但抵押权人有权处分的除外；学校、幼儿园、医院等以公益为目的的事业单位、社会团体的教育设施、医疗卫生设施和其他社会公益设施；所有权、使用权不明或者有争议的财产；依法被查封、扣押、监管的财产；依法不得抵押的其他财产。

### （二）抵押登记

1. 应当办理抵押登记的财产

根据物权法规定，下述财产的抵押，应当办理登记，抵押权自登记时生效：建筑物和其他土地附着物；建设用地使用权；以招标、拍卖、公开协商等方式取得的荒地等土地承包经营权；正在建造的建筑物。

2. 自愿办理抵押登记的财产

当事人以上述之外的其他财产抵押的，可以自愿办理抵押登记。抵押权自抵押合同生效时发生效力；未经登记，不得对抗善意第三人。

### （三）抵押的效力

除抵押合同另有约定外，抵押担保的范围包括主债权及利息、违约金、损害赔偿金和实现抵押权的费用。

抵押人将已出租的财产抵押的，应当书面告知承租人，原租赁合同继续有效。抵押期间，抵押人转让已办理抵押登记的抵押物的，应当通知抵押权人并告知受让人转让物已经抵押的情况；抵押人未通知抵押权人或者未告知受让人的，转让行为无效。转让抵押物的价款明显低于其价值的，抵押权人可以要求抵押人提供相应的担保；抵押人不提供的，不得转让抵押物。

### 三、质押

质押也称质权，是指债务人或第三人将其动产或者权利移交债权人占有，将该动产作为债权的担保，当债务人不履行债务时，债权人有权依法就该动产卖得价款优先受偿。质押分为动产质押和权利质押。

#### （一）动产质押

动产质押，是指债务人或者第三人将其动产移交债权人占有，将该动产作为债权的担保。债务人不履行债务时，债权人有权依照担保法规定以该动产折价或者以拍卖、变卖该动产的价款优先受偿。

我妈病了，需要用钱，我把摩托车质押给你。

质押担保的范围包括主债权及利息、违约金、损害赔偿金、质物保管费用和实现质权的费用。质押合同另有约定的，按照约定。

债务履行期届满债务人履行债务的，或者出质人提前清偿所担保的债权的，质权人应当返还质物。债务履行期届满质权人未受清偿的，质权人可以与出质人协议以质物折价，也可以依法拍卖、变卖质物。质物折价或者拍卖、变卖后，其价款超过债权数额的部分归出质人所有，不足部分由债务人清偿。

#### （二）权利质押

权利质押，为了担保债权清偿，就债务人或第三人所享有的权利设定的质权。

下列权利可以质押：汇票、支票、本票、债券、存款单、仓单、提单；依法可以转让的股份、股票；依法可以转让的注册商标专用权，专利权、著作权的财产权；依法可以质押的其他财产权利。

以汇票、支票、本票、债券、存款单、仓单、提单出质的，当事人应当订立书面合同。质权自权利凭证交付质权人时设立；设有权利凭证的，质权自有关部门办理出质登记时设立。以依法可以转让的股票出质的，当事人应当订立书面合同，质权自证券登记结算机构办理出质登记时设立；以注册商标专用权、专利权、著作权中的财产权出质的，当事人应当订立书面合同。质权自有关主管部门办理出质登记时设立。

### 四、留置

留置，是指债权人按照合同约定占有债务人的动产，债务人不按照合同约定的期限履行债务的，债权人有权依照法律规定留置该财产，以该财产折价或者以拍卖、变卖该财产的价款优先受偿。

留置担保的范围包括主债权及利息、违约金、损害赔偿金，留置物保管费用和实现留置权的费用。

留置权人负有妥善保管留置物的义务。因保管不善致使留置物灭失或者毁损的，留置权人应当承担民事责任。债权人与债务人应当在合同中约定留置财产后的债务履行期限；没有约定或者约定不明确的，留置权人应当给债务人两个月以上履行债务的期限，但鲜活易腐等不易保管的动产除外。

债权人留置债务人财产后，应当确定两个月以上的期限，通知债务人在该期限内履行债务。

债务人逾期仍不履行的，债权人可以与债务人协议以留置物折价，也可以依法拍卖、变卖留置物。留置物折价或者拍卖、变卖后，其价款超过债权数额的部分归债务人所有，不足部分由债务人清偿。

### 五、定金

当事人可以约定一方向对方给付定金作为债权的担保。债务人履行债务后，定金应当抵作价款或者收回。给付定金的一方不履行约定的债务的，无权要求返还定金；收受定金的一方不履行约定的债务的，应当双倍返还定金。

定金应当以书面形式约定。当事人在定金合同中应当约定交付定金的期限。定金合同从实际交付定金之日起生效。定金的数额由当事人约定，但不得超过主合同标的额的百分之二十。

## 🔍 以案释法 ⑪

### 吴某留置桌椅案

【案情介绍】王某与吴某达成协议，王某提供材料，由吴某装配成桌椅。吴某交付了王某部分桌椅，王某交付加工费18000元，但尚欠2万元加工款，之后吴某多次向王某索要加工费，王某均以没钱为由拒绝付款。在此情况下，吴某留置了王某的桌椅50套。那么，债务人不付清货款，债权人享有留置权吗？

拿不到货款我就要留置这批桌椅。

【以案释法】债务人不付清欠款，债权人享有留置权。本案中，吴某与王某没有特别约定王某向承揽人吴某支付报酬的具体期限，从平衡双方利益出发，定做人王某接受定做的期

限也就是他支付报酬或价款的期限。如果定做人没有支付报酬或价款，则承揽人有权继续占有工作成果及材料，以此对抗定做人的财产返还请求权。本案中，王某尚欠吴某加工费2万元，在此情况下，吴某可以行使留置权。

# 第三节　产品质量法律制度

产品质量法是调整产品生产、流通、交换、消费领域中因产品质量而产生的社会关系的法律规范的总称。广义产品质量法所调整的社会关系可分为两大类：一是产品质量监督管理过程中产生的监督和被监督、管理与被管理的关系；二是产品交换过程中产生的具有等价交换性质的社会关系，如产品生产者、销售者与产品用户、消费者的关系。

## 一、生产者的产品质量责任和义务

产品质量法对生产者的产品质量责任与义务作了如下规定：

产品质量应当符合下列三方面的要求：第一，产品不存在危及人身、财产安全的不合理危险，有保障人体健康和人身、财产安全的国家标准、行业标准的，应当符合该标准；第二，具备产品应当具备的使用性能，但是，对产品存在使用性能的瑕疵作出说明的除外；第三，符合在产品或者包装上注明采用的产品标准，符合以产品说明实物样品等方式表明的质量状况。

生产者所提供的产品或者其包装上的标识应当符合下列要求：有产品质量检验合格证明；有中文标明的产品名称、生产厂厂名和厂址；根据产品的特点和使用要求，需要标明产品规格、等级、所含主要成分的名称和含量的，用中文相应予以标明；需要事先让消费者知晓的，应当在外包装上标明，或者预先向消费者提供有关资料；限期使用的产品，应当在显著位置清晰地标明生产日期和安全使用期或者失效日期；使用不当，容易造成产品本身损坏或者有可能危及人身、财产安全的产品，应当有警示标志或者中文警示说明。另外，如果生产者生产的产品是裸装的食品和其他根据产品的特点难以附加标识的裸装产品的，可以不附加产品标识。

XXX(中国)有限公司监制
配料：XXXXXXXXXXX
生产日期：XXXX-XX-XX

## 二、销售者的产品质量责任和义务

销售者是产品流转过程中的重要主体，在保证产品质量方面具有重要地位。因此，法律规定销售者应承担以下产品质量义务：

**（一）执行进货验收制度**

销售者应当建立并执行进货验收制度，验明产品合格证明和其他标识。通过产品质量验收，可以确定产品流转过程中产品质量状况，保证销售产品的质量，也能够分清生产者和销售者的责任。

**（二）保持销售产品的质量**

销售者进货后在向用户、消费者出售产品之前的一段时间内，应当根据产品的性质、特点采取必要的措施，保持销售产品的质量。如果进货时产品质量符合要求，而销售时出现缺陷，销售者就要承担相应的责任。

**（三）销售符合质量要求的产品**

销售者最重要的义务，是保证所销售的产品符合规定的质量要求。不销售假冒伪劣产品，对用户和消费者来说，销售者这一义务是最直接的。对此，产品质量法进行了相关规定：

（1）销售给用户、消费者的产品不失效、不变质。

（2）销售者所销售产品的标识应符合下述规定的要求：不得伪造产地，不得伪造或冒用他人厂名、厂址；不得伪造或冒用认证标志、名优标志等质量标志。

（3）销售产品不得掺杂、掺假，不得以假充真、以次充好，不得以不合格产品冒充合格产品。

（4）销售者不得销售国家明令淘汰并停止销售的产品。

### 三、产品责任的归责原则

**（一）生产者的无过错责任**

生产者的产品责任是无过错责任，即产品存在缺陷造成人身、他人财产损害的，不论生产者是不是有过错，生产者应当承担赔偿责任。

生产者的无过错责任并不是"绝对责任"，无过错责任仍然是有条件的责任。产品质量法规定了三种免责的情况：未将产品投入流通的；产品投入流通时，引起损害的缺陷尚不存在的；将产品投入流通时的科学技术水平尚不能发现缺陷的存在的。

**（二）销售者的过错责任**

销售者的过错责任为推定过错，由销售者承担举证责任。由于销售者的过错使产品存在缺陷，造成人身、财产损害的，销售者应当承担赔偿责任。如果销售者不能指明缺陷产品是生产者或者是供货者的责任的话，销售者应该承担赔偿责任。

## 四、产品责任的损害赔偿

### （一）产品责任的求偿权主体

产品责任求偿权的主体不限于合同的相对方，而是扩大到受害人。即因产品存在缺陷造成他人人身、财产损害的，受害人可以向产品的生产者要求赔偿，也可以向产品的销售者要求赔偿。属于产品的生产者的责任，产品的销售者赔偿的，产品的销售者有权向产品的生产者追偿。属于产品的销售者的责任，产品的生产者赔偿的，产品的生产者有权向产品的销售者追偿。

### （二）产品责任的赔偿范围及诉讼时效

因产品存在缺陷造成受害人人身伤害的，侵害人应当赔偿医疗费、治疗期间的护理费、因误工减少的收入等费用；造成残疾的，还应当支付残疾者生活自助具费、生活补助费、残疾赔偿金以及由其扶养的人所必需的生活费等费用；造成受害人死亡的，并应当支付丧葬费、死亡赔偿金以及由死者生前扶养的人所必需的生活费等费用。

因产品存在缺陷造成受害人财产损失的，侵害人应当恢复原状或者折价赔偿。受害人因此遭受其他重大损失的，侵害人应当赔偿损失。

因产品存在缺陷造成损害要求赔偿的诉讼时效期间为二年，自当事人知道或者应当知道其权益受到损害时起计算。

因产品存在缺陷造成损害要求赔偿的请求权，在造成损害的缺陷产品交付最初消费者满十年丧失；但是，尚未超过明示的安全使用期的除外。

## 🔍以案释法 ⑫

### 高压锅爆炸引发侵权

【案情介绍】1999年，一户赵姓人家在为家中老人祝寿时，高压锅突然爆炸，儿媳妇被锅盖击中头部，抢救无效死亡。据负责高压锅质量检测的专家鉴定，高压锅爆炸的直接原因是高压锅的设计有问题，导致锅盖上的排气孔堵塞。由于高压锅的生产厂家距离遥远，赵家要求出售此高压锅的商场承担损害赔偿责任。但商场声称缺陷不是由自己造成的，故不承担赔偿责任。商场是否应当承担责任？

我要求赔偿！

【以案释法】我国产品质量法规定，因产品存在缺陷造成他人人身、财产损害的，受害人可以向产品的生产者要求赔偿，也可以向产品的销售者要求赔偿。属于产品的生产者的责任，产品的销售者赔偿的，产品的销售者有权向产品的生产者追偿。属于产品的销售者的责任，产品的生产者赔偿的，产品的生产者有权向产品的销售者追偿。本案中，赵家可以向产品的生产者要求赔偿，也可以向产品的销售者要求赔偿。赵家向产品的销售者要求赔偿，产品销售者就应当予以赔偿，由于本案中产品缺陷的责任在生产厂家，产品销售者赔偿后可以向产品生产者追偿。

## 第四节　招投标法律制度

### 一、招标投标法概述

招标、投标是以订立招标采购合同为目的的经济活动，属于订立合同的预备阶段。招标和投标是交易活动中的一个重要方式。

#### （一）招标的范围

在中华人民共和国境内进行下列工程建设项目包括项目的勘察、设计、施工、监理以及与工程建设有关的重要设备、材料等的采购，必须进行招标：大型基础设施、公用事业等关系社会公共利益、公众安全的项目；全部或者部分使用国有资金投资或者国家融资的项目；使用国际组织或者外国政府贷款、援助资金的项目。

依法必须进行招标的项目，其招标投标活动不受地区或者部门的限制。任何单位和个人不得违法限制或者排斥本地区、本系统以外的法人或者其他组织参加投标，不得以任何方式非法干涉招标投标活动。

另外，凡不属于法律明文规定必须采取招标方式交易的项目，当事人可自己决定是否采取招标方式。

#### （二）招标、投标活动应当遵循的原则

招标投标活动应当遵循公开、公平、公正和诚实信用的原则。公开是指招标投标的程序应有透明度；公平是指招标人和投标人的权利义务是平等的；公正是指所有的投标人在招标投标活动中享有平等的权利，不得对投标人实行歧视待遇；诚实信用是民事活动的基本准则；无论是投标人和招标人都应诚实守信，以善意的方式履行其义务。

### 二、招标

招标是指招标人对货物、工程和服务事先公布采购的条件和要求邀请投标人参加投标的行为。从合同法意义上讲，招标邀请是指招标人采取招标公告或者投标邀

请书的形式，向法人或者其他组织发出要约邀请以吸引其投标的意思表示。

（一）招标方式

我国法律把招标方式分为公开招标和邀请招标。

1.公开招标

公开招标是指招标人以招标公告的方式邀请不特定的法人或者其他组织投标。公开招标有以下特征：（1）招标人以招标公告的方式邀请投标；（2）公开投标的对象为不特定的法人或者其他组织。

2.邀请招标

邀请招标是指招标人以投标邀请书的方式邀请特定的法人或者其他组织投标。邀请招标有以下特征：（1）招标人向三个以上具备承担招标项目的能力、资信良好的特定的法人或者其他组织发出投标邀请；（2）邀请投标的对象是特定的法人或者其他组织。

（二）招标程序

1.招标公告与投标邀请书

（1）招标公告。招标人采用公开招标方式的，应当发布招标公告。招标公告应当载明招标人的名称和地址、招标项目的性质、数量、实施地点和时间以及获取招标文件的办法等事项。

（2）投标邀请书。招标人采用邀请招标方式的，应当向三个以上具备承担招标项目的能力、资信良好的特定的法人或者其他组织发出投标邀请书。

2.审查投标人资格

由于招标项目一般都是大中型建设项目、"交钥匙"项目和技术复杂的项目，为了确保建设工程的质量以及避免招标工作中财力和时间的浪费，法律允许招标人要求潜在的投标人提供有关资质证明文件和业绩情况，并对其进行资格审查。

3.编制招标文件

招标人应当根据招标项目的特点和需要编制招标文件。招标文件应当包括招标项目的技术要求、对投标人资格审查的标准、投标报价要求和评标标准等所有实质性要求和条件以及拟签订合同的主要条款。

三、投标

投标是指投标人按照招标人提出的要求和条件，参加投标竞争的行为。投标是一种法律上的要约行为，是指投标人按照招标人提出的要求和条件，在规定的期限内向招标人发出的包括合同主要条款在内的意思表示。

（一）投标人与投标资格

投标人是响应招标、参加投标竞争的法人或者其他组织。依法招标的科研项目允许个人参加投标的，投标的个人适用招投标法有关投标人的规定。

投标人应当具备承担招标项目的能力，国家有关规定或者招标文件对投标人资格条件有规定的，投标人应当具备规定的资格条件。

（二）编制投标文件

投标人应当按照招标文件的要求编制投标文件。投标文件应当对招标文件提出的实质性要求和条件作出响应。

招标项目属于建设施工的，投标文件的内容应当包括拟派出的项目负责人与主要技术人员的简历、业绩和拟用于完成招标项目的机械设备等。投标人应当在招标文件要求提交投标文件的截止时间前，将投标文件送达投标地点。招标人收到投标文件后，应当签收保存，不得开启。投标人少于三个的，招标人应当依照招标投标法重新招标。

（三）投标人不得从事的行为

投标人不得相互串通投标报价，不得排挤其他投标人的公平竞争，损害招标人或者其他投标人的合法权益。

投标人不得与招标人串通投标，损害国家利益、社会公共利益或者他人的合法权益。

禁止投标人以向招标人或者评标委员会成员行贿的手段谋取中标。投标人不得以低于成本的报价竞标，也不得以他人名义投标或者以其他方式弄虚作假，骗取中标。

**四、开标、评标和中标**

（一）开标

开标，是指招标人将所有的投标文件公开启封揭晓。开标应当在招标文件确定的提交投标文件截止时间的同一时间公开进行；开标地点应当为招标文件中预先确定的地点。

开标由招标人主持，邀请所有投标人参加。

开标时，由投标人或者其推选的代表检查投标文件的密封情况，也可以由招标人委托的公证机构检查并公证；经确认无误后，由工作人员当众拆封，宣读投标人名称、投标价格和投标文件的其他主要内容。

招标人在招标文件要求提交投标文件的截止时间前收到的所有投标文件，开标时都应当当众予以拆封、宣读。开标过程应当记录，并存档备查。

（二）评标

评标是招投标活动中最重要的环节。它是指对符合要求的投标文件，按照规定的标

准和方法进行评审，选出最佳投标、确定中标人的过程。评标由评标委员会负责，该委员会由招标人依法组建。

在中标人确定前，法律禁止招标人与投标人事先就投标价格、投标方案等投标实质性内容谈判。同时禁止评标委员会成员与投标人私下接触。

在招标投标过程中，如果评标委员会在对所有的投标文件进行评价、审查以后，认为所有的投标都不符合招标文件要求的，根据招标投标法第四十二条的规定，评标委员会可以否决所有投标。对于依法必须进行招标的项目，在出现废标的情况下，招标人应该重新招标。

（三）中标

1.中标通知书

中标人确定后，招标人应当向中标人发出中标通知书，并同时将中标结果通知所有未中标的投标人。中标通知书对招标人和中标人具有法律效力。中标通知书发出后，招标人改变中标结果的，或者中标人放弃中标项目的，应当依法承担法律责任。

2.履约保证金

招标文件要求中标人提交履约保证金的，中标人应当提交。

3.履行合同

中标人应当按照合同约定履行义务，完成中标项目。中标人不得向他人转让中标项目，也不得将中标项目肢解后分别向他人转让。

中标人按照合同约定或者经招标人同意，可以将中标项目的部分非主体、非关键性工作分包给他人完成。接受分包的人应当具备相应的资格条件，并不得再次分包。中标人应当就分包项目向招标人负责，接受分包的人就分包项目承担连带责任。

4.中标无效的情况

在下列情况下，中标无效，且违法者应该承担赔偿责任：（1）招标代理机构泄密或者与招标人、投标人串通影响中标结果的；（2）招标人向他人泄密影响中标结果的；（3）投标人相互串通或者投标人与招标人串通投标，以及投标人用行贿手段谋取中标的；（4）投标人弄虚作假、骗取中标的；（5）招标人就投标的实质性内容与投标人进行谈判影响中标结果的；（6）招标人自行确定中标人的；（7）中标人转让中标项目，或者中标人非法分包的。

**五、法律责任**

**（一）招标人的法律责任**

招标人违反法律规定，承担法律责任的情况如下：

第一，招标人对必须招标的项目规避招标的，责令限期改正，可处以罚款；对使用国有资金的项目，可以暂停项目执行或者暂停资金拨付；对单位直接负责的主管人员和其他直接责任人员给予处分。

第二，招标代理机构违法泄密或者与招标人、投标人串通的，处以罚款；没收违法所得；对单位直接负责的主管人员和其他直接责任人员处以罚款；没收违法所得；情节严重的，暂停直至取消招标代理资格；构成犯罪的，依法追究刑事责任。

第三，招标人以不合理的条件限制或者排斥潜在投标人的，责令改正，可处罚款。

第四，招标人向他人泄密的，给予警告，可以并处罚款；对单位直接负责的主管人员和其他直接责任人员依法给予处分；构成犯罪的，依法追究刑事责任。

第五，招标人与投标人违法进行实质性内容谈判的，给予警告；对单位直接负责的主管人员和其他直接责任人员依法给予处分。

第六，招标人违法确定中标人的，责令改正，可以并处罚金；对单位直接负责的主管人员和其他直接责任人员依法给予处分。

### （二）投标人的法律责任

投标人违反法律规定，承担法律责任的情况如下：

第一，投标人、招标人串通投标以及用行贿手段谋取中标的，对单位处以罚款；对单位直接负责的主管人员和其他直接责任人员处以罚款；有违法所得的，并处没收违法所得；情节严重的，取消投标资格直至吊销营业执照；给他人造成损失的，依法承担赔偿责任；构成犯罪的，依法追究刑事责任。

第二，投标人弄虚作假、骗取中标的，处以罚款；有违法所得的没收违法所得；情节严重的，取消投标资格直至吊销营业执照；给招标人造成损失的，依法承担赔偿责任。

### （三）中标人的法律责任

中标人违反法律规定，承担法律责任的情况如下：

第一，中标人转包或者违法分包中标项目的，处以罚款；有违法所得的，并处没收违法所得；可以责令停业整顿；情节严重的，吊销营业执照。

第二，中标人和招标人背离投标规则，不订立合同或者违反规定订立其他协议的，责令改正，可处罚款。

第三，中标人不履行合同情节严重的，取消其二年至五年内参加依法必须进行招标的项目的投标资格并予以公告，直至吊销营业执照。

第四，中标人不履行合同的，履约保证金不予退还，给招标人造成损失超过履约保证金数额的，赔偿超过部分；没有提交履约保证金的，承担赔偿损失责任。但是因不可抗力不能履行合同的，不适用该规定。

（四）其他违法行为及其行政法律责任

其他人员违反法律规定，承担法律责任的情况如下：

第一，任何单位和个人违法限制和排斥正常投标竞争或者妨碍招标人招标的，责令改正；对单位直接负责的主管人员和其他直接责任人员依法给予行政处分。

第二，有关国家机关工作人员徇私舞弊、滥用职权或者玩忽职守，构成犯罪的，依法追究刑事责任，不构成犯罪的，依法给予行政处分。

第三，评标委员会成员收受投标人好处的，评标委员会成员或者有关工作人员泄密的，处以警告、没收财物、罚款、取消资格；构成犯罪的，依法追究刑事责任。

## 🔍 以案释法 ⓭

### 江苏家纺城招投标案

【案情介绍】2008年1月14日，江苏某商务公司欲开发建设家纺城，遂向4家建筑公司发出了招标书，同年1月26日至28日，4家建筑公司均向商务公司发出了投标书。同期，商务公司委托了招投标办公室的专家评委参与议标。同年1月29日，经议标，其中一家为评标第一名，但商务公司并未当场定标，事后也未在4家中确定中标者。同年2月9日，商务公司另向国内某冶金建设公司发出了"中标通知书"，双方并签订施工承包合同一份，约定：工程由冶金公司总承包；合同价款暂定为3000万元，决算审定价为最后价；发包方预付承包方合同价款300万元等。商务公司预付工程款后，冶金建设公司进入工地履行合同中，商务公司又于同年11月称合同未经招标而无效，要求冶金建设公司离场、退还预付款。冶金建设公司遂向法院起诉。此种情况下，商务公司与冶金建设公司的合同是否有效？

【以案释法】衡量招投标活动是否合法有效，必须以法律法规来判断，本案工程项目不属于招标投标法及国务院批准发布的《工程建设项目招标范围和规模标准规定》规定必须强制进行招投标的项目，故即使未经招投标，但原告已选定被告并签约，因此合同仍然有效。

## 第五节　广告法律制度

广告，是指商品经营者或者服务提供者通过一定媒介和形式直接或者间接地介绍自己所推销的商品或者服务商业广告。广告法是调整广告活动中所发生的社会关系的法律规范的总称。

## 一、广告准则

### （一）广告的一般准则

1.广告主体的一般准则

广告应当真实、合法，以健康的表现形式表达广告内容，符合社会主义精神文明建设和弘扬中华民族优秀传统文化的要求；广告不得含有虚假或者引人误解的内容，不得欺骗、误导消费者；广告主应当对广告内容的真实性负责；广告主、广告经营者、广告发布者从事广告活动，应当遵守法律、法规，诚实信用，公平竞争；国务院工商行政管理部门主管全国的广告监督管理工作，国务院有关部门在各自的职责范围内负责广告管理相关工作；县级以上地方工商行政管理部门主管本行政区域的广告监督管理工作，县级以上地方人民政府有关部门在各自的职责范围内负责广告管理相关工作。

2.广告内容的一般准则

广告中对商品的性能、功能、产地、用途、质量、成分、价格、生产者、有效期限、允诺等或者对服务的内容、提供者、形式、质量、价格、允诺等有表示的，应当准确、清楚、明白；广告中表明推销的商品或者服务附带赠送的，应当明示所附带赠送商品或者服务的品种、规格、数量、期限和方式；法律、行政法规规定广告中应当明示的内容，应当显著、清晰表示；广告不得损害未成年人和残疾人的身心健康。广告不得有下列情形：（1）使用或者变相使用中华人民共和国的国旗、国歌、国徽，军旗、军歌、军徽；（2）使用或者变相使用国家机关、国家机关工作人员的名义或者形象；（3）使用"国家级""最高级""最佳"等用语；（4）损害国家的尊严或者利益，泄露国家秘密；（5）妨碍社会安定，损害社会公共利益；（6）危害人身、财产安全，泄露个人隐私；（7）妨碍社会公共秩序或者违背社会良好风尚；（8）含有淫秽、色情、赌博、迷信、恐怖、暴力的内容；（9）含有民族、种族、宗教、性别歧视的内容；（10）妨碍环境、自然资源或者文化遗产保护；（11）法律、行政法规规定禁止的其他情形。

### （二）广告的特殊准则

特殊商品广告是指涉及人体健康和生命及其财产安全的商品广告。具体指药品、医疗器械、农药、烟草、食品、酒类、化妆品等商品广告。为了维护人们的身体健

康和生命及其财产安全，加强国家对这些特殊商品广告的管理，我国广告法对这些商品的广告作出了比一般广告标准更为严格的特殊要求。

1. 对药品、医疗器械广告的特殊要求

按照广告法的规定，麻醉药品、精神药品、医疗用毒性药品、放射性药品等特殊药品，药品类易制毒化学品，以及戒毒治疗的药品、医疗器械和治疗方法，不得作广告。上述规定以外的处方药，只能在国务院卫生行政部门和国务院药品监督管理部门共同指定的医学、药学专业刊物上作广告。药品广告的内容不得与国务院药品监督管理部门批准的说明书不一致，并应当显著标明禁忌、不良反应。处方药广告应当显著标明"本广告仅供医学药学专业人士阅读"，非处方药广告应当显著标明"请按药品说明书或者在药师指导下购买和使用"。推荐给个人自用的医疗器械的广告，应当显著标明"请仔细阅读产品说明书或者在医务人员的指导下购买和使用"。医疗器械产品注册证明文件中有禁忌内容、注意事项的，广告中应当显著标明"禁忌内容或者注意事项详见说明书"。除医疗、药品、医疗器械广告外，禁止其他任何广告涉及疾病治疗功能，并不得使用医疗用语或者易使推销的商品与药品、医疗器械相混淆的用语。此外，医疗、药品、医疗器械广告不得含有下列内容：（1）表示功效、安全性的断言或者保证；（2）说明治愈率或者有效率；（3）与其他药品、医疗器械的功效和安全性或者其他医疗机构比较；（4）利用广告代言人作推荐、证明；（5）法律、行政法规规定禁止的其他内容。

2. 对农药广告的特殊要求

按照广告法规定，农药、兽药、饲料和饲料添加剂广告不得含有下列内容：（1）表示功效、安全性的断言或者保证；（2）利用科研单位、学术机构、技术推广机构、行业协会或者专业人士、用户的名义或者形象作推荐、证明；（3）说明有效率；（4）违反安全使用规程的文字、语言或者画面；（5）法律、行政法规规定禁止的其他内容。

3. 对烟草广告的特殊要求

按照广告法规定，禁止在大众传播媒介或者公共场所、公共交通工具、户外发布烟草广告。禁止向未成年人发送任何形式的烟草广告。禁止利用其他商品或者服务的广告、公益广告，宣传烟草制品名称、商标、包装、装潢以及类似内容。烟草制品生产者或者销售者发布的迁址、更名、招聘等启事中，不得含有烟草制品名称、商标、包装、装潢以及类似内容。

4. 对食品、酒类、化妆品广告的特殊要求

我国广告法规定，食品、酒类、化妆品广告的内容必须符合卫生许可的事项，并不得使用医疗用语或者易与药品混淆的用语。

## 二、广告活动

### （一）广告活动的主体

广告活动主体，是指依法从事广告活动的当事人。包括几类：（1）广告主，即推销商品或者服务，自行或者委托他人设计、制作、发布广告的自然人、法人或者其他组织；（2）广告经营者，即接受委托提供广告设计、制作、代理服务的自然人、法人或者其他组织；（3）广告发布者，即为广告主或者广告主委托的广告经营者发布广告的自然人、法人或者其他组织。

### （二）广告活动主体的义务

广告法根据广告活动主体的不同，对其义务作了不同的规定。具体内容如下：

1. 依法订立广告合同的义务

广告主、广告经营者、广告发布者在广告活动中应当依法订立书面合同，明确各方的权利和义务。

2. 不得实施不正当竞争的义务

广告活动中的不正当竞争行为主要表现为两类：一是广告主体违背公平、诚实信用原则和公序良俗原则，采取虚假、欺诈等不正当手段，损害其他广告经营者、广告发布者和消费者利益，扰乱广告经营正常秩序的行为；二是广告经营者、广告发布者利用不正当手段与其他同业者进行竞争或者妨碍、排挤其他同业者之间的竞争。由于广告活动中的不正当竞争行为较之一般的不正当竞争行为更具有破坏性，使其他竞争者无法从事正常的生产经营活动，扰乱了广告市场秩序。为此，我国广告法规定，广告主、广告经营者、广告发布者不得在广告活动中进行任何形式的不正当竞争。

3. 依法委托的义务

广告主自行或者委托他人设计、制作、发布广告，应当委托具有合法经营资格的广告经营者、广告发布者。

4. 在广告中使用他人名义、形象须经其书面同意的义务

广告主或者广告经营者在广告中使用他人名义或者形象的，应当事先取得其书面同意；使用无民事行为能力人、限制民事行为能力人的名义或者形象的，应当事先取得其监护人的书面同意。

5. 事先查验证明文件、核实广告内容的义务

广告经营者、广告发布者依据法律、行政法规查验有关证明文件，核实广告内容。对内容不符或者证明文件不全的广告，广告经营者不得提供设计、制作、代理

服务，广告发布者不得发布。

6.建立健全广告业务的承接登记、审核、档案管理制度的义务

广告经营者、广告发布者应当按照国家有关规定，建立、健全广告业务的承接登记、审核、档案管理制度。

### 三、广告的审查

发布医疗、药品、医疗器械、农药、兽药和保健食品广告，以及法律、行政法规规定应当进行审查的其他广告，应当在发布前由有关部门（以下称广告审查机关）对广告内容进行审查；未经审查，不得发布。

广告主申请广告审查，应当依照法律、行政法规向广告审查机关提交有关证明文件。广告审查机关应当依照法律、行政法规规定作出审查决定，并应当将审查批准文件抄送同级工商行政管理部门。广告审查机关应当及时向社会公布批准的广告。任何单位或者个人不得伪造、变造或者转让广告审查批准文件。

### 四、法律责任

#### （一）行政责任

行为人违反广告法应承担的行政责任包括行政处分和行政处罚。根据广告法规定，该行政处罚的形式主要有：责令停止发布广告、公开更正、消除影响、没收广告费用、罚款、停止广告业务、吊销营业执照、广告发布登记证、许可证等。该行政处分的形式依据有关规定执行。

#### （二）民事责任

行为人违反广告法的有关规定，应承担相应的民事责任。由于在广告法中，未明确规定民事责任的方式，因而这些民事责任的方式依据民法通则的有关规定执行。根据规定，下列违法行为的行为人依法应承担民事责任：

第 ，违反广告法规定，发布虚假广告，欺骗、误导消费者，使购买商品或者接受服务的消费者的合法权益受到损害的，由广告主依法承担民事责任。广告经营者、广告发布者不能提供广告主的真实名称、地址和有效联系方式的，消费者可以要求广告经营者、广告发布者先行赔偿。

关系消费者生命健康的商品或者服务的虚假广告，造成消费者损害的，其广告经营者、广告发布者、广告代言人应当与广告主承担连带责任。

上述规定以外的商品或者服务的虚假广告，造成消费者损害的，其广告经营者、广告发布者、广告代言人，明知或者应知广告虚假仍设计、制作、代理、发布或者作推荐、证明的，应当与广告主承担连带责任。

第二，广告主、广告经营者、广告发布者违反广告法的规定，有下列侵权行为之一的，依法承担民事责任：在广告中损害未成年人或者残疾人的身心健康的；假冒他人专利的；贬低其他生产经营者的商品或者服务的；广告中未经他人同意使用

他人名义、形象的；其他侵犯他人合法民事权益的。

（三）刑事责任

行为人违反广告法的有关规定，造成严重后果，触犯刑律，构成犯罪的，应依法承担刑事责任。承担刑事责任的情况主要有以下几种：

第一，违反广告法规定，发布虚假广告的或者广告经营者、广告发布者明知或者应知广告虚假仍设计、制作、代理、发布的，如果构成犯罪的，将依法追究刑事责任。

第二，违反广告法规定，拒绝、阻挠工商行政管理部门监督检查，或者有其他构成违反治安管理的行为，构成犯罪的，依法追究刑事责任。

第三，广告审查机关对违法的广告内容作出审查批准决定的，对负有责任的主管人员和直接责任人员，由任免机关或者监察机关依法给予处分；构成犯罪的，依法追究刑事责任。

第四，工商行政管理部门对在履行广告监测职责中发现的违法广告行为或者对经投诉、举报的违法广告行为，不依法予以查处的或者工商行政管理部门和负责广告管理相关工作的有关部门的工作人员玩忽职守、滥用职权、徇私舞弊的，如果构成犯罪的，依法追究刑事责任。

## 以案释法 ⑭

### 报社发布虚假广告案

【案情介绍】2010年，某市的一家报纸上刊登了一则招生广告。该广告称：某私立大学是经省教委批办的，有重点大学的多位教授任教，并可以颁发大中专毕业文凭，学生毕业后能够被推荐到国外某大学深造。由于该家报纸是该市的正式刊物，拥有大量的读者群，广告一经刊出，立即引起众多学生的关注，并吸引了多名学生报名。该校按照每年11000元的标准收费，共收得学费和其他杂费280多万元。开学后，学校的实际情况与广告多有不符，学生纷纷要求退学，并要求退还学杂费，被校方拒绝，学生遂联合向法院提起诉讼。本案应如何处理？

【以案释法】本案中，该校利用虚假不实广告，欺骗学生，骗取一定的经济利益，是不正当的广告行为。依据广告法规定，发布虚假广告，欺骗、误导消费者，使购买商品或者接受服务的消费者的合法权益受到损害的，由广告主依法承担民事责任。广告经营者、广告发布者明知或应知广告虚假仍设计、制作、代理发布的应当依法承担连带责任。广告经营者、广告发布者不能提供广告主的真实名称、地址和有效联系方式的，消费者可以要求广告经营者、广告发布者先行赔偿。本案中，该学校、报社都违反了广告法的上述规定，侵害了消费者的正当权益，法院可判令学校退还入校学生的学杂费。

## 第六节　安全生产法律制度

### 一、生产经营单位安全生产责任制度

安全生产责任制度，是根据安全生产法建立的在劳动生产过程中生产经营单位、生产经营单位的各级负责人、职能部门、工程技术人员、岗位操作人员对安全生产层层负责的制度。包括：生产经营单位的主要负责人对生产经营单位的安全生产负全面责任；生产经营单位的各级领导和生产管理人员，在管理生产的同时，必须负责管理安全工作，在计划、布置、检查、总结、评比生产的时候，必须同时计划、布置、检查、总结、评比安全工作（即"五同时"制度）；有关职能机构和职能人员必须在自己的业务工作范围内，对实现安全生产负责；从业人员必须遵守以岗位责任制为主的安全生产操作规程、制度，严格遵守安全生产法规、制度，不违章作业，并有权拒绝违章指挥，险情严重时有权停止作业，采取紧急防范措施。

安全生产责任制要求生产经营单位的主要负责人和安全生产管理人员必须具备与本单位所从事的生产经营活动相应的安全生产知识和管理能力。有关主管部门应当对危险物品的生产、经营、储存单位以及矿山、建筑施工单位的主要负责人和安全生产管理人员的安全生产知识和管理能力进行考核，合格后方可任职。

安全生产责任制是根据我国的安全生产方针"坚持安全发展，坚持安全第一、预防为主、综合治理"和安全生产法规建立的，是企业岗位责任制的一个组成部分，是企业中一项最基本的安全制度，也是企业安全生产、劳动保护管理制度的核心。由于我国实行生产安全事故责任追究制度，安全生产责任制的建立对分清安全生产责任，追究责任人的法律责任，改善劳动条件，减少工伤事故以及职业病的发生都起到了一定的抑制作用。

### 二、安全生产检查制度

安全生产检查，是指依法享有检查权的机构、组织或者个人依据安全生产法规，

对生产经营单位贯彻执行安全生产法律、法规情况及安全生产条件、设备设施安全和作业场所职业卫生情况进行检查的制度。

安全生产检查的主体是多元的，有国家有关行政机关的监督检查，有社会的监督、企业的自查和互查，有企业的检查和整改、群众的监督检查等。其中，国家安全生产监督管理部门的监督检查是其行使安全监察权的表现。社会监督和群众监督，主要有工会对企业的安全生产进行监督，社会舆论也可以对安全生产进行监督，通过社会干预，矫正违法行为。

对于安全生产检查制度，我国安全生产法主要有如下规定：

1. 国家安全生产监督管理部门的职权

负有安全生产监督管理职责的部门依法对生产经营单位执行有关安全生产的法律、法规和国家标准或者行业标准的情况进行监督检查，履行以下职责：

（1）调查了解。有权进入生产经营单位进行检查，调阅有关资料，向有关单位和人员了解情况。

（2）行政处罚。有权对检查中发现的安全生产违法行为，当场予以纠正或者要求限期改正；对依法应当给予行政处罚的行为，依照安全生产法和其他有关法律、行政法规的规定作出行政处罚决定。

（3）责令排除。对检查中发现的事故隐患，应当责令立即排除；重大事故隐患排除前或者排除过程中无法保证安全的，应当责令从危险区域内撤出作业人员，责令暂时停产停业或者停止使用相关设施设备；重大事故隐患排除后，经审查同意，方可恢复生产经营和使用。

（4）查封扣押。对有根据认为不符合保障安全生产的国家标准或者行业标准的设施、设备、器材以及违法生产、储存、使用、经营、运输的危险物品予以查封或者扣押，对违法生产、储存、使用、经营危险物品的作业场所予以查封，并依法作出处理决定。

2. 对行使监督检查权的要求

国家安全生产部门行使检察权的要求：

第一，负有安全生产监督管理职责的部门在监督检查中，应当互相配合，实行联合检查；确需分别进行检查的，应当互通情况，发现存在的安全问题应当由其他有关部门进行处理的，应当及时移送其他有关部门并形成记录备查，接受移送的部门应当及时进行处理。

第二，监督检查不得影响被检查单位的正常生产经营活动。

3. 对生产经营单位的要求

生产经营单位对负有安全生产监督管理职责的部门的监督检查人员（以下统称安全生产监督检查人员）依法履行监督检查职责，应当予以配合，不得拒绝、阻挠。

4.安全生产监督检查人员的职责

安全生产监督检查人员的职责：（1）安全生产监督检查人员应当忠于职守，坚持原则，秉公执法；（2）安全生产监督检查人员执行监督检查任务时，必须出示有效的监督执法证件；（3）对涉及被检查单位的技术秘密和业务秘密，应当为其保密；（4）安全生产监督检查人员应当将检查的时间、地点、内容、发现的问题及其处理情况，作出书面记录，并由检查人员和被检查单位的负责人签字；被检查单位的负责人拒绝签字的，检查人员应当将情况记录在案，并向负有安全生产监督管理职责的部门报告。

### 三、安全生产教育与培训制度

安全生产教育与培训制度，是为了提高职工的安全生产意识，普及安全生产知识，增强职工掌握安全操作技术和执行安全生产法规的自觉性，而采取的教育、培训和考核制度。

安全生产教育与培训从内容上划分，可分为以下几点：

第一，安全技术知识的教育与培训。生产经营单位应对本单位职工进行安全技术知识教育和培训。对职工进行教育时，必须把上述知识结合起来讲解。职工除应了解和掌握一般的通用的安全技术基础知识外，还应掌握与其所在岗位相关的专门安全技术知识。职工既要认识到安全第一的重要性，又能运用安全技术知识做好事故预防工作。

第二，安全生产规则的教育与培训。生产经营单位应对职工进行安全生产规则的教育与培训，使职工自觉遵守安全生产的规章制度，严格按照安全要求、工艺规程进行操作，正确使用机器设备、工具及个人防护用品，严格遵守劳动纪律，不违章作业，并随时制止他人违章作业。

第三，安全法制教育与培训。安全法制教育特别是职业卫生法规教育是安全教育的一项重要内容。应使职工对包括安全法规在内的国家的各种法律、法令、条例和规程等有所了解和掌握，特别是从业人员在安全生产中的权利、义务和责任，应作为安全法制教育的重点，以树立职工的法制观念，增强安全生产的责任感，这是使安全生产法律制度得以贯彻执行的保障。

第四，典型经验和事故教训等方面的教育。应宣传安全生产的典型经验，从生产安全事故中吸取经验教训。坚持事故处理"三不放过"，即事故原因和责任查不清不放过，事故责任者和群众受不到教育不放过，防止同类事故重演的措施不落实不放过。

## 🔍 以案释法 ⑮

### 建筑施工单位不依法建立应急救援组织案

【案情介绍】某建筑施工单位有从业人员1000多人。该单位安全部门的负责人多次向主要负责人提出要建立相应的应急救援组织，但单位主要负责人却认为建立这样一个组织，平时用不上，还得一直花钱养着，划不来。真有了事情，可以向上级报告，请求他们给予支援就行了。于是该建筑施工单位一直没有建立相应的应急救援组织。后来，有关部门在进行检查时，发现了这个问题，并责令该单位立即建立相应的应急救援组织。

【以案释法】这是一起建筑施工单位不依法建立应急救援组织的案件。安全生产法七十九条第一款规定，危险物品的生产、经营、储存单位以及矿山、建筑施工单位应当建立应急救援组织；生产经营规模较小，可以不建立应急救援组织的，应当指定兼职的应急救援人员。按照一般原则，在市场经济条件下，法律不干预生产经营单位内部机构如何设立，这属于生产经营单位的自主经营权的内容。但考虑到危险物品的生产、经营、储存单位以及矿山、建筑施工单位的生产经营活动本身具有较大的危险性，容易发生安全生产事故，且一旦发生事故，造成的人员伤亡和财产损失都较大。因此，安全生产法对这些单位有针对性地作出了一些特殊规定，即要求其建立应急救援组织。本案中的建筑施工单位有1000多名从业人员，属于安全生产法规定的应当建立应急救援组织的情况。但该单位主要负责人却不愿意在这方面进行必要的投资，只算经济账，不算安全账，不建立应急救援组织。这种行为是违反安全生产法规定的，有关负有安全生产监督管理职责的部门责令其予以纠正是正确的。

## 第七节　环境保护法律制度

环境法是以保护和改善环境、警惕和预防人为环境侵害为目的，调整与环境相关的人类行为的法律规范的总称。我国现行有关环境污染防治的法律有环境保护法、大气污染防治法、水污染防治法、环境噪声污染防治法、固体废物污染环境防治法和海洋环境保护法。

### 一、环境影响评价制度

环境影响评价，是指对可能造成环境影响的各种开发建设活动等事先进行调查、预测和评价，并提出可能对环境造成的影响和具体防治环境被破坏的方案，最后由环境保护主管部门决定是否予以批准实施开发建设活动的一项法律制度。

**（一）环境影响评价的适用范围**

按照环境影响评价法的规定，环境影响评价适用的对象为：规划和建设项目。由于规划的环境影响评价只适用于政府部门不适用于企业，因此这里只介绍建设项目的环境影响评价。

**（二）环境影响评价的形式**

建设项目的环境影响评价形式有三种，即环境影响报告书、环境影响报告表和环境影响登记表。可能造成重大环境影响的，应当编制环境影响报告书，对产生的环境影响进行全面评价；可能造成轻度环境影响的，应当编制环境影响报告表，对产生的环境影响进行分析或者专项评价；对环境影响很小、不需要进行环境影响评价的，应当填报环境影响登记表。

**（三）环境影响评价的审批**

环境保护法规定，编制有关开发利用规划，建设对环境有影响的项目，应当依法进行环境影响评价。

未依法进行环境影响评价的开发利用规划，不得组织实施；未依法进行环境影响评价的建设项目，不得开工建设。

环境影响评价法规定，除国家规定需要保密的情形外，对环境可能造成重大影响、应当编制环境影响报告书的建设项目，建设单位应当在报批建设项目环境影响报告书前，举行论证会、听证会，或者采取其他形式，征求有关单位、专家和公众的意见。

建设单位报批的环境影响报告书应当附具对有关单位、专家和公众的意见采纳或者不采纳的说明。

建设项目的环境影响评价文件，由建设单位按照国务院的规定报有审批权的环境保护行政主管部门审批；建设项目有行业主管部门的，其环境影响报告书或者环境影响报告表应当经行业主管部门预审后，报有审批权的环境保护行政主管部门审批。

海洋工程建设项目的海洋环境影响报告书的审批，依照海洋环境保护法的规定办理。

审批部门应当自收到环境影响报告书之日起六十日内，收到环境影响报告表之日起三十日内，收到环境影响登记表之日起十五日内，分别作出审批决定并书面通知建设单位。

预审、审核、审批建设项目环境影响评价文件，不得收取任何费用。

建设项目的环境影响评价文件经批准后，建设项目的性质、规模、地点、采用的生产工艺或者防治污染、防止生态破坏的措施发生重大变动的，建设单位应当重新报批建设项目的环境影响评价文件。

建设项目的环境影响评价文件自批准之日起超过五年，方决定该项目开工建设的，其环境影响评价文件应当报原审批部门重新审核；原审批部门应当自收到建设项目环境影响评价文件之日起十日内，将审核意见书面通知建设单位。

### 二、"三同时"制度

#### （一）"三同时"制度的适用范围

在中华人民共和国领域和中华人民共和国管辖的其他海域内，对环境有影响的建设项目需要配置环境保护设施的，必须适用"三同时"制度。

#### （二）"三同时"制度的实施程序

第一，建设项目的初步设计，应当按照环境保护设计规范的要求，编制环境保护篇章，并依据经批准的建设项目环境影响报告书或者环境影响报告表，在环境保护篇章中落实防治环境污染和生态破坏的措施以及环境保护设施投资概算。

第二，建设项目的主体工程完工后，需要进行试生产，其配套建设的环境保护设施必须与主体工程同时投入试运行。建设项目试生产期间，建设单位应当对环境保护设施运行情况和建设项目对环境的影响进行监测。

第三，建设项目竣工后，建设单位应当向审批该建设项目环境影响报告书、环境影响报告表或者环境影响登记表的环境保护行政主管部门，申请该建设项目需要配套建设的环境保护设施竣工验收。

第四，建设项目需要配套建设的环境保护设施经验收合格，该建设项目方可投入生产或者使用。

### 三、排污收费制度

排污收费制度是指国家环境管理机关根据法律、法规的规定，对排污者征收一定数额费用的一项法律制度。

#### （一）征收排污费的对象

直接向环境排放污染物的单位和个体工商户（以下简称排污者），应当依照《排污费征收使用管理条例》的规定缴纳排污费。

排污者向城市污水集中处理设施排放污水、缴纳污水处理费用的，不再缴纳排污费。排污者建成工业固体废物贮存或者处置设施、场所并符合环境保护标准，或者其原有工业固体废

物贮存或者处置设施、场所经改造符合环境保护标准的，自建成或者改造完成之日起，不再缴纳排污费。

（二）缴纳排污费以外的其他法律义务和责任

对排污者而言，其缴纳了排污费并不免除其负担治理污染、赔偿污染损失和法律规定的其他义务和责任。

## 以案释法 ⑯

### 光明造纸厂环境污染案

【案情介绍】光明造纸厂位于某河流中上游。2008年6月，环境监测部门对该造纸厂的污水进行监测，发现该厂对所排放的污水的净化处理不够，多种污染物质的含量严重超标，遂向该厂提出限期治理的要求，但光明纸厂不予理会，没有增加任何净化措施。2008年10月，市环保局按照国家有关规定向其征收排污费，但该厂领导却以经济效益不好为由，拒绝缴纳。环保局在多次征收未果的情况下，向人民法院起诉，要求光明纸厂缴纳应缴的排污费。市环保局提出的诉讼请求是否合理？

【以案释法】环保局提出的诉讼请求是合理的。征收排污费是我国环保法规定的一项重要制度，其目的是为了促进企业事业单位和个体工商户加强经营管理，提高资源和能源的利用率，治理污染，改善环境。水污染防治法第二十一条规定，直接或间接向水体排放污染物的企业事业单位和个体工商户，应当按照国务院环境保护主管部门的规定，向县级以上地方人民政府环境保护部门申报登记拥有的水污染物排放设施、处理设施和在正常作业条件下排放水污染物的种类、数量和浓度，并提供防治水污染方面的有关技术资料。第二十四条规定，直接向水体排放污染物的企业事业单位和个体工商户，应当按照排放水污染的种类、数量和排污费征收标准缴纳排污费。根据以上规定，排污单位应当如实向当地环保部门申报登记排污设施和排放污染物的种类、数量和浓度，经环保部门或其指定的监测单位核定后，作为征收排污费的依据，由环保部门按相关规定征收。本案中的光明纸厂不按期缴纳排污费的行为是错误的。至于该厂提出的经济效益不好，无力支付的理由，是不能成立的，因为我国的相关法律并没有这类可以免缴排污费的规定。

## 第八节　劳动法律制度

劳动关系，是指用人单位招用劳动者为其成员，劳动者在用人单位的管理下提供有报酬的劳动而产生的权利义务关系。劳动关系的当事人是特定的，一方是劳动者，另一方是用人单位。

## 一、劳动合同制度

### （一）书面劳动合同的订立

建立劳动关系，应当订立书面劳动合同。已建立劳动关系，未同时订立书面劳动合同的，应当自用工之日起一个月内订立书面劳动合同。用人单位与劳动者在用工前订立劳动合同的，劳动关系自用工之日起建立。用人单位自用工之日起超过一个月不满一年未与劳动者订立书面劳动合同的，应当向劳动者每月支付二倍的工资。用人单位自用工之日起满一年不与劳动者订立书面劳动合同的，视为用人单位与劳动者已订立无固定期限劳动合同。

### （二）劳动合同的种类

劳动合同分为固定期限劳动合同、无固定期限劳动合同和以完成一定工作任务为期限的劳动合同。

固定期限劳动合同，是指用人单位与劳动者约定合同终止时间的劳动合同。用人单位与劳动者协商一致，可以订立固定期限劳动合同。无固定期限劳动合同，是指用人单位与劳动者约定无确定终止时间的劳动合同。用人单位与劳动者协商一致，可以订立无固定期限劳动合同。以完成一定工作任务为期限的劳动合同，是指用人单位与劳动者约定以某项工作的完成为合同期限的劳动合同。

### （三）劳动合同的内容

1.必备条款

劳动合同应当具备以下条款：用人单位的名称、住所和法定代表人或者主要负责人；劳动者的姓名、住址和居民身份证或者其他有效身份证件号码；劳动合同期限；工作内容和工作地点；工作时间和休息休假；劳动报酬；社会保险；劳动保护、劳动条件和职业危害防护；法律、法规规定应当纳入劳动合同的其他事项。

2.可备条款

（1）试用期条款。双方为了解可以选择约定的考察期。劳动合同期限三个月以上不满一年的，试用期不得超过一个月；劳动合同期限一年以上不满三年的，试用期不得超过二个月；三年以上固定期限和无固定期限的劳动合同，试用期不得超过六个月。另外试用期的工资不能低于正常工资的百分之八十。

（2）违约金条款。除下列两种情形外，用人单位不得与劳动者约定由劳动者承担违约金。

第一，用人单位为劳动者提供专项培训费用，对其进行专业技术培训的，可以与该劳动者订立协议，约定服务期。劳动者违反服务期约定的，应当按照约定向用人单位支付违约金。用人单位要求劳动者支付的违约金不得超过服务期尚未履行部分所应分摊的培训费用。

第二，对负有保密义务的劳动者，用人单位可以在劳动合同或者保密协议中与劳动者约定竞业限制条款，并约定在解除或者终止劳动合同后，在竞业限制期限内（不得超过二年）按月给予劳动者经济补偿。劳动者违反竞业限制约定的，应当按照约定向用人单位支付违约金。

### （四）劳动合同的解除

1. 劳动者预告解除

劳动者提前三十日以书面形式通知用人单位，可以解除劳动合同。

劳动者在试用期内提前三日通知用人单位，可以解除劳动合同。

2. 劳动者随时解除

用人单位有下列情形之一的，劳动者可以解除劳动合同：（1）未按照劳动合同约定提供劳动保护或者劳动条件的；（2）未及时足额支付劳动报酬的；（3）未依法为劳动者缴纳社会保险费的；（4）用人单位的规章制度违反法律、法规的规定，损害劳动者权益的；（5）因以欺诈、胁迫的手段或者乘人之危，使对方在违背真实意思的情况下订立或者变更劳动合同致使劳动合同无效的；（6）法律、行政法规规定劳动者可以解除劳动合同的其他情形。

3. 劳动者立即解除

用人单位以暴力、威胁或者非法限制人身自由的手段强迫劳动者劳动的，或者用人单位违章指挥、强令冒险作业危及劳动者人身安全的，劳动者可以立即解除劳动合同，不需事先告知用人单位。

4. 用人单位随时解除

劳动者有下列情形之一的，用人单位可以解除劳动合同：（1）在试用期间被证明不符合录用条件的；（2）严重违反用人单位的规章制度的；（3）严重失职，营私舞弊，给用人单位造成重大损害的；（4）劳动者同时与其他用人单位建立劳动关系，对完成本单位的工作任务造成严重影响，或者经用人单位提出，拒不改正的；（5）因以欺诈、胁迫的手段或者乘人之危，使对方

你不能完成单位的工作量，下周和你解除劳动合同。

在违背真实意思的情况下订立或者变更劳动合同致使劳动合同无效的；（6）被依法追究刑事责任的。

5.用人单位预告解除

有下列情形之一的，用人单位提前三十日以书面形式通知劳动者本人或者额外支付劳动者一个月工资后，可以解除劳动合同：（1）劳动者患病或者非因工负伤，在规定的医疗期满后不能从事原工作，也不能从事由用人单位另行安排的工作的；（2）劳动者不能胜任工作，经过培训或者调整工作岗位，仍不能胜任工作的；（3）劳动合同订立时所依据的客观情况发生重大变化，致使劳动合同无法履行，经用人单位与劳动者协商，未能就变更劳动合同内容达成协议的。

6.用人单位经济性裁员

有下列情形之一，需要裁减人员二十人以上或者裁减不足二十人但占企业职工总数百分之十以上的，用人单位提前三十日向工会或者全体职工说明情况，听取工会或者职工的意见后，裁减人员方案经向劳动行政部门报告，可以裁减人员：（1）依照企业破产法规定进行重整的；（2）生产经营发生严重困难的；（3）企业转产、重大技术革新或者经营方式调整，经变更劳动合同后，仍需裁减人员的；（4）其他因劳动合同订立时所依据的客观经济情况发生重大变化，致使劳动合同无法履行的。

7.限制用人单位解除劳动合同

劳动者有下列情形之一的，用人单位不得依照预告解除和经济性裁员的规定解除劳动合同：（1）从事接触职业病危害作业的劳动者未进行离岗前职业健康检查，或者疑似职业病病人在诊断或者医学观察期间的；（2）在本单位患职业病或者因工负伤并被确认丧失或者部分丧失劳动能力的；（3）患病或者非因工负伤，在规定的医疗期内的；（4）女职工在孕期、产期、哺乳期的；（5）在本单位连续工作满十五年，且距法定退休年龄不足五年的；（6）法律、行政法规规定的其他情形。

**（五）劳动合同的终止**

劳动合同法定终止的情形，除劳动合同期满外，还包括：劳动者开始依法享受基本养老保险待遇的；劳动者死亡，或者被人民法院宣告死亡或者宣告失踪的；用人单位被依法宣告破产的；用人单位被吊销营业执照、责令关闭、撤销或者用人单位决定提前解散的以及法律、行政法规规定的其他情形。用人单位与劳动者不得在劳动合同法上述终止情形之外约定其他的劳动合同终止条件。

**二、工作时间和休息休假制度**

**（一）工作时间及休假**

1.工作时间

我国的标准工时为劳动者每日工作时间不超过八小时，平均每周工作时间不超过四十四小时。

## 2. 公休假日

公休假日，又称周休息日，是劳动者在一周内享有的休息日。公休假日一般为每周二日，一般安排在周六和周日休息。不能实行国家标准工时制度的企业和事业组织，可根据实际情况灵活安排周休息日，但应当保证劳动者每周至少休息一日。我国法律规定，职工休假假期一般包括以下几类：

（1）法定节假日。这是指法律规定用于开展纪念、庆祝活动的休息时间。我国相关的劳动法律、法规规定的法定节假日有：元旦（放假一日）；春节（放假三日）；清明节（放假一日）；国际劳动节（放假一日）；端午节（放假一日）；中秋节（放假一日）；国庆节（放假三日）；法律、法规规定的其他休假节日。

（2）探亲假。这是指劳动者享有的保留工资、工作岗位而同分居两地的父母或配偶团聚的假期。探亲假适用于在国家机关、人民团体、全民所有制企业、事业单位工作满一年的固定职工。

（3）年休假。劳动者连续工作一年以上的，享受带薪年休假。

### （二）加班加点的主要法律规定

#### 1. 一般情况下加班加点的规定

用人单位由于生产经营需要，经与工会和劳动者协商后可以延长工作时间，一般每日不得超过一小时；因特殊原因需要延长工作时间的，在保障劳动者身体健康的条件下延长工作时间每日不得超过三小时，但是每月不得超过三十六小时。

#### 2. 特殊情况下加班规定

特殊情况下，延长工作时间不受上述条件的限制：（1）发生自然灾害、事故或者因其他原因，威胁劳动者生命健康和财产安全，需要紧急处理的；（2）生产设备、交通运输线路、公共设施发生故障，影响生产和公众利益，必须及时抢修的；（3）法律、行政法规规定的其他情形。

又到了发薪水的日子啦！

#### 3. 加班加点的工资标准

劳动法规定：（1）安排劳动者延长工作时间的，支付不低于工资的百分之一百五十的工资报酬；（2）休息日安排劳动者工作又不能安排补休的，支付不低于工资的百分之二百的工资报酬；（3）法定休假日安排劳动者工作的，支付不低于工资的百分之三百的工资报酬。

## 法定节假日的工资标准

【案情介绍】英某于2010年9月进入蒙阴县某大酒店工作。2010年国庆节和2011年2月份春节期间，该酒店正常营业，但英某2010年10月份和2011年2月份的工资除去法定休假日加班工资外，实领300元。英某认为，牺牲法定休假日不休息就是为了多赚点加班费，结果实领的工资竟低于当地600元的最低工资标准，于是到当地劳动监察部门投诉。

【以案释法】根据劳动法的规定，用人单位在法定休假日安排劳动者工作的，支付不低于正常工资的百分之三百的工资报酬。用人单位支付劳动者的工资不得低于当地最低工资标准。最低工资是指劳动者在法定工作时间内履行了正常劳动义务的前提下，由其所在单位支付的最低劳动报酬。最低工资包括基本工资和奖金、津贴、补贴，但不包括加班加点工资、特殊劳动条件下的津贴等。本案中，该酒店认为法定休假日加班工资报酬应包含在法定最低工资标准范围内是错误的，违反了上述规定。劳动监察机构工作人员经调查后，依法责令企业补发了英某2010年10月和2011年2月的工资和相应的赔偿金。

### 三、劳动争议的处理

劳动争议又称劳动纠纷，是指劳动关系双方当事人因执行劳动法律、法规或履行劳动合同、集体合同发生的纠纷。劳动争议发生在劳动者与用人单位之间。

我国处理劳动争议有四种方式：协商、调解、仲裁和诉讼。解决劳动争议，应当根据合法、公正、及时处理的原则，依法维护劳动争议当事人的合法权益。

**（一）协商**

经劳动合同当事人协商一致，劳动合同可以解除。协商解决劳动争议是最平和的解决争议的方式，一般情况下劳动者会选择这种解决方式。

**（二）调解**

劳动争议发生后，当事人可以向企业劳动争议调解委员会、依法设立的基层人民调节组织和在乡镇、街道设立具有劳动争议调解职能的组织申请调解。在用人单位内，可以设立劳动争议调解委员会。劳动争议调解委员会由职工代表、用人单位代表和工会代表组成。劳动争议调解委员会主任由工会代表担任。劳动争议经调解达成协议的，当事人应当履行。

劳动仲裁处

**（三）仲裁**

劳动仲裁是指由劳动争议仲裁委员会对当事

人申请仲裁的劳动争议居中公断与裁决。

1. 仲裁的申请

劳动争议申请仲裁的时效期间为一年。仲裁时效期间从当事人知道或者应当知道其权利受到侵害之日起计算。劳动关系存续期间因拖欠劳动报酬发生争议的，劳动者申请仲裁不受一年仲裁时效期间的限制；但是，劳动关系终止的，应当自劳动关系终止之日起一年内提出。

2. 仲裁裁决

（1）仲裁庭在作出裁决前，应当先行调解。调解达成协议的，仲裁庭应当制作调解书。调解书经双方当事人签收后，发生法律效力。调解不成或者调解书送达前，一方当事人反悔的，仲裁庭应当及时作出裁决。

（2）仲裁庭裁决劳动争议案件，逾期未作出仲裁裁决的，当事人可以就该劳动争议事项向人民法院提起诉讼。当事人对仲裁裁决不服的，可以自收到仲裁裁决书之日起十五日内向人民法院提起诉讼；期满不起诉的，裁决书发生法律效力。

（四）诉讼

当事人对仲裁裁决不服的，可自收到仲裁裁决书之日起十五日内向人民法院起诉。对一审判决、裁定不服的可以上诉。

### 四、劳动争议调解仲裁法的新规定

（一）劳动争议仲裁案件的受诉范围

中华人民共和国境内的用人单位与劳动者发生的下列劳动争议适用劳动争议调解仲裁法，具体包括：第一，因确认劳动关系发生的争议；第二，因订立、履行、变更、解除和终止劳动合同发生的争议；第三，因除名、辞退和辞职、离职发生的争议；第四，因工作时间、休息休假、社会保险、福利、培训以及劳动保护发生的争议；第五，因劳动报酬、工伤医疗费、经济补偿或者赔偿金等发生的争议；第六，法律、法规规定的其他劳动争议。与企业劳动争议处理条例相比较，劳动争议调解仲裁法在具体的劳动争议适用范围上明显扩大。

（二）劳动争议仲裁的时效

劳动争议申请仲裁的时效期间为一年。仲裁时效期间从当事人知道或者应当知道其权利被侵害之日起计算。劳动争议调解仲裁法极大地延长了申请仲裁的时效期间。同时，该法明确规定时效可以中止、中断。另外，劳动关系存续期间追讨欠薪的时效不受前述仲裁时效期间的限制。

（三）"一裁终局"的情况

下列劳动争议，仲裁裁决为终局裁决，裁决书自作出之日起发生法律效力：第一，追索劳动报酬、工伤医疗费、经济补偿或者赔偿金，不超过当地月最低工资标准十二个月金额的争议；第二，因执行国家的劳动标准在工作时间、休息休假、社会保险等方面发生的争议。

（四）举证责任倒置

劳动者无法提供由用人单位掌握管理的与仲裁请求有关的证据，仲裁庭可以要求用人单位在指定期限内提供。用人单位在指定期限内不提供的，应当承担不利后果。这就导致了用人单位必须自己举证来证明自己没有违法或违约，从而使得劳动者消除无证据不敢提起劳动仲裁的顾虑。

（五）部分调解协议可申请支付令

因支付拖欠劳动报酬、工伤医疗费、经济补偿或者赔偿金事项达成调解协议，用人单位在协议约定期限内不履行的，劳动者可以持调解协议书依法向人民法院申请支付令。人民法院应当依法发出支付令。

（六）劳动争议仲裁审理期限缩短

劳动争议调解仲裁法缩短了仲裁审理时限，规定仲裁庭裁决劳动争议案件，应当自劳动争议仲裁委员会受理仲裁申请之日起四十五日内结束。案情复杂需要延期的，经劳动争议仲裁委员会主任批准，可以延期并书面通知当事人，但是延长期限不得超过十五日。逾期未作出仲裁裁决的，当事人可以就该劳动争议事项向人民法院提起诉讼。劳动争议调解仲裁法规定的仲裁审理期限最长周期是六十日。而现行相关法律规定一般为六十天，如案情复杂，可以延长一个月，审理时间为九十天。

## 以案释法 ⑱

### 如何确定劳动争议发生之日

【案情介绍】朱某从2008年开始在一家公司工作。从2010年6月到10月，由于公司处于销售淡季，公司没有发给朱某这五个月的工资，朱某也一直没有找公司结算过工资。此种情况下，应该如何确定劳动争议发生之日？

【以案释法】如果公司能够证明已经书面通知朱某拒付工资，则书面通知之日为劳动争议发生之日。如果公司不能证明，则朱某主张权利之日为劳动争议发生之日。

# 第九节　企业破产法律制度

破产是指对丧失清偿能力的债务人，经法院审理并在其监督之下，强制清算其全部财产，公平清偿全体债权人的法律制度。

破产法是规定在债务人丧失清偿能力时，法院强制对其全部财产进行清算分配，公平清偿债权人，或通过债务人与债权人会议达成的和解协议清偿债务，或进行企业重整，避免债务人破产的法律规范的总称。

## 一、破产的申请与受理

### （一）破产的申请

**1.债权人申请破产**

债务人不能清偿到期债务，债权人可以向人民法院提出对债务人进行重整或者破产清算的申请。

**2.债务人的申请**

根据企业破产法的规定，债务人有破产法规定的破产原因的，可以向人民法院提出重整、和解或者破产清算申请；债务人申请时，应当提交破产申请书和有关证据。此外，还应当向人民法院提交财产状况说明、债务清册、债权清册、有关财务会计报告、职工安置预案以及职工工资的支付和社会保险费用的缴纳情况。

### （二）破产案件的受理

破产案件的受理，又称立案，是指人民法院在收到破产案件申请后，认为申请符合法定条件而予以接受，并由此开始破产程序的司法行为。

人民法院受理破产申请后，债务人对个别债权人的债务清偿无效。破产案件受理后，有关债务人财产的保全措施应当解除，执行程序应当中止。

## 二、管理人

### （一）管理人的产生

管理人由人民法院指定。债权人会议认为管理人不能依法、公正执行职务或者有其他不能胜任职务情形的，可以申请人民法院予以更换。管理人没有正当理由不得辞去职务。管理人辞去职务应当经人民法院许可。

### （二）管理人的职责

管理人依照企业破产法规定执行职务，向人民法院报告工作，并接受债权人会议和债权人委员会的监督。管理人应当列席债权人会议，向债权人会议报告职务执行情况，并回答询问。管理人有以下具体职责：接管债务人的财产、印章和账簿、

文书等资料；调查债务人财产状况，制作财产状况报告；决定债务人的内部管理事务；决定债务人的日常开支和其他必要开支；在第一次债权人会议召开之前，决定继续或者停止债务人的营业；管理和处分债务人的财产；代表债务人参加诉讼、仲裁或者其他法律程序；提议召开债权人会议；人民法院认为管理人应当履行的其他职责。

### 三、债权申报

#### （一）债权申报的期限

人民法院受理破产申请后，确定债权人申报债权的期限；该期限自人民法院发布受理破产申请公告之日起计算，最短不得少于三十日，最长不得超过三个月。债权人应当在人民法院确定的债权申报期限内向管理人申报债权。债权人未依照破产法规定申报债权的，不得参加破产程序行使权利。

#### （二）债权申报的范围

可申报的债权要满足以下几点要求：第一，须为以财产给付为内容的请求权；第二，须为以债务人财产为受偿基础的请求权；第三，须为法院受理破产申请前成立的对债务人享有的债权；第四，须为平等民事主体之间的请求权；第五，须为合法有效的债权。

### 四、债权人会议

#### （一）债权人会议的召集

债权人会议是依召集方式活动的议决机关。第一次债权人会议由人民法院召集，自债权申报期限届满之日起十五日内召开。以后的债权人会议，在人民法院认为必要时，或者管理人、债权人委员会、占债权总额四分之一以上的债权人向债权人会议主席提议时召开。召开债权人会议，管理人应当提前十五日通知已知的债权人。

#### （二）债权人会议的职权

企业破产法对债权人会议的职权进行了规定，债权人会议行使下列职权：核查债权；申请人民法院更换管理人，审查管理人的费用和报酬；监督管理人；选任和更换债权人委员会成员；决定继续或者停止债务人的营业；通过重整计划；通过和解协议；通过债务人财产的管理方案；通过破产财产的变价方案；通过破产财产的分配方案；人民法院认为应当由债权人会议行使的其他职权。债权人还应当对所议事项的决议作成会议记录。

#### （三）债权人会议的程序规则

1.债权人会议的组成

（1）债权人会议成员。债权人依法申报债权后，成为债权人会议的成员。凡是债权人会议的成员，都享有出席会议和表决的权利。

（2）债权人会议主席。债权人会议由债权人会议主席主持；债权人会议主席由人民法院从有表决权的债权人中指定。

（3）职工代表参加会议。职工为企业的内部成员，同时又与企业存在着劳动关系。职工基于劳动关系在企业享有的工资等请求权，受到破产法的特殊保护。因此，职工虽不是债权人会议的成员，但破产法规定，债权人会议应当有债务人的职工和工会的代表参加，对有关事项发表意见。

2.债权人会议的召开程序

（1）会议的召集。第一次债权人会议，由人民法院召集。以后的债权人会议由会议主席召集。第一次债权人会议为法定会议，应当在债权申报期限届满后十五日内召开。以后的债权人会议，在人民法院认为必要时召开，或者在管理人、债权人委员会、占债权总额四分之一以上的债权人向债权人会议主席提议时召开。

（2）会议的决议。债权人会议的决议，由出席会议的有表决权的债权人过半数通过，并且其所代表的债权额占无财产担保债权总额的二分之一以上。但是关于通过重整计划的规定关于通过和解协议草案的规定除外。债权人会议的决议，对于全体债权人均有约束力。

## 五、重整与和解

### （一）重整

按照破产法的规定，重整程序的申请人分为两种情况：其一，破产案件受理前的初始重整申请，可以由债务人或者债权人提出；其二，破产案件受理后，破产宣告前的后续重整申请，初始申请为债权人申请债务人破产清算的，可以由债务人或者持有债务人注册资本十分之一以上的一名或数名出资人提出。

### （二）和解

和解制度是指债务人不能清偿债务时，为避免受破产宣告或者破产分配的影响，而通过法院组织，经与债权人会议磋商谈判，达成相互间的谅解、协商一致解决债务危机的制度。人民法院受理破产申请后，债务人与全体债权人就债权债务的处理自行达成协议的，可以请求人民法院裁定认可，并终结破产程序。

股东们，我们公司的重组方案通过了。

## 六、破产清算

### （一）破产宣告

破产宣告是指法院依据当事人的申请或法定职权裁定宣布债务人破产以清偿债务的活动。人民法院依法宣告债务人破产，应当自裁定作出之日起五日内送债务人和管理人，自裁定作出之日起十日内通知已知债权人，并予以公告。

债务人被宣告破产后，在破产程序中的有关称谓也发生相应变化，债务人为破产人，债务人财产称为破产财产，人民法院受理破产申请时对债务人享有债权称为破产债权。

### （二）取回权和别除权

#### 1.取回权

取回权是指管理人占有不属于破产财产的他人财产，该财产的权利人可以不经破产清算程序，而经管理人同意将其直接取回的权利。是财产所有人针对特定物的返还请求权。

#### 2.别除权

别除权是指债权人不依破产程序，而由破产财产中的特定财产单独优先受偿的权利。别除权具有以下法律特征：（1）别除权以担保权为基础权利；（2）别除权以实现债权为目的；（3）别除权以破产人的特定财产为标的物；（4）别除权的行使不参加集体清偿程序；（5）别除权标的物不计入破产财产。

### （三）破产债权和抵销权

#### 1.破产债权

破产债权是指破产宣告前对破产企业所成立的，并且只能通过破产程序，才可以从破产财产中获得公平受偿的债权。其是债权人对破产企业所享有的，只有通过破产程序才可以受偿的债权。

#### 2.抵销权

破产法上的抵销权是指在破产案件受理前，债权人对破产人同时负有债务的，不论其债权同所负债务的种类是否相同，也不论其债权是否已经到期，债权人有权不依破产程序而以自己所享有的破产债权与其所负债务进行抵销。有下列情形之一的，不得抵销：（1）债务人的债务人在破产申请受理后取得他人对债务人的债权的；（2）债权人已知债务人有不能清偿到期债务或者破产申请的事实，对债务人负担债务的；但是，债权人因为法律规定或者有破产申请一年前所发生的原因而负担债务的除外；（3）债务人的债务人已知债务人有不能清偿到期债务或者破产申请的事实，对债务人取得债权的；但是，债务人的债务人因为法律规定或者有破产申请一年前所发生的原因而取得债权的除外。

### 七、破产程序的终结

破产程序的终结，是指破产程序不可逆转地归于结束。破产程序的终结，可能意味着破产程序预期目标的实现，也可能意味着预期目标的不能实现。

根据破产法的直接规定或条文本意，破产程序的终结事由有：重整计划执行完毕；人民法院裁定认可和解协议；债务人有不予宣告破产的法定事由；债务人财产不足以清偿破产费用；破产人无财产可供分配；破产财产分配完毕。

## 🔍 以案释法 ⑲

### 红星化工厂和解整顿案

【案情介绍】A市红星化工厂成立于1999年。其拥有固定资产1000多万元，现有职工402人。企业主要生产化肥，产品主要在本地销售。企业在成立后的最初几年，由于农业对化学肥料需求较大，企业的经营状况较好。但是，近几年随着本地农业生产资料市场的开放，化学肥料市场竞争日益加剧。自2003年开始，企业连年亏损，累计负债额达到850万元。政府及该企业主管部门试图采取措施来挽救红星化工厂，但由于企业设备老化，产品单一，挽救措施没有收到预期的效果。由于债务问题，企业已经没有周转资金，最终被迫停产。至2009年底，红星化工厂累计负债1200万元。政府部门不愿再扶持该企业，银行也不愿借贷资金给红星化工厂，企业生存无望。在这种情形下，红星化工厂报经其上级主管部门同意后，向A市中级人民法院申请宣告破产。红星化工厂向法院申请破产后，能否再提起和解整顿程序？

【以案释法】红星化工厂向法院申请破产后，可以再提起和解整顿程序。和解制度是债务人不能清偿债务时，为避免受破产宣告或者破产分配，而通过法院组织，经与债权人会议磋商谈判，达成相互间的谅解、协商一致解决债务危机以图复苏的制度。我国企业破产法第九十五条规定，债务人可以依照本法规定，直接向人民法院申请和解；也可以在人民法院受理破产申请后、宣告债务人破产前，向人民法院申请和解。债务人申请和解，应当提出和解协议草案。由此可以看出红星化工厂向法院申请破产后，可以再提起和解整顿程序。

### 思考题

1. 合同的订立程序是什么？
2. 质押及质押的种类？
3. 产品质量的归属责任是什么？
4. 广告的准则是什么？
5. 劳动争议可以通过哪几种途径得到解决？
6. 企业破产管理人有哪些职责？

# 第八章  民营经济财税法律制度

本 章 要 点

　　民营企业的日常管理活动离不开财税制度，这些制度主要包括会计、税收、票据、银行制度等，了解这些制度对于民营经济管理人员来说至关重要。

## 第一节  会计法律制度

　　会计，是以货币为计量单位，根据凭证，按照规定的程序，对经济活动和财务开支真实地、完整地进行记录、计算、分析、检查和监督的一种活动。

　　会计法是调整会计关系的法律规范的总称。会计关系，是指在会计管理、会计核算、会计监督以及其他会计事务活动过程中所形成的经济关系。

### 一、会计核算

　　会计核算，是指通过会计形式，根据财政、财务制度对资金和物资的收入进行审核和计算的全部活动。

#### （一）会计核算的内容

　　会计核算的内容包括实行独立核算单位在生产经营或者执行业务过程中所发生的一切可以用货币计价反映的经济活动。会计法规定，对以下经济业务事项必须进行会计核算：款项和有价证券的收付；财物的收发、增减和使用；债权债务的发生和结算；资本、基金的增减；收入、支出、费用、成本的计算；财务成果的计算和处理；需要办理会计手续、进行会计核算的其他事项。

#### （二）会计年度和记账单位

　　我国会计年度采用公历制，自公历1月1日起至12月31日止。它与我国的计划年度或预算年度是一致的。会计年度要求在以一年为单位的会计期限内定期总结各个单位的经济活动和财务收支的结果，并且在会计制度上必须将生产经营和业务活动按时间划分期限（年、季、月），从而便于加强管理。我国会计记账单位以人民币为记账本位币。业务收支是以人民币以外的货币为主的单位，也可以选定其中一种货币作为记账本位币，但是编报的财务会计报告应当折算为人民币。

### （三）会计核算的方法和程序

会计法原则上规定了会计方法和程序。根据会计法的规定，各单位必须按照国家统一的会计制度的规定设置会计科目和会计账簿，并应建立财产清查制度，保证账簿记录与实物、款项相符。会计核算应按下列程序进行：

第一，凡符合应当办理会计手续进行会计核算的事项，必须填制或者取得原始凭证，并及时送交会计机构。会计机构必须对原始凭证进行审核，对不真实、不合法的原始凭证有权不予接受，并向单位负责人报告；对记载不正确、不完整的原始凭证，有权退回，并要求按照国家统一的会计制度的规定更正、补充。根据经过审核的原始凭证及有关资料编制记账凭证。

第二，会计机构以经过审核的会计凭证为依据，并按照有关法律、行政法规和国家统一的会计制度的规定进行会计账簿登记。会计账簿包括总账、明细账、日记账和其他辅助性账簿。会计账簿应当按照连续编号的页码顺序登记。各单位发生的各项经济业务事项应当在依法设置的会计账簿上统一登记、核算，不得违反法律和国家统一的会计制度的规定私设会计账簿登记、核算。

第三，各单位应当定期将会计账簿记录与实物、款项及有关资料相互核对，保证会计账簿记录与实物及款项的实有数额相符、会计账簿记录与会计凭证的有关内容相符、会计账簿之间相对应的记录相符、会计账簿记录与会计报表的有关内容相符。

第四，财务会计报告应当根据经过审核的会计账簿记录和有关资料编制，并符合法律和国家统一的会计制度关于财务会计报告的编制要求、提供对象和提供期限的规定。会计报表必须及时、准确。各单位应当按照国家规定，按季、按月编制和报送会计报表。年终或工程竣工以及单位合并、撤销、关闭应进行清理的，都应办理决算，编制或报送会计报表。

第五，财务会计报告应当由单位负责人和主管会计工作的负责人、会计机构负责人签名并盖章；设置总会计师的单位，还须由总会计师签名并盖章。单位负责人应当保证财务会计报告真实、完整。

### （四）建立会计档案制度

会计法第二十三条规定，各单位会计凭证、会计账簿、财务会计报告及其他会计资料应当建立档案，妥善保管。会计档案的保管期限和销毁办法，由国务院

财政部门会同有关部门制定。会计档案资料是各单位经济活动的历史记录和证据，充分利用会计档案资料，对于指导生产经营管理、查证经济财务问题都有重要作用。

### （五）公司、企业会计核算的特别规定

公司、企业必须根据实际发生的经济业务事项，按照国家统一的会计制度的规定确认、计量和记录资产、负债、所有者权益、收入、费用、成本和利润。

公司、企业进行会计核算不得有下列行为：随意改变资产、负债、所有者权益的确认标准或者计量方法，虚列、多列、不列或者少列资产、负债、所有者权益；虚列或者隐瞒收入，推迟或者提前确认收入；随意改变费用、成本的确认标准或者计量方法，虚列、多列、不列或者少列费用、成本；随意调整利润的计算、分配方法，编造虚假利润或者隐瞒利润；违反国家统一的会计制度规定的其他行为。

## 二、会计监督

会计法规定了会计监督的主体、内容和外部监督等问题。

### （一）单位内部会计监督

根据会计法规定，各单位应当建立、健全本单位内部会计监督制度。单位内部会计监督制度应当符合下列要求：记账人员与经济业务事项和会计事项的审批人员、经办人员、财物保管人员的职责权限应当明确，并相互分离、相互制约；重大对外投资、资产处置、资金调度和其他重要经济业务事项的决策和执行的相互监督、相互制约程序应当明确；财产清查的范围、期限和组织程序应当明确；对会计资料定期进行内部审计的办法和程序应当明确。

### （二）社会监督

会计法规定，任何单位和个人对违反会计法和国家统一的会计制度规定的行为，有权检举。收到检举的部门有权处理的，应当依法按照职责分工及时处理；无权处理的，应当及时移送有权处理的部门处理。收到检举的部门、负责处理的部门应当为检举人保密，不得将检举人姓名和检举材料转给被检举单位和被检举人个人。

## 三、法律责任

### （一）不依法进行会计管理、核算和监督的法律责任

会计法规定，有下列行为之一的，由县级以上人民政府财政部门责令限期改正，可以对单位并处三千元以上五万元以下的罚款；对其直接负责的主管人员和其他直接责任人员，可以处二千元以上二万元以下的罚款；属于国家工作人员的，还应当由其所在单位或者有关单位依法给予行政处分：不依法设置会计账簿的；私设会计账簿的；未按照规定填制、取得原始凭证或者填制、取得的原始凭证不符合规定的；

以未经审核的会计凭证为依据登记会计账簿或者登记会计账簿不符合规定的；随意变更会计处理方法的；向不同的会计资料使用者提供的财务会计报告编制依据不一致的；未按照规定使用会计记录文字或者记账本位币的；未按照规定保管会计资料，致使会计资料毁损、灭失的；未按照规定建立并实施单位内部会计监督制度或者拒绝依法实施的监督或者不如实提供有关会计资料及有关情况的；任用会计人员不符合会计法规定的。

有上述所列行为之一，构成犯罪的，依法追究刑事责任。

会计人员有上述所列行为之一，情节严重的，由县级以上人民政府财政部门吊销会计从业资格证书。有关法律对上述所列行为的处罚另有规定的，依照有关法律的规定办理。

### （二）伪造、变造会计资料、编制虚假会计资料的法律责任

伪造、变造会计凭证、会计账簿，编制虚假财务会计报告，构成犯罪的，依法追究刑事责任。尚不构成犯罪的，由县级以上人民政府财政部门予以通报，可以对单位并处五千元以上十万元以下的罚款；对其直接负责的主管人员和其他直接责任人员，可以处三千元以上五万元以下的罚款；属于国家工作人员的，还应当由其所在单位或者有关单位依法给予撤职直至开除的行政处分；对其中的会计人员，并由县级以上人民政府财政部门吊销会计从业资格证书。

### （三）隐匿或者故意销毁会计资料的法律责任

隐匿或者故意销毁依法应当保存的会计凭证、会计账簿、财务会计报告，构成犯罪的，依法追究刑事责任。尚不构成犯罪的，由县级以上人民政府财政部门予以通报，可以对单位并处五千元以上十万元以下的罚款；对其直接负责的主管人员和其他直接责任人员，可以处三千元以上五万元以下的罚款；属于国家工作人员的，还应当由其所在单位或者有关单位依法给予撤职直至开除的行政处分；对其中的会计人员，并由县级以上人民政府财政部门吊销会计从业资格证书。

### （四）授意、指使、强令会计机构及人员伪造、变造会计资料、编制虚假财务会计报告或者故意销毁会计资料的法律责任

授意、指使、强令会计机构、会计人员及其他人员伪造、变造会计凭证、会计账簿，编制虚假财务会计报告或者隐匿、故意销毁依法应当保存的会计凭证、会计账簿、财务会计报告，构成犯罪的，依法追究刑事责任；尚不构成犯罪的，可以处

五千元以上五万元以下的罚款；属于国家工作人员的，还应当由其所在单位或者有关单位依法给予降级、撤职、开除的行政处分。

### （五）单位负责人对会计人员实行打击报复的法律责任

单位负责人对依法履行职责、抵制违反会计法规定行为的会计人员以降级、撤职、调离工作岗位、解聘或者开除等方式实行打击报复，构成犯罪的，依法追究刑事责任；尚不构成犯罪的，由其所在单位或者有关单位依法给予行政处分。对受打击报复的会计人员，应当恢复其名誉和原有职务、级别。

### （六）其他违反会计法的法律责任

财政部门及有关行政部门的工作人员在实施监督管理中滥用职权、玩忽职守、徇私舞弊或者泄露国家秘密、商业秘密，构成犯罪的，依法追究刑事责任；尚不构成犯罪的，依法给予行政处分。收到检举的部门、负责处理的部门违反规定，将检举人姓名和检举材料转给被检举单位和被检举人个人的，由所在单位或者有关单位依法给予行政处分。

## 以案释法 ⑳

## 会计师事务所出具虚假财务报告案

【案情介绍】某公司在股票发行上市申报材料中采取虚构产品销售、虚增产品库存和违规账务处理等手段，将2008年度实际亏损8300万元，虚报为盈利5400万元，骗取上市资格。上市后，继续编造虚假利润，将2009年上半年亏损6500万元，编造为盈利1674万元。2010年4月，该公司在公布2009年度报告时，将实际亏损额9952万元，编造为亏损6800万元，少报亏损3152万元。本案中，为该公司出具财务审计报告的会计师事务所是否应当承担连带责任？

【以案释法】本案涉及会计师事务所及其注册会计师出具虚假报告应承担何种法律责任的问题。会计法规定，各单位必须依法设置会计账簿，并保证其真实、完整性。有关法律、行政法规规定，须经注册会计师进行审计的单位，应当向受委托的会计师事务所如实提供会计凭证、会计账簿、财务会计报告和其他会计资料以及有关情况。任何单位或者个人不得以任何方式要求或者示意注册会计师及其所在的会计师事务所出具不实或者不当的审计报告。本案中，为该公司出具财务审计报告的会计师事务所出具有严重虚假内容的财务审计报告是违反上述法律规定的，应当与该公司共同承担连带赔偿责任。

# 第二节　税收法律制度

税法是国家权力机关及其授权的行政机关制定的调整税收关系的法律规范的总称。税法的调整对象是税收关系，它是指税法主体在各种税收活动过程中形成的社会关系的总和。根据"一税一法"原则，按照各个税种相应制定的税种法是构成我国现行税法体系主体部分的税收实体法。我国的税收实体法具体包括流转税法、所得税法、资源税法、财产税法和行为税法。

## 一、流转税

流转税法是调整因流转税的征纳而发生的各种社会关系的法律规范的总称。我国目前开征的流转税包括增值税、消费税、营业税和关税等。

### （一）增值税

增值税是指以商品生产与流通过程中的增值额为计税依据而征收的一种税。增值税的纳税人是指在中华人民共和国境内销售货物或者提供加工、修理修配劳务以及进口货物的自然人、法人、非法人社会组织。

### （二）消费税

消费税是以特定的消费品或消费行为的流转额作为计税依据的一种税。其特征是征税范围具有选择性，实行差别税率，征税环节单一；主要目的是调节和引导消费并取得一定的财政收入。我国现行消费税是1994年开征的一个新税种，征税依据是2008年修订的消费税暂行条例。

### （三）营业税

营业税是指以商品或者劳务的营业额为计税依据的一种税。营业税暂行条例规定，在中华人民共和国境内提供应税劳务、转让无形资产或者销售不动产的单位和个人，为营业税的纳税义务人。

营业税的征税范围是指在中华人民共和国境内提供应税劳务、转让无形资产或销售不动产的行为。营业税的税率为比例税率，共分3%、5%、20%三档九种。

### （四）关税

关税是指对进出境的货物或物品由海关负责征收的一种流转税。狭义的关税仅指在关税法中规定的对进出境货品征收的税，不包括由海关代征的进口环节国内税，如我国海关代征的进口环节增值税、消费税等。

关税的纳税人，是指根据相关法律的规定，负有缴纳关税义务的单位和个人。进出口关税条例规定，进口货物的收货人、出口货物的发货人、进境物品的所有人是关税的纳税义务人。

## 二、所得税

所得税亦称收益税，是指以各种所得额为课税对象的一类税。所得税也是我国税制结构中的主体税类，目前包括企业所得税、个人所得税等税种。

### （一）企业所得税

企业所得税是针对中国境内的企业和经营单位的生产经营所得和其他所得征收的一种税。企业所得税不考虑盈亏状况不同，以企业经营有成果为征税的前提条件。企业所得税以纳税人每一纳税年度的收入总额减去准予扣除项目后的余额为计税依据。准予扣除项目是指成本、费用、税金、损失和其他支出。企业所得税采用比例税率，税率为25%。其中，非居民企业在中国境内未设立机构、场所的，或者虽设立机构、场所但取得的所得与其所设机构、场所设有实际联系的，应当就其来源于中国境内的所得缴纳企业所得税的，适用税率为20%。

### （二）个人所得税

个人所得税是国家对本国公民、居住在本国境内的个人的所得和境外个人来源于本国的所得征收的一种所得税。

我国个人所得税法采用分类所得税制。个人所得税法明确列举了十一项应纳税个人所得：工资、薪金所得；个体工商户的生产、经营所得；对企事业单位的承包经营、承租经营所得；劳务报酬所得；稿酬所得；特许权使用费所得；利息、股息、红利所得；财产租赁所得；财产转让所得；偶然所得；经国务院财政部门确定征税的其他所得。

## 三、财产税

财产税是以纳税人所拥有或支配的某些财产为征税对象的一类税。党的十一届三中全会以后，随着改革开放的不断深入，我国经济形势发生了巨大变化，社会财富的分配形成了新的格局：一是随着以公有制为主导、多种经济成分并存的多元化经济结构的确立，居民收入水平提高，非国有财产大量增加；二是伴随着"鼓励一部分人先富起来"的政策的推行，居民之间收入水平差距拉大，个人之间财产的占有量较为悬殊。针对这种情况，国家先后恢复开征了房产税、契税、城市房地产税、车船使用税等。1994年税制改革时，又提出要征收遗产税，从而初步形成了以房产税、车船使用税、资源税等静态财产税和契税、遗产税等动态财产税为主要组成部分的较为完整的财产税法体系。

## 四、行为税

行为税是国家为了对某些特定行为征收的税收。如针对一些奢侈性的社会消费行为，征收娱乐税、宴席税；针对牲畜交易和屠宰等行为，征收交易税、屠宰税；针对财产和商事凭证贴花行为，征收印花税等。行为税的征税对象，是国家税法规定的，除商品流转、劳务收入、收益、所得、财产占有、特定目的、资源开采和占用等行为之外的其他各种应税行为。行为税包括的税种较多，各个税种的具体课征对象差异甚大，所以此类税收中各税种的课征制度也不大相同。

## 以案释法 ㉑

### 酒店偷税案

【案情介绍】某酒店已办理了营业执照和税务登记，由某市区地税局管征，税款征收方式为查账征收。2010年4月5日，区地税局在日常检查时发现，该酒店2009年2月份的纳税申报表申报的应纳营业税比会计账簿上计提的营业税额少9000元。经检查人员核实，系因当时该公司资金紧张，少申报了营业税。该酒店少申报营业税的行为是否属于偷税行为？

【以案释法】纳税人必须依照法律、行政法规的规定如实办理纳税申报，报送纳税申请表、财务会计报表以及税务机关根据实际需要要求纳税人报送的其他纳税资料。该酒店虽然在会计账簿上已计提税款，但因资金紧缺未如实申报，具有主观故意，是虚假申报，属于偷税行为。

## 第三节　票据法律制度

票据就是指出票人依法签发的，约定自己或委托付款人在见票时或指定的日期向收款人或持票人无条件支付一定金额并可转让的有价证券。票据法是指规定票据的种类、形式、内容以及各当事人之间权利义务关系的法律规范的总称。票据法所称的票据，是指汇票、本票和支票。

### 一、汇票

汇票是出票人签发的，委托付款人在见票时或者在指定日期无条件支付确定的金额给收款人或者持票人的票据。

### （一）出票

票据法第二十条规定，出票是指出票人签发票据并将其交付给收款人的票据行为。依此规定，出票实际包括两个行为：一是出票人依照票据法的规定做成票据，即在原始票据上记载法定事项并签章；二是交付票据，即将做成的票据交付给他人占有。这两者相辅相成，缺一不可。

### （二）背书

汇票的转让是指持票人可以将汇票权利转让给他人或者将一定的汇票权利授予他人行使。

票据权利与票据是不可分的，因而票据的转让也就是票据权利的转让。一般而言，票据转让主要有背书交付和单纯交付两种。单纯交付是指持票人未在票据上作任何转让事项的记载而直接将票据交与他人的一种法律行为；背书交付是指持票人以转让票据权利为目的，在汇票上签章并作必要的记载所作的一种附属票据行为。但是，票据法规定，持票人行将汇票权利转让给他人或者将一定的汇票权利授予他人行使时，应当背书并交付汇票。这表明，我国票据法规定的汇票转让只能采用背书的方式，而不能仅凭单纯交付方式，否则就不产生票据转让的效力。

### （三）承兑

承兑是指汇票付款人承诺在汇票到期日支付汇票金额的票据行为。承兑是汇票特有的制度。汇票是一种出票人委托他人付款的委付证券。出票人的出票行为完成之后，由于其是一种单方法律行为，故对付款人并不当然产生约束力，只有在付款人表示愿意向收款人或持票人支付汇票金额后，持票人才可于汇票到期日向付款人行使付款请求权。

### （四）保证

保证即票据保证，是指票据债务人以外的第三人，以担保特定债务人履行票据债务为目的，而在票据上所为的一种附属票据行为。保证的作用在于加强持票人票据权利的实现，确保票据付款义务的履行，促进票据流通。

### （五）付款

付款是指付款人依据票据文义支付票据金额，以消灭票据关系的行为。付款是付款人的行为，这与出票人、背书人等偿还义务的行为不同。前者是支付票据金额的行为，并以消灭票据关系为目的；而后者并不以票据金额为依据而支付，不能引起票据关系的消灭。

## 二、本票

本票是出票人签发的，承诺自己在见票时无条件支付确定的金额给收款人或者持票人的票据。本票是由出票人约定自己付款的一种自付证券，其基本当事人有两个，即出票人和收款人，在出票人之外不存在独立的付款人。出票人在完成出票行为之后，即承担了到期日无条件支付票据金额的责任，不需要在到期日前进行承兑。

本票的出票与汇票一样，包括做成票据和交付票据。本票的出票行为以自己负担支付本票金额的债务为目的。票据法第七十四条规定，本票的出票人必须具有支付本票金额的可靠资金来源，并保证支付。由此可见，本票出票人是票据的直接支付人，与汇票的承兑人承担的支付票据金额的义务相同，与汇票的出票人只承担担保责任是不同的。

根据票据法的规定，银行本票是见票付款的票据，收款人或持票人在取得银行本票后，随时可以向出票人请求付款。

### 三、支票

支票是出票人委托银行或者其他金融机构见票时无条件支付一定金额给收款人或者持票人的票据。支票的基本当事人有三个：出票人、付款人和收款人。出票人签发支票并交付的行为即为出票。出票人签发支票必须具备一定的条件，即为在经中国人民银行当地分支行批准办理支票业务的银行机构开立可以使用支票的存款账户的单位和个人。票据法规定，开立支票存款账户，申请人必须使用其本名，并提交证明其身份的合法证件。开立支票存款账户和领用支票，应当有可靠的资信，并存入一定的资金。开立支票存款账户，申请人应当预留其本名的签名式样和印鉴。这些规定主要在于保证支付支票票款的安全，保护支票各方当事人的合法权益。支票属见票即付的票据，因而没有到期日的规定。支票的出票日实质上就是到期日。票据法第九十条规定，支票限于见票即付，不得另行记载付款日期。另行记载付款日期的，该记载无效。因此，出票人在付款人处的存款足以支付支票金额时，付款人应当在见票当日足额付款。

在实践中，签发空头支票、与预留银行签章不符的支票（以下简称签发空头支票）的行为时有发生。为保护持票人的合法利益，应对签发空头支票的行为予以处罚。签发空头支票或者签发与其预留的签章不符的支票，不以骗取财物为目的的，由中国人民银行处以票面金额百分之五但不低于一千元的罚款；持票人有权要求出票人赔偿支票金额2%的赔偿金。

## 🔍 以案释法 ㉒

### 汇票丢失，银行拒付案

【案情介绍】2010年1月20日，甲公司根据与乙公司签订的货物买卖合同，按照约定签发了金额为10万元的银行承兑汇票，承兑人为丙银行，到期日为2010年11月1日。汇票在甲公司交给乙公司前被甲公司遗失。甲公司于2010年8月1日登报声明作废，又于同年9月1日向法院申请公示催告。法院于当天通知丙银行停止支付。公示催告期限届满时，甲公司未向法院申请除权判决。甲公司后来交付给乙公司的是遗失的汇票复印件和丙银行于2010年8月20日出具的说明函。在汇票复印件上的持票人签章栏内，加盖了丙银行的汇票专用章，但是没有甲公司的签章。丙银行说明函的内容是：由于汇票被出票人遗失，出票人已登报声明作废，因此同意在复印件上加盖本行汇票专用章，作为收款人向本行收款的有效依据；汇票到期后，收款人必须派员凭此复印件结算汇票款项。乙公司按照复印件记载的日期，在汇票到期后持上述复印件向丙银行提示付款时，遭到丙银行拒付。此种情况下乙公司是否有权要求丙银行承担票据责任？

【以案释法】本案中，乙公司不享有票据权利，无权要求丙银行承担票据责任。首先，根据票据法第二十条的规定，出票是指出票人签发票据并将其交给收款人的票据行为。甲公司虽然签发了汇票，但是汇票在向乙公司交付前已遗失，故甲公司并未完成出票的票据行为，乙公司也未实际持有该汇票。乙公司据以主张权利的是汇票的复印件，但是该复印件上没有出票人的签章，汇票无效。丙银行虽然在复印件上的持票人栏盖章，但是并未承兑，另附的丙银行说明函也不具有票据上的效力，所以乙公司不能享有票据权利，无权要求丙银行承担票据责任。

# 第四节　商业银行法律制度

商业银行，是指依照商业银行法和公司法设立的吸收公众存款、发放贷款、办理结算等业务的企业法人。

## 一、商业银行的业务

### （一）商业银行的业务范围

我国商业银行法规定了商业银行的经营业务有：吸收公众存款；发放短期、中期和长期贷款；办理国内外结算；办理票据承兑与贴现；发行金融债券；代理发行、代理兑付、承销政府债券；买卖政府债券、金融债券；从事同业拆借；买卖、代理买卖外汇；从事银行卡业务；提供信用证服务及担保；代理收付款项及代理保险业务；提供保管箱服务；经国务院银行业监督管理机构批准的其他业务。

各商业银行可以经营上述业务的一部分，也可以经营其全部业务。经营业务的范围由该商业银行的章程规定，并报国务院银行业监督管理机构批准。商业银行经中国人民银行批准，可以经营结汇、售汇业务。

（二）商业银行的贷款业务规则

商业银行根据国民经济和社会发展的需要，在国家产业政策指导下开展贷款业务。

1. 担保

商业银行贷款，借款人应当提供担保。经商业银行审查、评估，确认借款人资信良好，确能偿还贷款的，可以不提供担保。商业银行不得向关系人发放信用贷款；向关系人发放担保贷款的条件不得优于其他借款人同类贷款的条件。关系人是指：（1）商业银行的董事、监事、管理人员、信贷业务人员及其近亲属；（2）前项所列人员投资或者担任高级管理职务的公司、企业和其他经济组织。

2. 资产负债比例

商业银行贷款，应当遵守下列资产负债比例管理的规定：（1）资本充足率不得低于百分之八；（2）流动性资产余额与流动性负债余额的比例不得低于百分之二十五；（3）对同一借款人的贷款余额与商业银行资本余额的比例不得超过百分之十；（4）国务院银行业监督管理机构对资产负债比例管理的其他规定。

3. 利率

贷款人应当按照中国人民银行规定的贷款利率的上下限，确定贷款利率。

## 二、商业银行对存款人的保护

存款是企业、机关、团体或个人根据可以收回的原则，把货币资金存入银行或其他信用机构并获取存款利息的一种信用活动形式。吸收公众存款是商业银行最基本的业务。保护存款人的合法权益是商业银行法的立法宗旨之一。为规范商业银行吸收公众存款的行为，保护存款人合法权益，我国商业银行法等法律、行政法规，对存款人保护作出了明确的规定。

商业银行办理个人储蓄存款业务，应当遵循存款自愿、取款自由、存款有息、为存款人保密的原则。对个人储蓄存款，商业银行有权拒绝任何单位或者个人查询、冻结、扣划，但法律另有规定的除外。对单位存款，商业银行有权拒绝任何单位或者个人查询，但法律、行政法规另有规定的除外；有权拒绝任何单位或者个人冻结、扣划，但法律另有规定的除外。

商业银行应当按照中国人民银行规定的存款利率的上下限，确定存款利率，并予以公告。同时还应当按照中国人民银行的规定，向中国人民银行交存存款准备金，留足备付金。商业银行应当保证存款本金和利息的支付，不得拖延、拒绝支付存款本金和利息。

### 三、商业银行的法律责任

商业银行法对商业银行及其工作人员和借款人等违反商业银行法和其他有关法律、行政法规的行为，分别规定了应当承担的法律责任。

#### （一）民事责任

商业银行有下列情形之一，对存款人或者其他客户造成财产损害的，应当承担支付迟延履行的利息以及其他民事责任：无故拖延、拒绝支付存款本金和利息的；违反票据承兑等结算业务规定，不予兑现，不予收付入账，压单、压票或者违反规定退票的；非法查询、冻结、扣划个人储蓄存款或者单位存款的；违反商业银行法规定对存款人或者其他客户造成损害的其他行为。

#### （二）行政责任

商业银行法规定的行政责任，需通过国务院银行业监督管理机构对商业银行的不法行为的查处来实现。商业银行法规定的行政责任形式主要包括罚款、责令停业整顿或者吊销经营许可证等。

#### （三）刑事责任

刑事责任是对违法行为进行的最为严厉的法律制裁，适用于那些商业银行的违法行为比较严重，社会危害性比较大的情形。

## 🔍 以案释法 ㉓

### 行窃者利用自助柜员机行窃，银行是否应承担责任

【案情介绍】2009年8月11日，金某在某银行开户，办理了一折一卡。2010年11月8日，有一名犯罪嫌疑人在金某开户银行的自动柜员机前安装了读卡器和摄像头。当天，金某在被安装了读卡器和摄像头的自动柜员机上办理了500元的取款业务。2010年11月9日，犯罪嫌疑人持复制的银行伪卡在自动柜员机上分十次取走了金某账户内的存款合计20300元，银行收取手续费223元。金某再次取款时发现自己银行卡中的存款已被人取走，遂找银行理论。问：银行是否应该为金某的损失承担责任？

【以案释法】金某在银行开立了储蓄存款账户，并办理了一折一卡，金某与银行建立了储蓄存款合同关系。为存款人保密，保障存款人的合法权益不受任何单位和个人的侵犯，是商业银行的法定义务。对自动银行柜员机进行日常维护、管理，

为在自动银行柜员机办理交易的储户提供必要的安全、保密环境，也是银行负有安全、保密义务的一项重要内容。本案中，犯罪嫌疑人在银行设置的自动银行柜员机上安装读卡器、摄像头，窃取了金某储蓄卡的信息及密码，复制了假的银行卡，并从金某的储蓄卡账户内支取了存款。这些事实说明银行管理存在重大安全漏洞，银行未能及时发现、拆除犯罪嫌疑人安装的读卡器及摄像装置，给储户造成安全隐患，为犯罪分子留下可乘之机。银行在履行与金某的储蓄存款合同过程中存在违约行为，应当对金某的损失承担责任。

## 思考题

1. 会计核算的内容有哪些？

2. 什么是营业税？

3. 我国票据的种类？

4. 商业银行的业务范围有哪些？

# 第九章　民营经济知识产权法律制度

本 章 要 点

随着社会经济的发展，知识产权保护越来越为社会所重视。作为民营企业的管理人员，了解知识产权法律制度是非常有必要的。这既有助于保护自己的知识产权不受侵犯，又能避免因侵犯他人知识产权带来法律风险。

## 第一节　商标法律制度

商标是指由文字、图形、字母、数字、三维标志、颜色组合和声音等，以及上述要素的组合，使用于一定的商品或者服务项目，用以区别商标使用者与同类商品的生产经营者或者同类服务业经营者的显著标记。商标法是调整因商标的注册、使用、管理及保护商标专用权而产生的各种社会关系的法律规范的总和。

### 一、商标权

#### （一）商标权的主体和客体

商标权的主体是指通过法定程序，在自己生产、制造、加工、拣选、经销的商品或者提供的服务上享有商标专用权的人。根据商标法的规定，商标权的主体范围包括：自然人、法人或者其他组织。

商标权的客体是指经商标局核准注册的商标，即注册商标。注册商标包括商品商标、服务商标和集体商标、证明商标。申请注册的商标应当具备以下条件：

1.商标应当具备显著性

商标法规定，申请注册的商标，应当有显著特征，便于识别，并不得与他人在先取得的合法权利相冲突。商标具备的这种显著性，可以通过两种方式产生，一是商标本身具有显著性；二是通过长期的使用获得商标的显著性。

2.商标应当符合可视性要求

商标法规定，任何能够将自然人、法人或者其他组织的商品与他人的商品区别开的标志，包括文字、图形、字母、三维标志、颜色组合和声音等，以及上述要素的组合，均可作为商标注册。

## （二）商标权人的权利和义务

商标权人的权利，指注册商标所有人对其注册商标依法所享有的一系列权利的总和。具体而言包括：使用权、转让权、许可使用权、续展权、禁止权。

商标权人的义务，指注册商标所有人依法承担的义务。包括：依法使用注册商标的义务、保证商品质量和服务质量的义务和缴纳各项费用的义务。

## 二、商标注册

### （一）商标注册申请的原则

我国的商标注册有以下原则：自愿注册原则与强制注册原则；申请在先原则；不得侵害他人现有的在先权利和不得恶意抢注原则。

### （二）商标注册的审查核准

商标注册的审查核准，是商标主管机关就申请注册的商标是否符合商标法的规定所进行的一系列活动。主要包括形式审查、实质审查、公告核准阶段。对于有争议的商标，还可能发生复审或者裁定。

1.形式审查

商标局收到商标注册申请文件后，应当首先进行形式审查。

2.实质审查

商标局对受理的申请，依照商标法的规定进行实质审查。

3.公告核准

申请注册的商标，凡符合商标法规定的，由商标局初步审定，予以公告。

4.复审或者裁定

对驳回申请、不予公告的商标，商标局应当书面通知商标注册申请人。商标注册申请人不服的，可以自收到通知之日起十五日内向商标评审委员会申请复审，由商标评审委员会作出决定，并书面通知申请人。当事人对商标评审委员会的决定不服的，可以自收到通知之日起三十日内向人民法院起诉。对初步审定公告的商标提出异议的，商标局应当听取异议人和被异议人陈述事实和理由，经调查核

实后，自公告期满之日起十二个月内作出是否准予注册的决定，并书面通知异议人和被异议人。有特殊情况需要延长的，经国务院工商行政管理部门批准，可以延长六个月。被异议人对商标评审委员会的裁定不服的，可以自收到通知之日起三十日内向人民法院起诉。人民法院应当通知审议人作为第三人参加诉讼。

### 三、注册商标的续展、转让和使用许可

#### （一）注册商标的续展

注册商标的续展是指注册商标所有人在商标注册有效期届满前后的一定时间内，依法办理一定手续延长其注册商标有效期的制度。

根据商标法的规定，注册商标的有效期为十年，自核准注册之日起计算。注册商标有效期满，需要继续使用的，应当在期满前十二个月内申请续展注册；在此期间未能提出申请的，可以给予六个月的宽展期。每次续展注册的有效期为十年，自该商标上一届有效期满次日起计算。期满未办理续展手续的，注销其注册商标。

#### （二）注册商标的转让

注册商标的转让是指注册商标所有人依法将因注册商标产生的商标权转让给他人的行为。注册商标转让后，原注册商标所有人不再享有该注册商标的专用权，受让人成为该注册商标的所有人，享有商标专用权。

根据商标法的规定，转让注册商标的，转让人和受让人应当签订转让协议，并共同向商标局提出申请。受让人应当保证使用该注册商标的商品质量。转让注册商标经商标局核准后，予以公告。受让人自公告之日起享有商标专用权。

#### （三）注册商标的使用许可

注册商标的使用许可是指注册商标所有人通过签订商标使用许可合同，许可他人使用其注册商标，同时收取一定的许可使用费。

这里所称商标使用许可，包括以下三类：

1. 独占使用许可

独占使用许可是指商标注册人在约定的期间、地域，以约定的方式将该注册商标仅许可一个被许可人使用，商标注册人依约定不得使用该注册商标。

2. 排他使用许可

排他使用许可是指商标注册人在约定的期间、地域，以约定的方式将该注册商标仅许可一个被许可人使用，商标注册人依约定可以使用该注册商标但不得另行许可他人使用该注册商标。

3. 普通使用许可

普通使用许可是指商标注册人在约定的期间、地域，以约定的方式许可他人使用其注册商标，并可自行使用该注册商标和许可他人使用其注册商标。

## 四、注册商标争议的裁定

注册商标的争议裁定是指商标评审委员会对因已经注册的商标发生的争议进行裁定的活动。

商标争议提出的期限为商标核准注册之日起五年内。注册满五年后，已经注册的商标即具有不可争议的法律效力。但是，对驰名商标的恶意注册不受五年时效的限制。

商标评审委员会是处理注册商标争议的专门机构，受理争议申请并作出争议裁定。争议裁定的结果有两种情况：一是维持被争议的注册商标；二是宣告注册商标无效。

## 五、注册商标专用权的保护

### （一）注册商标专用权的保护范围

根据商标法的规定，注册商标的专用权，以核准注册的商标和核定使用的商品为限。根据这一规定，注册商标专用权的保护范围主要限定在核准注册的商标、核定使用的商品或者服务和注册商标在有效期限内三个方面。

### （二）侵犯注册商标专用权的行为及其法律责任

1.侵犯注册商标专用权的行为

根据商标法的规定，有下列行为之一的，均属侵犯注册商标专用权：（1）未经商标注册人的许可，在同一种商品上使用与其注册商标相同的商标的；（2）未经商标注册人的许可，在同一种商品上使用与其注册商标近似的商标，或者在类似商品上使用与其注册商标相同或者近似的商标，容易导致混淆的；（3）销售侵犯注册商标专用权的商品的；（4）伪造、擅自制造他人注册商标标识或者销售伪造、擅自制造的注册商标标识的；（5）未经商标注册人同意，更换其注册商标并将该更换商标的商品又投入市场的；（6）故意为侵犯他人商标专用权行为提供便利条件，帮助他人实施侵犯商标专用权行为的；（7）给他人的注册商标专用权造成其他损害的。

2.侵犯注册商标专用权的法律责任

侵犯注册商标专用权的法律责任包括民事责任、行政责任。民事责任主要包括：停止侵害、消除影响、赔偿损失等。行政责任主要包括：（1）责令立即停止侵权行为；（2）没收、销毁侵权商品和主要用于制造侵权商品、伪造注册商标标识的工具；（3）罚款。

## 六、驰名商标的特别保护

驰名商标是指在中国为相关公众广为知晓并享有较高声誉的商标。驰名商标的保护强度，相对于普通商标保护而言，主要体现在扩大范围上。商标法规定，为相关公众所熟知的商标，持有人认为其权利受到侵害时，可以依照商标法规定请求驰名商标保护。就相同或者类似商品申请注册的商标是复制、摹仿或者翻译他人未在中国注册的驰名商标，容易导致混淆的，不予注册并禁止使用。就不相同或者不相类似商品申请注册的商标是复制、摹仿或者翻译他人已经在中国注册的驰名商标，误导公众，致使该驰名商标注册人的利益可能受到损害的，不予注册并禁止使用。

另外，商标法还规定，驰名商标应当根据当事人的请求，作为处理涉及商标案件需要认定的事实进行认定。认定驰名商标应当考虑下列因素：相关公众对该商标的知晓程度；该商标使用的持续时间；该商标的任何宣传工作的持续时间、程度和地理范围；该商标作为驰名商标受保护的记录；该商标驰名的其他因素。

在商标注册审查、工商行政管理部门查处商标违法案件过程中，当事人依照商标法第十三条规定主张权利的，商标局根据审查、处理案件的需要，可以对商标驰名情况作出认定。

在商标争议处理过程中，当事人依照商标法规定主张权利的，商标评审委员会根据处理案件的需要，可以对商标驰名情况作出认定。

在商标民事、行政案件审理过程中，当事人依照商标法规定主张权利的，最高人民法院指定的人民法院根据审理案件的需要，可以对商标驰名情况作出认定。

生产、经营者不得将"驰名商标"字样用于商品、商品包装或者容器上，或者用于广告宣传、展览以及其他商业活动中。

## 🔍 以案释法 ㉔

## 两公司同时申请商标注册案

【案情介绍】2015年12月20日，某化工有限公司和某涂料厂在同一天就同一商标分别向国家工商行政总局提出商标注册的申请。2016年1月8日，商标局依法书面通知两申请人在法律规定期限内提交其申请注册使用在先的证据。2016年1月21日，化工公司向商标局提交了其于2012年8月8日使用该商标的书面证据资料。2016年1月23日，涂料厂向商标局提供了其2012年5月10日起使用该商标的书面材料。2016年3月5日，商标局初步审定并公告使用在先的涂料厂的商标，驳回化工公司的申请，不予公告。请问商标局的做法是否正确？

【以案释法】本案涉及相同商标同时申请时商标权的取得，一般采用使用在先原则。我国商标法规定，商标权的取得采用注册在先原则，即谁先申请商标注册，商标权就授予谁。商标注册是商标权受法律保护的前提。同时，我国商标法在一定条件下采用使用在先的原则，即两个或者两个以上的商标注册申请人，在同一种商品或者类似商品上，以相同或者近似的商标申请注册的，初步审定并公告申请在先的商标；同一天申请的，初步审定并公告使用在先的商标，驳回其他人的申请，不予公告。本案中，化工公司与涂料厂在同一天就相同商标在同种商品上使用向国家商标局申请注册，商标局依法应采用使用在先的原则予以审查确定。由于涂料厂提交的证据表明其先于化工公司使用该商标，故初步审定并公告是涂料厂先使用该商标，化工公司的申请被驳回，商标局的做法是正确的。

## 第二节　专利法律制度

专利权，是指专利权人在法定期限内对其发明创造成果享有的专有权利。它是国家专利行政部门授予发明人或申请人生产经营其发明创造并禁止他人生产经营其发明创造的权利，是对发明创造的独占的排他权。

### 一、授予专利的条件

专利法规定，授予专利权的发明和实用新型，应当具备新颖性、创造性和实用性。

#### （一）新颖性

新颖性是指该发明或者实用新型不属于现有技术，也没有任何单位或者个人就同样的发明或者实用新型在申请日以前向国务院专利行政部门提出过申请，并记载在申请日以后公布的专利申请文件或者公告的专利文件中。

#### （二）创造性

创造性是指与现有技术相比，该发明具有突出的实质性特点和显著的进步。

#### （三）实用性

实用性是指该发明或者实用新型能够制造或者使用，并且能够产生积极效果。专利法规定，授予专利权的外观设计，应当不属于现有设计，也没有任何单位或者个人就同样的外观设计在申请日以前向国务院专利行政部门提出过申请，并记载在申请日以后公告的专利文件中。授予专利权的外观设计与现有设计或者现有设计特征的组合相比，应当具有明显区别。授予专利权的外观设计不得与他人在申请日以前已经取得的合法权利相冲突。

专利法规定不授予专利权的情形：科学发现；智力活动的规则和方法；疾病的诊断和治疗方法；动物和植物品种；用原子核变换方法获得的物质；对平面印刷品的图案、色彩或者两者的结合作出的主要起标识作用的设计。

## 二、专利的申请

### （一）专利申请的原则

1.先申请原则

先申请原则是指在两个以上的申请人分别就同样的发明创造申请专利的情况下，对先提出申请的申请人授予专利权。

2.单一性原则

单一性原则是指一份专利申请文件只能就一项发明创造提出专利申请，即"一申请一发明"原则。

3.优先权原则

优先权原则是指将专利申请人首次提出专利申请的日期，视为后来一定期限内专利申请人就相同主题在他国或本国提出专利申请的日期。专利申请人依法享有的这种权利称为优先权，享有优先权的首次申请日称为优先权日。

### （二）专利申请的提出、修改和撤回

1.专利申请的提出

专利权不能自动取得，申请人必须履行专利法规定的专利申请手续，向国务院专利行政部门提交必要的申请文件。根据专利法的规定，申请发明或者实用新型专利的，应当提交请求书、说明书及其摘要和权利要求书等文件。

2.专利申请的修改

专利申请的修改，可以由申请人自己主动提出修改，也可以根据国务院专利行政部门的要求进行修改。

3.专利申请的撤回

申请人可以在被授予专利权之前随时撤回其专利申请。申请人撤回其专利申请的，应当向国务院专利行政部门提出书面的撤回申请，写明发明创造的名称、申请号和申请日。

### （三）专利申请的审查批准

1.发明专利申请的审查批准

（1）初步审查。国务院专利行政部门收到发明专利申请后，应当进行初步审查。

（2）申请公布。国务院专利行政部门对发明专利申请经初步审查认为符合专利法规定要求的，自申请日起满十八个月，即行公布。

（3）实质审查。实质审查是国务院专利行政部门根据申请人的请求，对发明的新颖性、创造性、实用性等实质性条件进行的审查。

（4）授权决定。国务院专利行政部门对发明专利申请进行实质审查后，认为不符合专利法规定的，应当通知申请人，要求其在指定的期限内陈述意见，或者对其

申请进行修改；无正当理由逾期不答复的，该申请即被视为撤回。实质审查没有发现驳回理由的，由国务院专利行政部门作出授予发明专利权的决定，发给发明专利证书，同时予以登记和公告。发明专利权自公告之日起生效。

2.实用新型和外观设计专利申请的审查批准

国务院专利行政部门受理实用新型和外观设计专利申请后，只进行初步审查，不进行申请公开和实质审查程序。

### 三、专利权的期限、终止和无效

#### （一）专利权的保护期限

专利权的保护期是指专利权人享有权利的合法期限。规定合理的保护期，一方面可以鼓励发明人、专利权人发明创造的积极性，促进科学技术水平迅速提高；另一方面专利权人可以尽可能多地回收在开发、研制发明创造过程中的风险投资，取得相应的经济效益。我国现行专利法规定，发明专利权的期限为二十年，实用新型专利权和外观设计专利权的期限为十年，均自申请日起计算。

#### （二）专利权的终止

专利权的终止，是指专利权因期限届满或者其他原因在期限届满前失去法律效力。专利权终止后，被授予专利权的发明创造成为人类的共同财富，任何单位和个人都可以无偿使用。

根据专利法的规定，有下列情形之一的，专利权终止：专利权的期限届满；没有按照规定缴纳年费的；专利权人以书面声明放弃其专利权的。专利权在期限届满前终止的，由国务院专利行政部门登记和公告。

#### （三）专利权的无效

专利法规定，自国务院专利行政部门公告授予专利权之日起，任何单位或者个人认为该专利权的授予不符合本法有关规定的，可以请求专利复审委员会宣告该专利权无效。

专利复审委员会对宣告专利权无效的请求应当及时审查和作出决定，并通知请求人和专利权人。宣告专利权无效的决定，由国务院专利行政部门登记和公告。

宣告无效的专利权视为自始即不存在。宣告专利权无效的决定，对在宣告专利权无效前人民法院作出并已执行的专利侵权的判决、调解书，已经履行或者强制执行的专利侵权纠纷处理决定，以及已经履行的专利实施许可合同和专利权转让合同，不具有追溯力。但是因专利权人的恶意给他人造成的损失，应当给予赔偿。

### 四、专利实施的强制许可

专利实施的强制许可，是指国务院专利行政部门依照法定条件和程序颁布的实施专利的一种强制性许可方式。申请人获得这种许可后，不必经专利权人的同意，就可以实施专利。根据专利法的规定，有下列情形之一的，国务院专利行政部门根据具备实施条件的单位或者个人的申请，可以给予实施发明专利或者实用新型专利的强制许可：专利权人自专利权被授予之日起满三年，且自提出专利申请之日起满四年，无正当理由未实施或者未充分实施其专利的；专利权人行使专利权的行为被依法认定为垄断行为，为消除或者减少该行为对竞争产生的不利影响的。

另外，专利法还规定，在国家出现紧急状态或者非常情况时，或者为了公共利益的目的，国务院专利行政部门可以给予实施发明专利或者实用新型专利的强制许可；为了公共健康目的，对取得专利权的药品，国务院专利行政部门可以给予制造并将其出口到符合中华人民共和国参加的有关国际条约规定的国家或者地区的强制许可；一项取得专利权的发明或者实用新型比前已经取得专利权的发明或者实用新型具有显著经济意义的重大技术进步，其实施又有赖于前一发明或者实用新型的实施的，国务院专利行政部门根据后一专利权人的申请，可以给予实施前一发明或者实用新型的强制许可。

## 五、专利权的保护

### （一）专利权的保护范围

专利权的保护范围，是指专利权效力所及的发明创造的技术特征和技术幅度。专利权的范围即是专利权的保护范围。

根据专利法的规定，发明或者实用新型专利权的保护范围以其权利要求的内容为准，说明书及附图可以用于解释权利要求的内容。外观设计专利权的保护范围以表示在图片或者照片中的该产品的外观设计为准，简要说明可以用于解释图片或者照片所表示的该产品的外观设计。

### （二）侵害专利权的行为

根据专利法的规定，侵害专利权的行为主要包括以下几种：未经专利权人许可，实施其专利的行为；假冒专利的行为；以非专利产品冒充专利产品、以非专利方法冒充专利方法的行为；侵夺发明人或者设计人的非职务发明创造专利申请权以及其他权益的行为。

### （三）侵害专利权行为的法律责任

1.民事责任

民事责任主要包括：停止侵害、赔偿损失、消除影响、恢复名誉等。

2.行政责任

行政责任主要有：（1）未经专利权人许可，实施其专利，即侵犯其专利权，引起纠纷的，由当事人协商解决；不愿协商或者协商不成的，专利权人或者

利害关系人可以向人民法院起诉，也可以请求管理专利工作的部门处理。管理专利工作的部门处理时，认定侵权行为成立的，可以责令侵权人立即停止侵权行为，当事人不服的，可以自收到处理通知之日起十五日内依照行政诉讼法向人民法院起诉；侵权人期满不起诉又不停止侵权行为的，管理专利工作的部门可以申请人民法院强制执行。进行处理的管理专利工作的部门应当事人的请求，可以就侵犯专利权的赔偿数额进行调解；调解不成的，当事人可以依照民事诉讼法向人民法院起诉；（2）假冒专利的，除依法承担民事责任外，由管理专利工作的部门责令改正并予公告，没收违法所得，可以并处违法所得四倍以下的罚款；没有违法所得的，可以处二十万元以下的罚款；构成犯罪的，依法追究刑事责任。

3. 刑事责任

根据专利法规定，下列情况应依法追究刑事责任：（1）假冒专利的，构成犯罪的，依法追究刑事责任；（2）违反专利法规定向外国申请专利，泄露国家秘密的，构成犯罪的，依法追究刑事责任；（3）从事专利管理工作的国家机关工作人员以及其他有关国家机关工作人员玩忽职守、滥用职权、徇私舞弊，构成犯罪的，依法追究刑事责任。

## 🔍 以案释法 ㉕

### 职务发明的专利权归属

【案情介绍】张先生是甲公司的销售经理，业余时间喜欢在家进行新产品的研发。他自筹资金购买设备、原材料，经过长年研究，研发出一种新产品，准备在国内外同时申请发明专利。甲公司认为张先生是其公司的销售经理，在职期间研发的新产品属于职务发明创造，因而应由甲公司享有专利申请权。张先生则认为自己研制的新产品属于非职务发明创造，自己当然是专利权人。请问，此种情况下谁是专利权人？

【以案释法】我国专利法中规定的职务发明是指执行本单位的任务或者主要是利用本单位的物质技术条件所完成的发明创造。根据该规定，我们可以从两个方面对该技术是否是职务发明作出判断：第一，所研制的新产品是否是为了执行本单位任务而研发的；第二，新产品的开发是否主要利用了本单位的物质技术条件。满足任意一个条件，新产品就是职务发明。而本案中，张先生的发明是利用业余时间，自筹资金购买设备、原材料而发明的，既不是为了执行本单位任务而研发又没有主要利用本单位物质技术条件。这种情况下的发明的专利权人是张先生，而不是其所在的甲公司。

## 一、网络知识产权的概念和特征

网络知识产权是由数字网络发展引起的或与其相关的各种知识产权。网络知识产权除包括传统的知识产权的内涵外，还包括数据库、计算机软件、多媒体、网络域名、数字化作品以及电子版权等。也就是说，网络知识产权的外延扩大了。网络信息资源相对于传统文字资源具有自己独有的特征：一是数字化和网络化；二是信息量大；三是信息更新周期短；四是信息资源的开放性强；五是统一管理机制和机构。

## 二、网络知识产权的侵权类型

由于网络技术的迅速发展，互联网信息几乎是无限制的免费使用，致使网络知识产权纠纷也越来越多。总的来说，目前网络知识产权侵权类型有以下几种：

### （一）网站著作权侵权

大多数网站在创作初期为了充实自己的网站内容，大量地去复制其他网站的内容与作品，往往都是"天下文章一大抄"的"拿来主义"。随意盗用其他网站的内容，造成了大量的知识产权纠纷。目前，网站著作权侵权一般分为三类：一是对其他网页的文章、影视资料等不加修改、不加出处完全复制到自己的网站，造成侵权；二是对其他网站的名称和内容稍加修改，其余不变，严重侵犯了被抄袭网站的著作权；三是通过技术手段窃取其他网站数据，非法制作一个类似网站，使普通访问者难以辨认，严重侵犯了其他网站的权益。

### （二）域名侵权

随着网络技术的发展，域名持有人及其所提供的产品和服务的标识性功能的欠缺以及我国企业域名保护意识的淡薄，引发了许多关于互联网域名的注册或使用的争议。在实践中，与域名发生争议的还包括企业名称、知名商品等，甚至有一些人看中了其中的利益，兴起网址与域名投资的浪潮。另外，还有一些人为了谋求利益抢注了一批域名和网址。

### （三）网站链接侵权

如今网络内容非常丰富，我们几乎可以在互联网中找到所需的任意资料和信息，这都归功于网站之间的链接。目前，大量的网站链接都发生在网络搜索引擎链接当中。该链接方式使访问者无法知道其所真正浏览的是哪一个网站的网页，而误以为其所浏览的网页内容系由进行链接的网站所提供，致使被链接网站的信息应被访问者知晓的途径被阻断。这种链接不仅构成侵权，而且违背了公认的商业道德和法律所要求的诚实信用原则，构成不正当竞争，导致非法信息加速传播。

（四）商标侵权

侵权人明显地把别人的著名商标和驰名商标的图案或文字标注于自己网页的显著位置，以提高自己网站的访问率与知名度。这种行为很容易使普通访问者误解和误认，对著名商标与驰名商标持有人的专有权利造成损害。

### 三、网络知识产权侵权责任

（一）民事责任

根据信息网络传播权保护条例规定，有下列侵权行为之一的，根据情况承担停止侵害、消除影响、赔礼道歉、赔偿损失等民事责任；同时损害公共利益的，可以由著作权行政管理部门责令停止侵权行为，没收违法所得，非法经营额5万元以上的，可处非法经营额1倍以上5倍以下的罚款；没有非法经营额或者非法经营额5万元以下的，根据情节轻重，可处25万元以下的罚款：（1）通过信息网络擅自向公众提供他人的作品、表演、录音录像制品的；（2）故意避开或者破坏技术措施的；（3）故意删除或者改变通过信息网络向公众提供的作品、表演、录音录像制品的权利管理电子信息，或者通过信息网络向公众提供明知或者应知未经权利人许可而被删除或者改变权利管理电子信息的作品、表演、录音录像制品的；（4）为扶助贫困通过信息网络向农村地区提供作品、表演、录音录像制品超过规定范围，或者未按照公告的标准支付报酬，或者在权利人不同意提供其作品、表演、录音录像制品后未立即删除的；（5）通过信息网络提供他人的作品、表演、录音录像制品，未指明作品、表演、录音录像制品的名称或者作者、表演者、录音录像制作者的姓名（名称），或者未支付报酬，或者未依照本条例规定采取技术措施防止服务对象以外的其他人获得他人的作品、表演、录音录像制品，或者未防止服务对象的复制行为对权利人利益造成实质性损害的。

（二）刑事责任

我国自2000年起，先后通过了《全国人大常委会关于维护互联网安全的决定》《计算机软件保护条例》以及《信息网络传播权保护条例》等，明确规定利用互联网侵犯他人知识产权构成犯罪的，依照刑法有关规定追究刑事责任，并对计算机软件著作权人的合法权益、侵犯软件著作权的刑事责任以及对著作权人、表演者、录音录像制作者的信息网络传播权的保护作了详细规定。

（三）行政责任

现实的网络侵权中常常会涉及侵权人的行政责任，我国信息网络传播权保护条例规定了网络侵权人的行政责任，如由著作权行政管理部门予以警告、没收违法所得、罚款等。

# 网游公司侵犯著作权改编权案

**【案情介绍】**畅游公司是一家网络游戏开发商和运营商。2013年，该公司与武侠小说作家金庸就《笑傲江湖》《神雕侠侣》等4部作品分别签订了移动终端游戏软件改编授权合同。合同约定，畅游公司有权以4部小说的名称、故事、人物为蓝本，参考改编为专供移动终端用户使用的游戏软件。为此，畅游公司前后支付了共800万元的版权费。随后，达兴公司根据《神雕侠侣》《笑傲江湖》小说内容，改编完成了同名手机游戏，并进行了公测。

2014年5月，畅游公司发现华游公司自行开发了一款名为《大门派》的手机游戏，在未经其授权的情况下，擅自以《神雕侠侣》《笑傲江湖》等小说为蓝本，不论是在人物名称、人物关系的设置上，还是武功招式和故事主线上，都与上述小说一致。此外，该公司还在宣传《六大门派》手机游戏时大量使用与金庸小说有关的元素。畅游公司还发现，另有3家公司参与了《大门派》手机游戏的实际运营，并从中获利。

据此，达兴公司以侵犯作品改编权、不正当竞争为由，将达兴公司等诉至杨浦区法院，要求上述4家公司立即停止侵权，并赔偿经济损失1020万元。

华游公司辩称，《大门派》是公司独立创作完成的游戏，并于2014年4月取得了该游戏的软件著作权登记证书，游戏人物名称虽与金庸小说里的人物部分一致，但是脱离了金庸小说的情节，没有实施畅游公司诉称的侵犯著作权的行为。在游戏宣传时，该公司也没有将"改编自金庸作品"作为广告噱头。

另外3家游戏公司均称，自身并非是《大门派》手机游戏的运营商，而是网络服务提供商，游戏收益最终由平杰公司享有。而且，3家公司还表示，在涉案游戏上传至平台时，均要求平杰公司提供了相应的软件著作权登记证书，已尽合理审查义务，不应承担侵权连带责任。

**【以案释法】**法院审理中细致比对了涉案游戏所展现的人物名称、人物关系、故事情节是否与金庸小说构成实质性近似。认为从人物角度来看，《大门派》游戏人物与金庸小说《笑傲江湖》中的人物名称完全相同。在畅游公司发出侵权函后，华游公司将游戏人物名称略作改动，但也仅是同音字替换，人物关系仍与《笑傲江湖》完全一致；从故事情节发展来看，涉案游戏与《笑傲江湖》前7章情节发展基本相同；从细节设计来看，涉案游戏中再现了《笑傲江湖》中诸多经典桥段。

法院经审理认为，根据现有证据，《大门派》游戏构成对小说《笑傲江湖》前7章的改编行为，但因未涉及另外3部小说的故事情节，所以不构成对其他3部小说独家改编权的侵犯。另外，在游戏广告宣传方面，华游公司运用了诸多《笑傲江湖》等小说中的元素，对达兴公司开发运营相关游戏产生不利影响，构成不正当竞争。

其他3家公司均属于网络服务提供者，从形式上已经尽到了合理注意义务，不承担侵权责任。综合考虑金庸小说的知名度、《大门派》游戏运营时间、主观恶意等因素，法院作出了上述判决。最终法院认定华游公司侵犯畅游公司的游戏改编权，判决赔偿其经济损失50万元。

## 第四节　商业秘密保护

### 一、商业秘密的概念及特征

商业秘密是指不为公众所知悉，能为权利人带来经济利益，具有实用性并经权利人采取保密措施的技术信息和经营信息。

商业秘密的主要特征：

第一，秘密性。不为公众所知悉是构成商业秘密的最基本的要件。商业秘密在本质上是一种非公开信息，任何技术信息或经营信息无论有多大的价值，只要不再是非公开信息，那么它也就失去了成为商业秘密的前提和可能。

第二，实用性。这是指商业秘密能够为权利人带来经济利益和竞争优势。需要指出的是，这里所说的经济利益和竞争优势既可以是实际的也可能是潜在的。

第三，保密性。权利人必须采取了合理的保密措施，否则该信息不构成商业秘密。

### 二、商业秘密的法律保护

法律对商业秘密的保护主要集中在商业秘密被侵犯后的司法救济上。我国反不正当竞争法第十条规定，经营者不得采用下列手段侵犯商业秘密：一是以盗窃、利诱、胁迫或者其他不正当手段获取权利人的商业秘密；二是披露、使用或者允许他人使用以前项手段获取的权利人的商业秘密；三是违反约定或者违反权利人有关保守商业秘密的要求，披露、使用或者允许他人使用其所掌握的商业秘密。第三人明知或者应知上述三种违法行为，获取、使用或者披露他人的商业秘密，视为侵犯商业秘密。分析侵犯商业秘密行为，其主体包括三种人，即雇员、合同对方当事人和第三人。其行为方式包括非法获取商业秘密、非法泄露商业秘密和非法使用或允许他人使用商业秘密。

### 三、侵犯商业秘密的法律责任

法律在对被侵犯的商业秘密进行司法救济时，一般是分别援引合同法、侵权责

任法、反不正当竞争法和刑法的有规定，对侵犯商业秘密行为追究法律责任。

## （一）违约责任

如果合同当事人依合同约定应当承担保密义务而非法公开、使用或允许他人使用商业秘密的，则依合同法规定追究其违约责任。这种保护对合同当事人具有约束力，但是却不能约束合同之外的第三人。如果一方当事人违反合同中的保密条款把商业秘密泄露给第三人，则权利人只能根据合同约定的内容对违约泄密人提起诉讼，对第三人却无法追究责任，而对权利人来说，最重要的是如何制止该第三人使用或披露其商业秘密，据此可以看出，合同法的保护具有很大局限性。合同法对此的保护还存在另外的不足，因为有关的限制条款有可能因与其他法律规定相冲突而无效。

## （二）侵权责任

如果商业秘密被他人非法获取、泄露或使用，其权利人可依侵权责任法追究侵权人的侵权责任。其民事救济方法一般是申请法院颁发禁止侵害令。禁止侵害令又分临时禁止令和长期禁止令。临时禁止令一般在诉讼中发出，长期禁止令一般在案件审结裁决时发出。请求损害赔偿既可单独提出，又可同时提出。

## （三）刑事责任

将侵犯商业秘密行为视为不正当竞争行为，依反不正当竞争法追究其法律责任，其法律责任一般是刑事责任。一般说来，侵犯商业秘密行为应当主要承担民事违约责任和民事侵权责任，但情节严重，构成犯罪的，则应当承担刑事责任。需要说明的是，上述法律责任处于法律责任体系不同领域、不同层次，在具体适用时根据侵犯商业秘密行为的具体情况，既可选择追究其中一种法律责任，也可同时追究其中几种法律责任。这样就能使商业秘密被侵犯后得到切实有效的救济，充分保护权利人的合法权益。

## 以案释法 ㉗

## 李某侵犯百货公司商业秘密案

【案情介绍】被告人李某大学毕业后，受雇于某市百货公司，任资讯部副部长。2007年8月，李某在明知公司对资讯部有"不准泄露公司内部任何商业机密信息，不准私自使用FTP上传或下载信息"规定的情况下，擅自使用FTP程式，将公司的供货商名称地址、商品购销价格、公司经营业绩及会员客户通讯录等资料，从公司电脑中心服务器上下载到自己使用的终端机，秘密复制软盘，到其他商业机构兜售。W有限公司与李某洽商并查看部分资料打印样本后，于2007年8月13日以2万元现金成功交易。李某的"兜售"行为持续到同年10月13日。据某资产评估事务所出具的评估数据显式：百货公司自2007年9月初业绩开始下跌，月销售收入较8月份下跌

15.63%，减少669万元。

【以案释法】本案李某所盗卖的百货公司所联络的供货厂商、供应品种、供货价格、供应数量及商场的销售价格、营业利润、经营业绩和商场所联系的相对固定的常年顾客等资料，公司对此有保密规定且已采取了保密措施（如设置FTP程式），不为外人所知悉。因此，李某所盗卖的百货公司商业信息，属于商业秘密。

我国法律规定，侵犯商业秘密的行为主要有以下四种：一是以盗窃、利诱、胁迫或者其他不正当手段获取权利人的商业秘密的；二是披露、使用或者允许他人使用以前项手段获取的权利人的商业秘密的；三是违反约定或者违反权利人有关保守秘密的要求，披露、使用或者允许他人使用其所掌握的商业秘密的；四是明知或者应知前款所列行为，获取、使用或者披露他人商业秘密的。本案中，李某身为资讯部的副部长，为了获取非法利益，窃取了公司的商业秘密，并出售给公司的同行业竞争者W有限公司。李某的行为符合刑法关于侵犯商业秘密罪的构成要件，构成侵犯商业秘密罪。

思考题

1. 商标许可包括哪几种类型？
2. 授予专利权的发明和实用新型应当具备哪几个特征？
3. 网络知识产权的侵权类型有哪些？

# 第十章　民营经济常见法律风险防范

## 本　章　要　点

　　相对于公有制企业，民营经济的发展与管理没有现成的模式可循，因此不可避免会遇到各种法律风险。本章着重介绍了民营经济设立、交易、人力资源管理、知识产权四个方面的法律风险，帮助民营经济组织的管理人员加强防范，避免损失。

## 第一节　民事法律风险及防范

### 一、设立法律风险以及防范

### （一）公司章程法律风险防范

　　公司章程作为公司的自治规则，对公司、股东、董事、监事、高级管理人员具有约束力，有着"公司宪章"之称。公司章程一般主要容易出现以下问题：

　　首先，章程可操作性弱。没有根据自身的特点和实际情况制订切实可行的章程条款，对许多重要事项未进行详细的规定，制订出来后也往往被束之高阁。

　　其次，章程中一些条款的内容不符合公司法精神。对董事、监事和经理的诚信义务强调不够，对公司管理层的权力边界界定不够清晰，给公司的正常运作带来许多不利影响。在公司与股东之间、股东之间、股东与高级管理人员之间发生争议时，公司章程很难发挥应有的作用。

　　化解公司章程中潜在的法律风险，关键在于做好以下四个方面的防范：

　　第一，确定公司组织和活动的基本准则。公司章程需要明确规定股东会会议的

议事方式和表决程序，董事长、副董事长的产生办法，董事会的议事方式和表决程序等，避免因无章可循而使公司陷入混乱。

第二，明确股权的转让操作方式。有限责任公司股东能不能自由地向股东之外的人转让股权，章程应当规定详尽的操作程序，避免引起股东间纠纷。

第三，明确股东会的决议事项。对发行公司债券是否需股东会作出特别决议、解除董事职务条件等事项应当作出详细规定，避免章程内出现模糊条款。

第四，明确股东会和董事会的关系。明确董事会和股东会各自的具体工作职责，明确何谓经营方针，何谓经营计划，何谓投资计划，何谓投资方案。

### （二）虚假出资的法律风险

在公司设立中，有些投资者选择以虚假验资、虚报注册资本等方式进行注册，由此容易引发法律风险。根据公司法规定，违反本法规定，虚报注册资本、提交虚假材料或者采取其他欺诈手段隐瞒重要事实取得公司登记的，由公司登记机关责令改正，对虚报注册资本的公司，处以虚报注册资本金额百分之五以上百分之十五以下的罚款；对提交虚假材料或者采取其他欺诈手段隐瞒重要事实的公司，处以五万元以上五十万元以下的罚款；情节严重的，撤销公司登记或者吊销营业执照。

### （三）公司设立协议中存在的法律风险

公司设立协议，是指发起人为规范公司设立过程中各发起人的权利和义务而签署的协议。在公司的设立协议问题上，通常存在以下法律风险。

#### 1. 缺少书面设立协议或约定不当

公司设立协议起到明确股东之间权利义务的作用。如果没有书面设立协议，公司设立一旦出现问题，一方面在发起人之间的责任划分上存有一定的难度，同时也可能引发发起人之间的纠纷。除此之外，在实践当中，有些公司由于设立协议约定事项违法导致条款无效，从而影响到了公司的设立。而且这种法律风险的影响，常常是在很长一段时间以后才会显现出来。因此，公司设立协议的制订在必要时要借助专业的法律机构或者法务人员的帮助，进行专业设计，防范法律风险。

#### 2. 设立协议中保密条款缺失

对于一些拥有特定专利技术、技术秘密，或者具有特殊经营方法或者服务理念的公司，保密问题更显重要。这些信息一旦被他人恶意利用，对公司未来发展的损害是难以估量的。同时，公司成立以后，一方面，要避免公司股东利用股东身份损害成立后的公司利益；另一方面，也要避免股东利用公司的信息"另起炉灶"，与公司形成直接的竞争关系。在设立协议当中设置恰当的保密条款，可以降低公司这些方面的法律风险。

#### 3. 股东之间约束机制条款缺失

当股东利用了解的经营信息获得的收益远超出其出资获得的收益时，约束股东对经营信息的滥用就十分必要。实践中，最为常见的为股东的竞业禁止义务，即公司股东不得另外投资从事与公司相同的行业，与公司形成直接或间接的竞争关系。对于不参与经营的小股东，这种法律风险更为突出。对于股东竞业禁止行为的限定，只能在设立协议中明确设立股东约束机制条款，通过股东之间的相互约束实现。

## 二、交易法律风险及防范

### （一）合同签订过程中的法律风险及防范

1. 邀约过程中的法律风险及防范

（1）将要约误认为要约邀请。要约邀请只是希望他人向自己发出要约的意思表示，其本身不具有法律效力。而要约的内容决定了合同的主要内容，一旦对方同意要约的内容，合同即成立。很多企业在业务拓展和宣传的过程中长期反复使用内容相同的报价单、宣传资料或其他书面材料，有时候这些材料上的内容并不符合企业的初衷，如果这些材料上包括了确定的、完整的合同意向，一旦对方的承诺到达，企业就必须按照这些内容来履行合同，否则构成违约。所以，企业在对外发出要约或要约邀请时就必须认真审查文件的内容。

（2）要约内容不当。要约的内容很可能成为合同的主要内容，如果存在错误或歧义，将直接影响要约人的权益。

（3）要约的撤回和撤销不当。要约作出后可能会因为一些特殊原因需要取消，法律对要约的撤回和撤销作出了明确具体的规定，一旦企业不能按照法定的方式在法定期间取消要约，可能将给企业带来巨大的损失。

2. 承诺过程中的法律风险及防范

（1）承诺方式不当。如果要约中明确了承诺的方式与时间，则承诺必须以要约中明确的承诺方式和时间内作出。一旦企业作出承诺的方式不当或错过时限，就会失去商业机会。另外一种情况就是企业用自己的行为作出了承诺，但当对方不愿意再进行交易时，企业证明自己作出承诺的难度会加大。所以，要想把握住商机，最好作出书面的、明确的承诺，并保留往来函件作为证明合同已经成立的证据。

（2）将新要约当成承诺。法律规定承诺的内容应当与要约的内容一致，合同才能成立。如果受要约人对要约的内容作出了实质性改变，则其发出的为新要约。如果企业忽视了这些改变，认为合同已经成立并开始履行合同，就会给自己带来不必要的损失。

3. 交错要约的法律风险及防范

交错要约指双方同时向对方发出了内容一致的要约。这时大多数企业不会再作出承诺，而是直接履行合同。但是在这种特殊的情况下合同是否成立，法律界存在争议。为了避免相应的风险，企业应当按照正常程序向对方作出承诺。

（二）交易主体法律风险及防范

1.代理人签约存在的法律风险及防范

（1）代理人无权代理。一旦代理人被认定为无权代理，那么合同的另一方就不能要求被代理企业承担责任，所签订的合同就处于效力待定的状态。如果被代理企业不对合同进行追认，将给合同另一方造成巨大的损失。

（2）代理人超越代理权限。很多企业在签约时只审查代理人是否有代理权，而对代理权限往往忽略或不重视，结果当被代理企业以代理人超越代理权限拒绝履行合同时才后悔。

无论是代理人无权代理还是超越代理权限都会导致合同处于效力不确定状态，从而引发法律风险。针对以上风险，企事业单位应当严格审查授权委托书。

2.代表人签约存在的法律风险及防范

企业代表人一般分为法定代表人与员工代表人。

（1）法定代表人。根据相关法律规定，企业法人的法定代表人是代表企业行使职权的签字人。但是，如果公司章程对法定代表人的权限进行了限制，当法定代表人超越公司章程赋予的权限时，其所签署的合同就可能被认定无效。

（2）员工代表人。员工代表人是指除法定代表人以外的代表人，一般以企业的业务员为多。员工代表人对外签约，必须有所在企业的授权书。实践中，经常有已辞职的员工为了私利仍以原企业名义签约，而对方因长时间与原企业合作也不再对其授权进行审查，从而导致所签合同可能无效。

## 三、人力资源管理法律风险及防范

### （一）劳动合同法律风险及防范

1.劳动合同期限法律风险及防范

劳动合同期限是指劳动合同有效的期限。劳动合同的期限分为有固定期限、无固定期限和以完成一定工作为期限。在法律风险评估中，三种不同的合同期限约定对应的其他合同条款也应当具有差异。如固定期限合同可以没有退休年龄的约定，而在无固定期限合同中则应当约定；期限较长的合同及无固定期限合同应当有培训条款，完成一定工作为期限的合同主要依赖劳动者已经具备的技能等。如果合同期限与其他条款不相适应，将产生法律风险。

2.劳动报酬及法律风险

劳动报酬包括劳动者应享有的工资、奖金、津贴等待遇，其不得低于国家规定标准。该条款是劳动合同中非常重要的条款，然而不少企业担心一旦明确写入合同，则难以调整员工劳动报酬，故有意将该条款删除。多数情况下，这种删除不会给企业带来法律风险，但如果企业工资在一段时间内变动较大，如根据业绩计算方式支付员工工资，则存在发生争议时将个别高收入月份的报酬支付额作为工资标准的法律风险。

### 3.劳动合同终止的条件及法律风险

多数企业认为劳动合同终止有法律规定的事项，在劳动合同中没有约定的必要，或者仅仅简单重复法律规定内容，这种约定方式在一些情况下会给企业造成严重的法律风险。如聘用超过退休年龄的人员，则可能因为不会出现法定的终止条件而陷入困境。另外如出现法定终止情形，劳动合同应当约定更为明确的终止合同后续事项处理措施，否则，由此对合同终止的其他事项难以达成一致同样构成法律风险。

防范这种法律风险，应当考虑劳动合同关于合同期限的约定，当合同约定有确定的期限时，合同能在期限届满时终止。合同期限条款能够有效避免终止条件约定不明的法律风险。

### 4.违约责任及法律风险

违约责任是指合同当事人一方违反约定时应当承担的法律责任，能够有效降低企业诉讼成本，降低各种法律风险的损害程度。劳动合同违约责任约定不明确，各种法律风险的损害程度都将增大，直接影响整个合同的法律风险评估值。

### （二）社会保险及法律风险

社会保险，是指劳动者在暂时或永久地丧失劳动能力或者在失业期间，为保障其基本生活需求，由国家和社会提供物质帮助的一种社会保障制度。劳动法规定，国家发展社会保障事业，建立社会保险制度，设立社会保险基金，使劳动者在年老、患病、工伤、失业、生育等情况下获得帮助和补偿。我国的社会保险项目有养老保险、失业保险、工伤保险、医疗保险和生育保险等。

养老保险是指国家和社会根据一定的法律法规，为解决劳动者在达到国家规定的解除劳动义务的劳动年龄界限，或因年老失去劳动能力而退出劳动岗位后的基本生活而建立的一种社会保险制度。失业保险是指国家通过立法强制实行的，由社会集中建立基金，对因失业而暂时中断生活来源的劳动者提供物质帮助进行而保障失业人员失业期间的基本生活，促进其再就业的一种社会保险制度。工伤保险是指国家和社会为在生产、工作中遭受事故伤害和患职业性疾病的劳动者提供医疗救治、生活保障、经济补偿、医疗和职业康复等物质帮助的一种社会保障制度。医疗保险是指劳动者及其所供养的直系亲属非因工伤病后在医疗和生活上获得物质帮助的一种社会保险制度。

由于企业未按照规定缴纳社会保险的法律风险具有一定的普遍性，而且该法律风险往往不受时效限制，社会保险部门根据监管要求责令企业补交，企业还将损失巨额的滞纳金。再者，如果企业未交纳相应的工伤保险，将产生工伤赔偿的巨额伤残金只能由企业自行承担的严重法律风险。

## 四、知识产权法律风险及防范

### (一)专利权法律风险及防范

#### 1.专利说明书及权利要求书

从狭义上讲,专利说明书是指经过专利性审查并授予专利权的专利说明书。专利说明书确定了专利保护范围。专利说明书描述不同,法律确认的保护范围则不同。权利要求书是专利申请文件最重要的文件之一,是确定国家对某项发明创造划定保护范围的文件。

专利说明书及权利要求书的重要性如此明显,拟定这些法律文书时就应特别谨慎、字斟句酌。否则,由于拟定不当带来的法律风险可能使企业的发明创造无法获得适当的法律保护,或导致法律对该项发明创造的保护范围变窄。

#### 2.专利侵权法律风险及防范

权利权人获得专利权后,最大的法律风险就是专利侵权。一方面,专利权人有遭到他人侵权的可能;另一方面,也有企业侵犯专利权人的专利权利的可能。

企业获得专利权之后,应在该专业领域内进行侵权产品或者侵权行为的跟踪,及时发现被侵权的事实,保留相关证据以便及时制止侵权并索赔;企业实施某项产品生产前,应检索有关专利文献,了解自己的产品是否侵犯了他人的专利。

### (二)商标权法律风险与防范

#### 1.商标被抢注的法律风险及防范

商标从申请到核准注册,一般需要较长时间。在我国,一个商标从申请注册起到正式审批下来,一般需要十几个月的时间。针对此情况,不少中小企业往往采取先投放市场,然后再根据实际市场效果决定是否注册商标的策略。这种策略最大的法律风险在于:当产品热销、品牌知名度上升的时候,被他人抢注商标。许多企业的商标被抢注后,不得不花高价从抢注者手里购买,从而给公司的经营造成不必要的损失。

防范该类法律风险的方法是在产品投入市场前,先申请商标注册。

#### 2.商标许可使用的法律风险及防范

商标权人有权许可他人使用其注册商标。我国商标法第四十三条规定,商标注册人可以通过签订商标使用许可合同,许可他人使用其注册商标。许可人应当监督被许可人使用其注册商标的商品质量。被许可人应当保证使用该注册商标的商品质量。经许可使用他人注册商标的,必须在使用该注册商标的商品上标明被许可人的名称和商品产地。商标使用许可合同应当报商标局备案。

商标使用许可合同存在的法律风险主要有:

第一,超出商标使用权范围的法律风险。被许可人使用许可商标的商品或服务,应当与商标注册的使用范围一致，不得超出商标局核准使用的商品或服务的范围。否则，有可能侵犯他人的商标权，许可方也面临合同无效的法律风险。

第二，有些企业故意隐瞒实际的生产人名称和产地。未标明被许可人的名称和商品产地是法律明确禁止的。商标法第四十三条第二款规定，经许可使用他人注册商标的，必须在使用该注册商标的商品上标明被许可人的名称和商品产地。

第三，未将使用许可合同备案。我国商标法第四十三条第三款规定，商标使用许可合同应当报商标局备案。

## 第二节　刑事法律风险

### 一、民营经济组织设立常见犯罪及预防

#### （一）虚报注册资本罪

虚报注册资本罪，是指行为人申请公司登记使用虚假证明文件或者采用其他欺诈手段，虚报注册资本，欺骗公司登记主管部门取得公司登记，虚报注册资本数额巨大、后果严重或者有其他严重情节的行为。

1.虚报注册资本罪的犯罪构成

虚报注册资本罪侵犯的客体是国家对公司的登记管理制度。虚报注册资本是指公司股东的实际出资额低于申请公司登记的法定最低出资额而谎称已经达到了法定出资额的情形；虚假证明文件是指申请公司登记时提供的内容失实或者有虚假内容的证明文件；其他欺诈手段是指除使用虚报注册资本、虚假证明文件之外的其他骗取公司登记的方法。犯罪主体是特殊主体，即公司登记的申请人。公司登记申请人既包括自然人，也包括单位。主观方面是故意，行为人的目的是为了骗取公司登记。

2.虚报注册资本罪的处罚

根据刑法第一百五十八条的规定，犯虚报注册资本罪的，处三年以下有期徒刑或者拘役，并处或者单处虚报注册资本金额百分之一以上百分之五以下罚金。单位犯本罪的，实行双罚制，即对单位判处罚金，并对其直接负责的主管人员和其他直接责任人员，处三年以下有期徒刑或者拘役。

#### （二）虚假出资、抽逃出资罪

虚假出资、抽逃出资罪，是指公司发起人、股东违反公司法规定，未交付货币、

实物或者未转移财产权，虚假出资，或者在公司成立后又抽逃其出资，数额巨大、后果严重或者有其他严重情节的行为。

1. 虚假出资、抽逃出资罪的犯罪构成

虚假出资、抽逃出资罪侵犯的客体是国家对公司注册资本的管理制度。本罪的客观方面表现为未交付货币、实物或者未转移财产权，虚假出资或者在公司成立后又抽逃出资数额巨大，后果严重或者有其他严重情节的行为。犯罪主体是特殊主体，即公司发起人或股东，发起人和股东既包括自然人，也包括单位。主观方面是故意。

2. 虚假出资、抽逃出资罪的处罚

根据刑法第一百五十九条的规定，犯虚假出资、抽逃出资罪的，处五年以下有期徒刑或者拘役，并处或者单处虚假出资金额或者抽逃出资金额百分之二以上百分之十以下罚金。单位犯本罪的，实行双罚制，即对单位判处罚金，并对其直接负责的主管人员和其他直接责任人员，处五年以下有期徒刑或者拘役。

（三）公司设立中常见犯罪的预防

公司设立过程中的出资环节是刑事犯罪的高发环节。在这个环节中，公司发起人要按期、足额、真实地缴纳公司章程中规定的各自所认缴、认购的出资额、股本额，这样就会避免引发刑事风险。要控制和防范公司设立中的刑事风险，就要了解公司设立中的虚报注册资本罪和虚假出资、抽逃出资罪的主体界限、行为界限和立案标准。同时，还要认真学习有关公司设立方面的法律法规，掌握公司设立的法定条件和程序，不断提高法律意识，树立依法经营的理念，防刑事风险于未然。

## 🔍 以案释法 ㉘

### 刘某虚报注册资本案

【案情介绍】2014年9月20日，刘某在明知自己没有注册资金成立公司的情况下，为了取得公司登记，找王某帮忙出资，为自己注册一家畜产品经贸公司。王某从刘某处收取0.8万元后，提供注册资金30万元，并向工商部门出具了虚假的验资报告。刘某领取畜产品经贸有限公司营业执照后，提取30万元还给王某。

【以案释法】本案中，刘某虽然借了王某30万元作为注册资金，但在骗取公司登记后又将这30万元拿出来还给了王某，实际上他并没有出资，而是采取虚假出资的手段，虚报注册资本，欺骗公司登记主管部门，取得公司登记，其行为已构成虚报注册资本罪。

## 二、民营经济融资常见犯罪及预防

### （一）贷款诈骗罪

贷款诈骗罪，是指以非法占有为目的，采用虚构事实、隐瞒真相的方法，诈骗银行或者其他金融机构的贷款，数额较大的行为。

1.贷款诈骗罪的犯罪构成

贷款诈骗罪侵犯的客体既包括国家对金融的管理制度，又包括银行或者其他金融机构对贷款的所有权。

客观方面表现为采用虚构事实、隐瞒真相的方法，诈骗银行或者其他金融机构的贷款，数额较大的行为。具体包括下述五种情形：编造引进资金、项目等虚假理由的；使用虚假的经济合同的；使用虚假的证明文件的；使用虚假的产权证明作担保或者超出抵押物价值重复担保的；以其他方法诈骗贷款的。

犯罪主体是一般主体，任何达到刑事责任年龄且具有刑事责任能力的自然人均可构成，而单位不能成为本罪的主体。

主观方面是故意并以非法占有为目的。

2.贷款诈骗罪的处罚

根据刑法第一百九十三条的规定，犯贷款诈骗罪，数额较大的，处五年以下有期徒刑或者拘役，并处二万元以上二十万元以下罚金；数额巨大或者有其他严重情节的，处五年以上十年以下有期徒刑，并处五万元以上五十万元以下罚金；数额特别巨大或者有其他特别严重情节的，处十年以上有期徒刑或者无期徒刑，并处五万元以上五十万元以下罚金或者没收财产。

**（二）高利转贷罪**

高利转贷罪，是指以转贷为目的，套取金融机构信贷资金高利转贷他人，违法所得数额较大的行为。

1.高利转贷罪的犯罪构成

高利转贷罪侵犯的客体是国家正常的金融管理秩序；客观方面表现为以转贷为目的，套取金融机构信贷资金高利转贷他人，数额较大的行为；犯罪主体是一般主体，既包括自然人，也包括单位；主观方面是故意，而且具有高利转贷他人牟利的目的。

2.高利转贷罪的处罚

根据刑法第一百七十五条的规定，犯高利转贷罪，违法所得数额较大的，处三年以下有期徒刑或者拘役，并处违法所得一倍以上五倍以下罚金；数额巨大的，处三年以上七年以下有期徒刑，并处违法所得一倍以上五倍以下罚金。单位犯本罪的，实行双罚制，即对单位判处罚金，并对其直接负责的主管人员和其他直接责任人员，处三年以下有期徒刑或者拘役。

**（三）欺诈发行股票、债券罪**

欺诈发行股票、债券罪，是指在招股说明书、认股书、公司或企业债券募集办法中隐瞒重要事实或者编造重大虚假内容，发行股票或者公司、企业债券，数额巨大、后果严重或者有其他严重情节的行为。

1. 欺诈发行股票、债券罪的犯罪构成

欺诈发行股票、债券罪侵犯的客体是复杂客体，既包括国家对证券市场的管理制度，又包括股东或者其他债权人的合法权益。客观方面表现为在招股说明书、认股书、公司或企业债券募集办法中隐瞒重要事实或者编造重大虚假内容，发行股票或者公司、企业债券、数额巨大、后果严重或有其他严重情节行为。犯罪主体是特殊主体，即股票或者公司、企业债券的发行人，既包括自然人，也包括单位。主观方面是故意，而且行为人具有非法募集资金的目的。

2. 欺诈发行股票、债券罪的处罚

根据刑法第一百六十条的规定，犯欺诈发行股票、债券罪的，处五年以下有期徒刑或者拘役，并处或者单处非法募集资金金额百分之一以上百分之五以下罚金。单位犯本罪的，实行双罚制，即对单位判处罚金，并对其直接负责的主管人员和其他直接责任人员，处五年以下有期徒刑或者拘役。

### （四）融资中常见犯罪的预防

向金融机构贷款是企业进行融资的一个重要途径，但在贷款融资的过程中，如果不加注意，有可能引发贷款诈骗罪和高利转贷罪等刑事风险。为了控制和预防上述刑事风险，企业应当严格遵守《中华人民共和国商业银行法》《贷款通则》等法律法规中关于贷款方面的规定，严格按照法定条件和程序申请贷款，并按照约定的用途使用贷款，按照约定的利率、期限、方式归还贷款。

此外，为控制和防范欺诈发行股票、债券罪，要从内部控制和外部防范两方面着手。内部控制是针对融资方而言的，外部防范则是针对投资方而言的。作为融资方，公司企业及其人员应当防范欺诈发行证券引发承担刑事责任的风险；作为投资方，公司企业及其人员应当防范购买欺诈发行证券而遭受损失的风险。

## 🔍以案释法㉙

### 欺诈发行股票案

【案情介绍】2008年年初，时任四川省江油市某茶叶公司法定代表人的陈某为使公司顺利改制为股份公司以募集更多资金，指使员工虚拟211名自然人出资1828万元，与本公司等5家法人共同发起成立四川绿源茶业股份有限公司，并伪造了发起人协议书、发起人认购股份表以及211名自然人股东的签名等。2008年4月，经四川省体改委批复同意该股份公司成立，批复文件同时明确规定，自公司成立之日起3年内，所有股份不得转让。2008年5月，绿源公司成立后，陈某即带领龚某等人到以前江油某茶叶公司集资户较多的干休所等处向集资户进行债转股和现金购买股票的宣传，吸引了大量集资户和社会公众来办理业务。此外，龚某等人还在绵阳科学城等地设点发售绿源公司股票。通过一系列宣传、发售活动，绿源公司迅速将所谓的自然人股东持有的1828万股股票全部发售完毕。2010年，绿源公司正式更名为绿源集团，其股票须计零后变更名称重新托管。陈某等人趁机将江油某茶叶公司持有的法人股票全部量化到若干人名下，安排员工联系对外发售了近1000万股并办理了过户手续。同年6月，绿源集团将股票陆续转至成都托管中心进行托管。因该托管中心要求股票构成须与发起设立时一致，陈某等人遂将前阶段出售的近1000万股股票暂时收回。后陈某利用一份虚构的江油市体改委文件于2011年10月和2012年2月分两次在成都托管中心将2000万股法人持有股量化到若干个人名下。其中1000余万股用于交还上述暂收回的股票外，其余均被用于偿还企业债务或出售。2015年2月，经四川省绵阳市某司法鉴定所对绿源公司2008年及2009年对外发行股票的12本凭证进行查证，发现其以绿源公司名义发行股票共计2200多万股，获取现金2200多万元。

【以案释法】绿源集团股份有限公司在股票发行的过程中，隐瞒重要事实，编造重大虚假内容，发行股票数额巨大，且不能及时清退，后果严重，社会影响恶劣，其行为已构成欺诈发行股票罪；陈某、龚某作为该公司直接负责的主管人员和其他直接责任人员，其行为亦构成欺诈发行股票罪。

### 三、民营经济生产经营常见犯罪及预防

#### （一）生产、销售伪劣产品罪

**1. 概念**

生产、销售伪劣产品罪，是指生产者、销售者违反国家产品质量管理法规，在生产、销售的产品中掺杂、掺假，以假充真，以次充好或者以不合格产品冒充合格产品，销售金额较大的行为。

**2. 生产、销售伪劣产品罪的犯罪构成**

生产、销售伪劣产品罪侵犯的客体是复杂客体，既包括国家的产品质量管理制度和市场管理制度，又包括消费者的合法权益。生产、销售伪劣产品罪在客观方面最显著的特征是行为人在客观上实施了生产、销售伪劣产品的行为。所谓生产、销售伪劣产品，就是指行为人故意在生产销售的产品中掺杂、掺假，以假充真，以次充好或者以不合格产品冒充合格产品的情形。本罪的犯罪主体是一般主体，既包括自然人，也包括单位。本罪的主观方面是故意，且具有非法牟利的目的。

**3. 生产、销售伪劣产品罪的处罚**

根据刑法第一百四十条、第一百五十条的规定，犯生产、销售伪劣产品罪，销售金额五万元以上不满二十万元的，处二年以下有期徒刑或者拘役，并处或者单处

销售金额百分之五十以上二倍以下罚金；销售金额二十万元以上不满五十万元的，处二年以上七年以下有期徒刑，并处销售金额百分之五十以上二倍以下罚金；销售金额五十万元以上不满二百万元的，处七年以上有期徒刑，并处销售金额百分之五十以上二倍以下罚金；销售金额二百万元以上的，处十五年有期徒刑或者无期徒刑，并处销售金额百分之五十以上二倍以下罚金或者没收财产。单位犯本罪的，实行双罚制，即对单位判处罚金，并对其直接负责的主管人员和其他直接责任人员，按照上述规定处罚。

## （二）假冒注册商标罪

假冒注册商标罪，是指违反商标管理法规，未经注册商标所有人许可，在同一种商品上使用与其注册商标相同的商标，情节严重的行为。

1. 假冒注册商标罪的犯罪构成

假冒注册商标罪侵犯的客体既包括国家对商标的管理制度，又包括注册商标所有人的注册商标专用权。客观方面表现为违反商标管理法规，未经注册商标所有人许可，在同一种商品上使用与其注册商标相同的商标的行为。犯罪主体是一般主体，既包括自然人，也包括单位。主观方面是故意。

2. 假冒注册商标罪的处罚

根据刑法第二百一十三条、第二百二十条的规定，犯假冒注册商标罪，情节严重的，处三年以下有期徒刑或者拘役，并处或者单处罚金；情节特别严重的，处三年以上七年以下有期徒刑，并处罚金。单位犯本罪的，实行双罚制，即对单位判处罚金，并对其直接负责的主管人员和其他直接责任人员，按照上述规定处罚。

## （三）侵犯商业秘密罪

侵犯商业秘密罪，是指采取不正当手段，获取、使用、披露或者允许他人使用权利人的商业秘密，给商业秘密的权利人造成重大损失的行为。

1. 侵犯商业秘密罪的犯罪构成

侵犯商业秘密罪侵犯的客体既包括国家对商业秘密的管理制度，又包括商业秘密的权利人享有的合法权利；客观方面表现为采取不正当手段，获取、使用、披露或者允许他人使用权利人的商业秘密，给商业秘密的权利人造成重大损失的行为；犯罪主体是一般主体，既包括自然人，也包括单位；主观方面是故意。

2. 侵犯商业秘密罪的处罚

根据刑法第二百一十九条、第二百二十条的规定，犯侵犯商业秘密罪，给商业秘密的权利人造成重大损失的，处三年以下有期徒刑或者拘役，并处或者单处罚金；造成特别严重后果的，处三年以上七年以下有期徒刑，并处罚金。单位犯本罪的，实行双罚制，即对单位判处罚金，并对其直接负责的主管人员和其他直接责任人员，按照上述规定处罚。

应当注意的是，根据最高人民法院、最高人民检察院的司法解释，单位实施侵犯知识产权的行为，应按照相应个人犯罪的定罪量刑标准的三倍定罪量刑。

（四）民营经济生产、运作常见犯罪的预防

企事业单位在生产运作过程中，应当依法加强对产品质量的管理和控制，如果违反国家产品质量法，生产销售不符合质量标准的伪劣产品，就可能引发生产、销售伪劣产品犯罪的风险。要控制和防范这些方面的刑事风险，作为企事业单位的工作人员，尤其是管理人员，应当熟悉相关罪名的主体界限、行为界限，杜绝刑事风险的产生。除此之外，树立以质量取胜的经营理念，加强对产品质量的管理和控制，是防范刑事法律风险的治本之策。

针对知识产权领域的刑事风险，企事业单位管理人员应当提高法律意识和树立守法经营的理念，避免贪图一时的利益而引发刑事风险。同时还应当通过法律学习，熟悉和掌握相关罪名的主体界限和行为界限，自觉规范自己的经营行为，杜绝刑事风险的产生。除此之外，企事业单位在生产运作过程中，除了自觉杜绝主动实施侵犯他人知识产权的行为外，还要辨清合理使用与侵权行为的界限，避免超出合理使用的范围而跃入侵权领域，引发刑事风险。

## 🔍以案释法㉚

### 季某销售伪劣产品案

【案情介绍】2008年5月，被告人季某向上海某高压管业有限公司租借了本市真南路某仓库，作为其存放卷烟的地点，从事销售各类假冒卷烟。2009年1月8日，上海市公安局普陀分局会同上海市烟草专卖局普陀分局前往该仓库，抓获被告人季某，并当场查获中华牌卷烟350条、三五牌卷烟2625条、红双喜牌卷烟350条。经鉴定，上述卷烟均系假冒伪劣卷烟；经估价，货值金额为526725元。

上海市普陀区人民检察院起诉时指控：被告人季某已经着手实行犯罪，由于其意志以外的原因而未得逞，系犯罪未遂，依法可以比照既遂犯减轻处罚；同时他自愿认罪，其家属主动缴纳了罚金，确有悔罪表现，依法可以酌情从轻处罚并适用缓刑。上海市普陀区人民法院经审理，作出如下判决：一、被告人季某犯销售伪劣产品罪，判处有期徒刑二年六个月，缓刑二年六个月，并处罚金八万元。被告人季某回到社区后应当遵守法律、法规，服从监督管理，接受教育，完成公益劳动，做一名有益社会的公民。二、扣押在案的假冒伪劣卷烟，依法没收。

【以案释法】本案被告人季某符合销售伪劣产品罪的主体要件，其购买存储的待销售的卷烟经有关部门鉴定为假冒伪劣卷烟，属于销售伪劣产品罪犯罪构成客观方面的第二种情形，其在主观上明知这些卷烟是假冒伪劣产品而予以销售，存在犯罪故意和牟利目的（后者并不是销售伪劣产品罪构成要件，但是足以认定犯罪故意的存在）。本案关键之处在于销售金额的满足与否。根据最高法和最高检出台的解释，虽未销售，但是货值金额达到销售金额要求的三倍以上即构成该罪的未遂形态。本案中查处的被告人存储的待售的卷烟货值金额达到了五十万元之多，显然已经符合十五万元的额度要求，因而被告人构成销售伪劣产品罪。

### 四、民营经济财务管理常见犯罪及预防

#### （一）逃税罪

逃税罪是指纳税人采取欺骗、隐瞒手段进行虚假纳税申报或者不申报，逃避缴纳税款数额较大的行为。

1.逃税罪的犯罪构成

逃税罪侵犯的客体是国家对税收的管理制度。逃税罪的客观方面表现为纳税人采取欺骗、隐瞒手段进行虚假纳税申报或不申报，逃避缴纳的税款额较大的行为。犯罪主体是特殊主体，即纳税人、扣缴义务人，既可以是自然人，也可是单位。主观方面是故意和过失。

2.逃税罪的处罚

根据刑法第二百零一条、第二百一十一条、第二百一十二条的规定，纳税人犯逃税罪，逃避缴纳税款数额较大并且占应纳税额百分之十以上的，处三年以下有期徒刑或者拘役，并处罚金；数额巨大并且占应纳税额百分之三十以上的，处三年以上七年以下有期徒刑，并处罚金。扣缴义务人采取前款所列手段，不缴或少缴已扣、已收税款，数额较大的，依前款的规定处罚。单位犯本罪的，对单位判处罚金，并对其直接负责的主管人员和其他直接责任人员，依照本罪的规定处罚。犯本罪被判处罚金、没收财产的，在执行前，应当先由税务机关追缴税款。

#### （二）抗税罪

抗税罪，是指纳税人、扣缴义务人违反国家税收征管法规，以暴力、威胁方法拒不缴纳税款的行为。

1.抗税罪的认定

抗税罪侵犯的客体既包括国家对税收的征管制度，又包括执行征税职务活动的税务人员的人身权利。在认定这类案件性质时，需要注意以下两个问题：

（1）区分罪与非罪的界限。抗税罪的手段表现为以暴力、威胁方法拒不缴纳税款，如果行为人没有使用暴力、威胁方法，而是以谩骂、耍赖等方法以达到拖欠税

款目的的,不构成抗税罪。

(2)区分抗税罪与因抗税而导致其他犯罪的界限。抗税的行为人使用暴力方法拒不缴纳税款,因暴力方法而故意造成税务人员伤害或者死亡的,其暴力方法已经超出了抗税罪的范围,应当按照故意伤害罪、故意杀人罪定罪处罚。如果因暴力方法而过失造成税务人员重伤或者死亡的,仍然应当以抗税罪定罪处罚。

2.抗税罪的处罚

根据刑法第二百零二条、第二百一十二条的规定,犯本罪的,处三年以下有期徒刑或者拘役,并处拒缴税款一倍以上五倍以下罚金;情节严重的,处三年以上七年以下有期徒刑,并处拒缴税款一倍以上五倍以下罚金。所谓"情节严重"是指:聚众抗税的首要分子;抗税数额在十万元以上的;多次抗税的;故意伤害致人轻伤的;具有其他严重情节。犯本罪被判处罚金的,在执行前,应当先由税务机关追缴税款。

### (三)财务管理中常见犯罪的预防

要控制和防范上述刑事风险,企事业单位管理人员要熟悉和掌握以上犯罪的主体界限和行为标准,杜绝刑事风险的产生。除此之外,加强和完善税务管理,是防范缴税工作风险的治本之策。企事业单位要从以下几个方面加强和完善税务管理:第一,加强依法纳税的意识,从意识上控制和防范刑事风险发生;第二,学习法律法规,掌握纳税的规定和流程;第三,依法保存和管理账簿,保证账簿清楚科学;第四,与税务机关建立良好的沟通平台,寻求技术支持;第五,定期进行税务检查,防患于未然。

## 五、民营经济管理人员常见职务犯罪及预防

### (一)职务侵占罪

职务侵占罪,是指公司、企业或者其他单位的人员,利用职务上的便利,将本单位财物非法占为己有,数额较大的行为。

1.职务侵占罪的客观表现

职务侵占罪在客观方面表现为三个特征:

一是行为人必须利用了职务上的便利,即利用自己职务上所具有的管理、经手本单位财物的方便条件。

二是实施了非法占有本单位财物的行为,非法占有的方式可以是侵吞、盗窃、骗取等各种手段。如果非法占有的并不是本单位的财物,不能构成本罪。

三是必须达到数额较大的,才能构成本罪。

2.职务侵占罪的处罚

根据刑法第二百七十一条的规定，犯职务侵占罪，数额较大的，处五年以下有期徒刑或者拘役；数额巨大的，处五年以上有期徒刑，可以并处没收财产。

## （二）挪用资金罪

挪用资金罪，是指公司、企业或者其他单位的工作人员，利用职务上的便利，挪用单位资金归个人使用或者借贷给他人，数额较大、超过三个月未还的，或者虽未超过三个月，但数额较大、进行营利活动的，或者进行非法活动的行为。

### 1.挪用资金罪的犯罪构成

挪用资金罪所侵害的客体是公司、企业或者其他单位资金的使用收益权，对象则是本单位的资金。所谓本单位的资金，是指由单位所有或实际控制使用的一切以货币形式表现出来的财产。

挪用资金罪在客观方面表现为行为人利用职务上的便利，挪用本单位资金归个人使用或者借贷给他人，数额较大、超过三个月未还的，或者虽未超过三个月，但数额较大、进行营利活动的，或者进行非法活动的行为。

本罪的主体为特殊主体，即公司、企业或者其他单位的工作人员。

本罪在主观方面只能出于故意，即行为人明知自己在挪用或借贷本单位资金，并且利用了职务上的便利，而仍故意为之。

### 2.挪用资金罪的处罚

根据刑法第二百七十二条的规定，犯挪用资金罪，数额较大的，处三年以下有期徒刑或者拘役；数额巨大或者数额较大不退还的，处三年以上十年以下有期徒刑。

## （三）非国家工作人员受贿罪

非国家工作人员受贿罪，是指公司、企业或者其他单位的工作人员利用职务上的便利，索取他人财物或者非法收受他人财物，为他人谋取利益，数额较大的行为。

### 1.非国家工作人员受贿罪的犯罪构成

非国家工作人员受贿罪侵犯的客体是国家对公司、企业的工作人员职务活动的管理制度。客观方面表现为利用职务上的便利，索取他人财物或非法收受他人财物，为他人谋取利益，数额较大的行为。犯罪主体是特殊主体，即公司、企业的工作人员。公司、企业的工作人员是指在公司、企业、其他单位中从事领导、组织、管理工作的人员，如公司的董事、监事以及公司、企业的经理、厂长、财会人员以及其他受公司、企业聘用从事管理事务的人员。主观方面表现为故意，即公司、企业人员故意利用其职务之便接受或索取贿赂，为他人谋取利益。

### 2.非国家工作人员受贿罪的处罚

根据刑法第一百六十三条的规定，犯非国家工作人员受贿罪，受贿数额较大的，处五年以下有期徒刑或者拘役；受贿数额巨大的，处五年以上有期徒刑，可以并处没收财产。

### （四）贪污罪

贪污罪，是指国家工作人员利用职务上的便利，侵吞、窃取、骗取或者以其他手段非法占有公共财物的行为。

#### 1. 贪污罪的犯罪构成

贪污罪侵犯的客体是复杂客体，即国家工作人员职务行为的廉洁性和公共财物所有权。贪污的对象是公共财产。客观方面表现为利用职务上的便利，侵吞、窃取、骗取或者以其他手段非法占有公共财物的行为。犯罪主体是特殊主体，指国家工作人员，集体经济组织工作人员或者其他经手管理公共财物的人员。主观方面是故意，并且具有非法占有公共财物的目的。

按照刑法第三百九十四条的规定，国家工作人员在国内公务活动或者对外交往中接受礼物，依照国家规定应当交公而不交公，数额较大的，以贪污罪定罪处罚。这是国家工作人员利用职务上的便利，侵吞公共财物的一种特殊形式。

#### 2. 贪污罪的处罚

根据刑法第三百八十三条的规定，对犯贪污罪的，根据贪污数额和情节轻重，分别依照下列规定处罚：（1）贪污数额较大或者有其他较重情节的，处三年以下有期徒刑或者拘役，并处罚金；（2）贪污数额巨大或者有其他严重情节的，处三年以上十年以下有期徒刑，并处罚金或者没收财产；（3）贪污数额特别巨大或者有其他特别严重情节的，处十年以上有期徒刑或者无期徒刑，并处罚金或者没收财产；数额特别巨大，并使国家和人民利益遭受特别重大损失的，处无期徒刑或者死刑，并处没收财产。

对多次贪污未经处理的，按照累计贪污数额处罚。所谓多次贪污未经处理，是指两次以上的贪污行为，既没有受过刑事处罚，也没有受过行政处理。累计贪污数额时，应依刑法有关追诉时效的规定执行，在追诉时效期限内的贪污数额都应当累计计算。

### （五）挪用公款罪

挪用公款罪，是指国家工作人员利用职务上的便利，挪用公款归个人使用，进行非法活动的，或者挪用公款数额较大、进行营利活动的，或者挪用公款数额较大、超过三个月未还的行为。

#### 1. 挪用公款罪的犯罪构成

挪用公款罪侵犯的客体是复杂客体，即国家工作人员职务行为的廉洁性、国家

财经管理制度以及公款所有权。

客观方面表现为利用职务之便，有下列挪用公款行为之一：挪用公款归个人使用，进行非法活动的；挪用公款数额较大，归个人进行营利活动的；挪用公款归个人使用，数额较大，超过三个月未还的。犯罪主体是特殊主体，即国家工作人员。

主观方面是故意，并以归个人使用为目的。根据全国人大常委会的立法解释，所谓归个人使用是指下列情形之一：将公款供本人、亲友或者其他自然人使用的；以个人名义将公款供其他单位使用的；个人决定以单位名义将公款供其他单位使用，谋取个人利益的。

2. 挪用公款罪的处罚

根据刑法第三百八十四条的规定，犯挪用公款罪的，处五年以下有期徒刑或者拘役；情节严重的，处五年以上有期徒刑；挪用公款数额巨大不退还的，处十年以上有期徒刑或者无期徒刑。

### （六）受贿罪

受贿罪，是指国家工作人员利用职务上的便利，索取他人财物，或者非法收受他人财物，为他人谋取利益的行为。

1. 受贿罪的犯罪构成

受贿罪侵犯的客体是国家机关的声誉和国家工作人员职务行为的廉洁性。

客观方面表现为利用职务上的便利，索取他人财物或者非法收受他人财物，为他人谋取利益的行为。受贿有两种基本形式：一是利用职务上的便利索取他人财物，即索贿；二是利用职务上的便利，非法收受他人财物，为他人谋取利益的。

犯罪主体是特殊主体，即国家工作人员。

主观方面具有受贿的故意。

2. 受贿罪的处罚

根据刑法第三百八十六条的规定，犯受贿罪的，根据受贿所得数额及情节，依照贪污罪的法定刑处罚。具体内容在上文中已有阐述，故不再赘述。

33万

### （七）单位受贿罪

单位受贿罪，是指国家机关、国有公司、企业、事业单位、人民团体，索取、非法收受他人财物，为他人谋取利益，情节严重的行为。

根据刑法第三百八十七条的规定，犯本罪的，对单位判处罚金，并对直接负责的主管人员和其他直接责任人员，处五年以下有期徒刑或者拘役。

（八）行贿罪

行贿罪，是指为谋取不正当利益，给予国家工作人员以财物的行为。

1. 行贿罪的犯罪构成

行贿罪侵犯的客体是国家机关的声誉和国家工作人员职务行为的廉洁性。

客观方面表现为为谋取不正当利益，给予国家工作人员以财物的行为。在经济往来中，违反国家规定，给予国家工作人员以财物，数额较大的；或者违反国家规定，给予国家工作人员以各种名义的回扣、手续费的，以行贿论。

犯罪主体是一般主体，即达到刑事责任年龄，具备刑事责任能力的自然人。

主观方面是故意，并且具有谋取不正当利益的目的。

2. 行贿罪的处罚

根据刑法第三百九十条的规定，对犯行贿罪的，处五年以下有期徒刑或者拘役，并处罚金；因行贿谋取不正当利益，情节严重的，或者使国家利益遭受重大损失的，处五年以上十年以下有期徒刑，并处罚金；情节特别严重的，或者使国家利益遭受特别重大损失的，处十年以上有期徒刑或者无期徒刑，并处罚金或者没收财产。行贿人在被追诉前主动交待行贿行为的，可以从轻或者减轻处罚。其中，犯罪较轻的，对侦破重大案件起关键作用的，或者有重大立功表现的，可以减轻或者免除处罚。

（九）单位行贿罪

单位行贿罪，是指单位为谋取不正当利益而行贿，或者违反国家规定，给予国家工作人员以回扣、手续费，情节严重的行为。

1. 单位行贿罪的认定

在认定这类案件性质时，要注意区分单位行贿罪与行贿罪的界限。区别在于主体不同。单位行贿罪的主体是单位，行贿罪的主体是自然人。个人为了谋取不正当利益，用单位的财物或者以单位的名义给国家工作人员等个人行贿，因行贿取得的违法所得归个人所有的，应当以行贿罪论处。

2. 单位行贿罪的处罚

根据刑法第三百九十三条的规定，犯单位行贿罪的，对单位判处罚金，并对其直接负责的主管人员和其他直接责任人员，处五年以下有期徒刑或者拘役，并处罚金。

（十）巨额财产来源不明罪

巨额财产来源不明罪，是指国家工作人员的财产、支出明显超过合法收入，差额巨大，可以责令该国家工作人员说明来源，不能说明来源的，差额部分以非法所得论处的行为。在认定这类案件性质时，需要注意以下两个问题：

1. 对"差额巨大"的界定标准

巨额财产来源不明，数额在三十万元以上的，应当予以立案。

2. 区分巨额财产来源不明罪与贪污罪、受贿罪的界限如果查明财产的来源是贪污、受贿所得，应当以贪污、受贿罪追究刑事责任。如果查明部分财产是贪污受贿所得，部分财产来源不明且数额巨大的，应当实行数罪并罚。

根据刑法第三百九十五条的规定，犯巨额财产来源不明罪的，处五年以下有期徒刑或者拘役；差额特别巨大的，处五年以上十年以下有期徒刑。财产的差额部分予以追缴。

### （十一）隐瞒境外存款罪

隐瞒境外存款罪，是指国家工作人员在境外存款，数额较大、隐瞒不报的行为。在认定这类案件性质时，需要注意以下两个问题：

1.关于数额的界定标准

隐瞒境外存款不报必须数额较大的才能构成犯罪。数额较大一般指隐瞒不报的存款在三十万元以上的。

2.区分隐瞒境外存款罪与巨额财产来源不明罪的界限

只要有在境外存款数额较大并且隐瞒不报即可构成本罪，不论其是否说明财产的来源。如果行为人隐瞒不报的境外存款明显超过合法收入，差额巨大，又不能说明来源的，应当以巨额财产来源不明罪追究刑事责任。

根据刑法第三百九十五条的规定，犯隐瞒境外存款罪的，处二年以下有期徒刑或者拘役；情节较轻的，由其所在单位或者上级主管机关酌情予以行政处分。

### （十二）民营经济管理人员常见职务犯罪的预防

企事业单位工作人员在执行职务过程中，可能会引发上述一系列职务犯罪，如果企事业单位工作人员在执行职务过程中构成了上述犯罪，那么其所在的企事业单位也将面临遭受利益损失的风险，因此不论是企事业单位工作人员还是企事业单位本身都要从以下几个方面对这些风险进行控制和防范。具体措施包括：第一，加强法律学习，树立法制观念，从思想上和行动上控制和防范刑事风险的发生；第二，健全内控制度，加强监督机制；第三，加强廉政文化建设，完善廉洁从业制度；第四，树立公平竞争意识，规范员工业务行为；第五，加强忠实义务，建立监督机制。

**思考题**

1.民营经济组织设立过程中常见的法律风险有哪些？

2.应该如何防范签订合同过程中的法律风险？

3.什么是虚报注册资本罪？

4.欺诈发行股票、债券罪的刑罚是什么？

5.如何预防民营经济财务管理中的常见犯罪？

# 第十一章　党内法规的学习宣传

## 本章要点

　　党内法规是管党治党的重要依据，也是建设社会主义法治国家的有力保障。我们党历来高度重视党内法规建设。党的十八届四中全会提出，要加强党内法规制度建设，形成完善的党内法规体系。习近平总书记强调，各级党委（党组）都要把党内法规建设作为事关党长期执政和国家长治久安的重大战略任务，摆到更加突出位置，切实抓紧抓好。《中央宣传部、司法部关于在公民中开展法治宣传教育的第七个五年规划》明确要求，将深入学习宣传党内法规作为"七五"普法宣传的一项重要任务，"注重党内法规宣传与国家法律宣传的衔接和协调，坚持纪在法前、纪严于法，把纪律和规矩挺在前面，教育引导广大党员做党章党规党纪和国家法律的自觉尊崇者、模范遵守者、坚定捍卫者。"

## 第一节　党内法规的分类

　　根据党内法规的调整对象，党内法规可分为以下八类：

　　（一）党章及相关法规

　　用以规范党的性质和宗旨、路线和纲领、指导思想和奋斗目标、组织原则和组织机构、党员基本义务和基本权利、党的纪律，以及衍生于党章、与党章相配套、直接保障党章实施，确定党的理论和路线方针政策、确立党内生活基本准则、规定党员基本行为规范、规范党内法规制定活动、规定党的标志象征等的法规，如《中国共产党章程》《关于党内政治生活的若干准则》《中国共产党党内法规制定条例》等。

　　（二）党的领导和党的工作方面法规

　　用以调整党在发挥总揽全局、协调各方的领导核心作用时，与人大、政府、政协、司法机关、人民团体、企业事业单位、军队等形成的领导与被领导关系，主要规定党的领导体制机制、领导方式，规范党组工作、纪律检查工作、组织工作、宣传工作、政法工作、统一战线工作、军队工作、群众工作等，为党更好地实施领导、执政治国提供重要制度保证，如《中国共产党党组工作条例（试行）》《中国共产党统一战线工作条例（试行）》等。

（三）思想建设方面法规

用以规范党的思想建设方面的工作和活动，主要包括规范思想建设、理论武装、党性教育、道德建设等的法规，如《中国共产党党校工作条例》《中共中央纪律检查委员会关于共产党员违反社会主义道德党纪处分的若干规定（试行）》等。

（四）组织建设方面法规。

用以规范党的组织建设方面的工作和活动，主要包括规范党的组织制度、组织机构、干部队伍、党员队伍、人才工作等的法规，如《中国共产党地方组织选举工作条例》《党政领导干部选拔任用工作条例》《干部教育培训工作条例》等。

（五）作风建设方面法规

用以规范党的作风建设方面的工作和活动，主要包括规范思想作风、工作作风、领导作风、学风、干部生活作风等的法规，如《十八届中央政治局关于改进工作作风、密切联系群众的八项规定》《党政机关厉行节约反对浪费条例》等。

（六）反腐倡廉建设方面法规

用以规范党的反腐倡廉建设方面的工作和活动，主要包括规范反腐败领导体制机制、反腐倡廉教育、党内监督、预防腐败、惩治腐败等的法规，如《中国共产党廉洁自律准则》《中国共产党纪律处分条例》《中国共产党党内监督条例（试行）》等。

（七）民主集中制建设方面法规

用以规范党的民主集中制建设方面的工作和活动，推动民主集中制具体化、程序化，主要包括规范党员民主权利保障、党的代表大会制度、党的委员会制度等的法规，如《中国共产党党员权利保障条例》《中国共产党地方委员会工作条例》等。

（八）机关工作方面法规

用以规范党的机关运行和服务保障体制机制，主要包括规范党的各级机关公文办理、会议活动服务、综合协调、信息报送、督促检查、法规服务、安全保密、通信保障、档案服务、机关事务管理等的法规，如《党政机关公文处理工作条例》《中国共产党党内法规和规范性文件备案规定》等。

以上八个方面的法规，共同构成党内法规体系。

扩展阅读

## 党内法规体系已初步形成

新中国成立以来特别是改革开放以来，适应不同历史时期党的建设需要，中央科学谋划、统筹布局，制定颁布了一系列党内法规，初步形成了以党章为核心的党内法规体系，党内生活主要方面基本实现了有规可依。截至目前，我们党制定了1个党章，2个准则，26个条例，约1800个规则、规定、办法、细则；其中，党的中央组织制定的党内法规140多个，中央纪委和中央各部门制定的党内法规约150个，地方制定的党内法规1500多个。

## 第二节　党的作风建设法规

党的作风关系党的生死存亡。健全的制度是党风建设的基本保证。我们党历来高度重视作风制度建设。改革开放以来，中央出台了20多件作风建设方面的党内法规，中央纪委、中央各部门印发了一批配套党内法规。这里重点介绍中央八项规定。

一个政党，一个政权，其前途和命运最终取决于人心向背。党群关系的密切程度，始终都是党的执政能力强弱的根本指标。历史经验表明，如果一个政党脱离它所代表的民众，就会失去执政根基，就会在历史的拐点上为人民所抛弃。所以说脱离群众是我们党执政后的最大危险。在新形势下，党所处历史方位和执政条件、党员队伍组成结构都发生了重大变化，党面临的执政考验、改革开放考验、市场经济考验、外部环境考验和精神懈怠风险、能力不足风险、脱离群众风险、消极腐败风险是长期的、复杂的、严峻的。处理好党同人民群众的关系、始终保持密切联系群众的作风，是我们党长期执政面临的重大课题。

2012年12月4日，习近平总书记主持召开中央政治局会议，审议通过了《十八届中央政治局关于改进工作作风、密切联系群众的八项规定》。规定要求：

一要改进调查研究，到基层调研要深入了解真实情况，总结经验、研究问题、解决困难、指导工作，向群众学习、向实践学习，多同群众座谈，多同干部谈心，多商量讨论，多解剖典型，多到困难和矛盾集中、群众意见多的地方去，切忌走过场、搞形式主义；要轻车简从、减少陪同、简化接待，不张贴悬挂标语横幅，不安排群众迎送，不铺设迎宾地毯，不摆放花草，不安排宴请。

二要精简会议活动，切实改进会风，严格控制以中央名义召开的各类全国性会议和举行的重大活动，不开泛泛部署工作和提要求的会，未经中央批准一律不出席各类剪彩、奠基活动和庆祝会、纪念会、表彰会、博览会、研讨会及各类论坛；提高会议实效，开短会、讲短话，力戒空话、套话。

三要精简文件简报，切实改进文风，没有实质内容、可发可不发的文件、简报一律不发。

四要规范出访活动，从外交工作大局需要出发合理安排出访活动，严格控制出访随行人员，严格按照规定乘坐交通工具，一般不安排中资机构、华侨华人、留学生代表等到机场迎送。

五要改进警卫工作，坚持有利于联系群众的原则，减少交通管制，一般情况下不得封路、不清场闭馆。

六要改进新闻报道，中央政治局同志出席会议和活动应根据工作需要、新闻价值、社会效果决定是否报道，进一步压缩报道的数量、字数、时长。

七要严格文稿发表，除中央统一安排外，个人不公开出版著作、讲话单行本，不发贺信、贺电，不题词、题字。

八要厉行勤俭节约，严格遵守廉洁从政有关规定，严格执行住房、车辆配备等有关工作和生活待遇的规定。

好作风是我们党长期探索形成的根本工作方法，是我们党最大的政治优势和执政资源。八项规定充分体现了党中央带头改进作风的坚定决心，体现了从严治党的要求，体现了对人民期待的尊重和回应，是党中央应对执政风险的战略思考，是新一届中央领导集体的庄严政治承诺，是聚党心得民心的重大举措，是对党的各级领导干部提出的政治要求。

**扩展阅读**

## 八项规定改变中国

八项规定是党的十八大后全面从严治党的第一个举措。三年来，中央率先垂范、以上率下，各地区各部门积极响应、全面跟进，党风政风民风发生了根本改变。

——政府官员出门自己开车、晚上回家吃饭，已经逐渐成为常态。人们切身感受到了"三公消费"大减，"舌尖浪费"被遏制，"会所歪风"停刮。

——从2013年起，每逢春节、中秋节、教师节等节假日，中央都专门出台文件，严刹送礼之风。浙江省义乌市某地是挂历集散地。2013年前，每年都有全国各地的党政机关、企事业单位人员到此采购挂历，少则几千份，多则几万份。2013年中央纪委发出《关于严禁公款购买印制寄送贺年卡等物品的通知》后，所有公家人都"爽约"了，经营挂历的企业多多少少都赔了钱。

——中央纪委网站每月更新一次月报，从未间断。截至2015年10月31日，全国累计查处违反八项规定问题104934起，处理人数138867人，其中55289人受到党纪政纪处分。在被处理的干部中，省部级7人，地厅级678人，县处级7389人，乡科级130793人。黑龙江省副省级干部付某因私公款消费，大量饮酒并造成陪酒人员一死一伤的严重后果，被处以留党察看一年处分，由副省级降为正局级。

——社会风气有了很大改观。久治不下的高价烟酒、高价月饼、高价花卉、高价宴请、高价娱乐，突然间销声匿迹。

贯彻八项规定这三年，是党风廉政建设取得显著成效的三年，是取信于民、赢得民心的三年，是重树党的威信、重塑党的形象的三年，是深刻改变中国面貌的三年。

八项规定的颁布实施，向全党发出了转变工作作风改进党风政风的号召。各级党政机关和领导干部要认真学习领会八项规定的深刻内涵和重大意义，增强宗旨意识、忧患意识和使命意识，坚持以人为本、执政为民，带头改进工作作风，带头深入基层调查研究，带头密切联系群众，带头解决实际问题，始终把人民放在心中最高位置，始终保持共产党人清正廉洁的政治本色。

## 第三节　党的反腐倡廉建设法规

腐败是侵蚀党的肌体的毒瘤。保持党的先进性纯洁性，必须坚决惩治和有效预防腐败。制度建设是反腐倡廉建设的治本之策。我们党历来高度重视反腐倡廉制度建设，制定发布了一大批反腐倡廉建设法规，教育、监督、改革、纠风、惩治等反腐倡廉建设各个方面基本实现了有规可依，反腐倡廉法规制度体系已基本形成。据统计，改革开放以来，中央制定发布了20多件反腐倡廉建设方面的党内法规，同时中央纪委印发了130多件配套法规制度。这里重点介绍《中国共产党廉洁自律准则》和《中国共产党纪律处分条例》。

### 一、中国共产党廉洁自律准则

办好中国的事情，关键在党。我们党是靠革命理想和铁的纪律组织起来的马克思主义政党，组织严密、纪律严明是党的优良传统和政治优势，是我们党的力量所在。全面从严治党，必然要求全体党员特别是党员领导干部坚定理想信念，坚持根本宗旨，发扬优良作风，始终走在时代前列，始终成为中国特色社会主义事业的坚强领导核心。

2001年中共中央印发的《中国共产党党员领导干部廉洁从政若干准则》，对于促进党员领导干部廉洁从政，保持党的先进性纯洁性发挥了重要作用。党的十八大以来，随着全面从严治党实践的不断深化，准则已不能完全适应新的实践需要。主要表现在：一是适用对象过窄，仅对党员领导干部提出要求，未能涵盖8700多万党员；二是缺少正面倡导，许多条款与修订前的党纪处分条例和国家法律重复；三是廉洁主题不够突出，一些内容与廉洁主题无直接关联。鉴于以上原因，有必要对准则予以修订。2015年10月18日，中共中央印发了新修订的《中国共产党廉洁自律准则》。准则共八条，包括导语、党员廉洁自律规范和党员领导干部廉洁自律规范三部分。主要内容源自于党章和党的几代领导人特别是习近平总书记的重要论述，可以概括为"四个必须""八条规范"。准则在导语部分提出"四个必须"，体现了准则的制定目的和目标要求，即全体党员和各级党员领导干部必须坚定共产主义理想和中国特色社会主义信念，必须坚持全心全意为人民服务根本宗旨，必须继承发扬党的优良传统和作风，必须自觉培养高尚道德情操，努力弘扬中华民族传统美德，廉洁自律，接受监督，永葆党的先进性和纯洁性。在党员廉洁自律规范部分，准则围绕如何正确对待和处理"公与私""廉与腐""俭与奢""苦与乐"的关系提出"四条规范"，即坚持公私分明，先公后私，克己奉公；坚持崇廉拒腐，清白做人，干净做事；坚持尚俭戒奢，艰苦朴素，勤俭节约；坚持吃苦在前，享受在后，甘于奉献。在党员领导干部廉洁自律规范部分，针对党员领导干部这个"关键少数"，围绕廉洁从政，准则从公仆本色、行使权力、品行操守、良好家风等方面，对党员领导干部提出要求更高的"四条规范"，即廉洁从政，自觉保持人民公仆本色；廉洁用权，自觉维护人民根本利益；廉洁修身，自觉提升思想道德境界；廉洁齐家，自觉带头树立良好家风。

任何一个社会、任何一个公民不能都踩到法律的底线上，党员更不能站在纪律的边缘。准则以党章作为根本遵循，坚持依规治党与以德治党相结合，针对现阶段党员和党员领导干部在廉洁自律方面存在的主要问题，为党员和党员领导干部树立了一个看得见、够得着的高标准，展现了共产党人高尚道德追求，体现了古今中外道德规范从高不从低的共性要求。

修订后的廉洁自律准则，是党执政以来第一个坚持正面倡导、面向全体党员的廉洁自律规范，是向全体党员发出的道德宣示和对全国人民的庄严承诺。各级党组织要切实担当和落实好全面从严治党的主体责任，抓好准则的学习宣传和贯彻落实，把各项要求刻印在全体党员特别是党员领导干部的心上。各级党员领导干部要发挥表率作用，以更高更严的要求，带头践行廉洁自律规范。广大党员要加强党性修养，保持和发扬党的优良传统作风，使廉洁自律规范内化于心、外化于行，坚持理想信念宗旨"高线"，永葆共产党人清正廉洁的政治本色。

## 二、中国共产党纪律处分条例

坚持党要管党、从严治党，是实现"两个一百年"奋斗目标和中华民族伟大复兴中国梦的根本保证。全面从严治党，必须围绕坚持党的领导这个根本，注重依规依纪治党，切实加强党的纪律建设。

原党纪处分条例是在1997年《中国共产党纪律处分条例（试行）》基础上修订而成的，2003年12月颁布实施，对维护党章和其他党内法规，严肃党的纪律等发挥了重要作用。随着党的建设深入推进，条例也呈现一些不相适应的地方：一是对违反党章、损害党章权威的违纪行为缺乏必要和严肃的责任追究；二是纪法不分，近半数条款与刑法等国家法律规定重复，将适用于全体公民的法律规范作为党组织和党员的纪律标准，降低了对党组织和党员的要求；三是有必要将党的十八大以来从严治党的实践成果制度化，将严明政治纪律和政治规矩、组织纪律，落实中央八项规定精神，反对"四风"等内容吸收进条例。为把党规党纪的权威性在全党树起来、立起来，切实唤醒广大党员干部的党章党规党纪意识，有必要对党纪处分条例进行修订。2015年10月18日，中共中央颁布了新修订的《中国共产党纪律处分条例》。

修订后的条例共三编、十一章、一百三十三条，分总则、分则、附则三部分。主要内容有以下五方面：一是对条例的指导思想、基本原则和适用范围作出规定，增加了党组织和党员必须自觉遵守党章，模范遵守国家法律法规的规定；二是对违纪概念、纪律处分种类及其影响等作出规定，将严重警告的影响期由原来的一年修改为一年半；三是对纪律处分运用规则作出规定，将在纪律集中整饬过程中不收敛、不收手列为从重或者加重处分的情形；四是对涉嫌违法犯罪党员的纪律处分作出规定，实现党纪与国法的有效衔接；五是将原条例规定的十类违纪行为整合修订为六类，分别为：对违反政治纪律行为的处分、对违反组织纪律行为的处分、对违反廉洁纪律行为的处分、对违反群众纪律行为的处分、对违反工作纪律行为的处分、对违反生活纪律行为的处分。在这6种违纪行为的规定中，增加了拉帮结派、对抗组织审查、组织或者参加迷信活动、搞无原则一团和气以及违反党的优良传统和工作惯例等党的规矩的违纪条款；不按照有关规定或者工作要求向组织请示报告重大问题，不如实报告个人有关事项，篡改、伪造个人档案资料，隐瞒入党前严重错误等违纪条款；搞权权交易，对亲属和身边工作人员管教不力，赠送明显超出正常礼尚往来的礼品、礼金、消费卡，违规出入私人会所，搞权色交易和钱色交易等违纪条款；超标准、超范围向群众筹资筹劳，在办理涉及群众事务时故意刁难、吃拿卡要等侵害群众利益的违纪条款；党组织不履行全面从严治党主体责任，违规干预和插手市场经济活动，违规干预和插手司法活动、执纪执法活动等违纪条款；生活奢靡，违背社会公序良俗等违纪条款。

条例贯彻党的十八大和十八届三中、四中全会精神，坚持依规治党与以德治党相结合，围绕党纪戒尺要求，开列负面清单，重在立规，是对党章规定的具体化，划出了党组织和党员不可触碰的底线，对于贯彻全面从严治党要求，把纪律和规矩挺在前面，切实维护党章和其他党内法规的权威性严肃性，保证党的路线方针政策和国家法律法规的贯彻执行，深入推进党风廉政建设和反腐败斗争，具有十分重要的意义。

各级党委（党组）要按照中央要求，切实担当和落实好全面从严治党的主体责任，认真贯彻执行党纪处分条例，严明党纪戒尺，把党的纪律刻印在全体党员特别是党员领导干部的心上。要坚持问题导向，把严守政治纪律和政治规矩放在首位，通过严肃政治纪律和政治规矩带动其他纪律严起来。要坚持把纪律和规矩挺在前面，落实抓早抓小，绝不允许突破纪律底线。党员领导干部要以身作则，敢于担当、敢于较真、敢于斗争，确保把党章党规党纪落实到位。广大党员要牢固树立党章党规党纪意识，做到讲规矩、守纪律，知敬畏、存戒惧，自觉在廉洁自律上追求高标准，在严守党纪上远离违纪红线，在全党逐渐形成尊崇制度、遵守制度、捍卫制度的良好风尚。

**思考题**

1. 什么是党内法规？
2. 《关于党内政治生活的若干准则》是哪一年颁布的？
3. 八项规定是什么时间提出的？
4. 《中国共产党纪律处分条例》主要包括几方面内容？

# 附录

## 中共中央 国务院转发《中央宣传部、司法部关于在公民中开展法治宣传教育的第七个五年规划（2016—2020年）》的通知

各省、自治区、直辖市党委和人民政府，中央和国家机关各部委，解放军各大单位、中央军委机关各部门，各人民团体：

《中央宣传部、司法部关于在公民中开展法治宣传教育的第七个五年规划（2016—2020年）》（以下简称"七五"普法规划）已经中央同意，现转发给你们，请结合实际认真贯彻执行。

全民普法和守法是依法治国的长期基础性工作。深入开展法治宣传教育，是贯彻落实党的十八大和十八届三中、四中、五中全会精神的重要任务，是实施"十三五"规划、全面建成小康社会的重要保障。各级党委和政府要把法治宣传教育纳入当地经济社会发展规划，进一步健全完善党委领导、人大监督、政府实施的法治宣传教育工作领导体制，确保"七五"普法规划各项目标任务落到实处。要坚持把领导干部带头学法、模范守法作为树立法治意识的关键，完善国家工作人员学法用法制度，把法治观念强不强、法治素养好不好作为衡量干部德才的重要标准，把能不能遵守法律、依法办事作为考察干部的重要内容，切实提高领导干部运用法治思维和法治方式深化改革、推动发展、化解矛盾、维护稳定的能力。坚持从青少年抓起，把法治教育纳入国民教育体系，引导青少年从小掌握法律知识、树立法治意识、养成守法习惯。要坚持法治宣传教育与法治实践相结合，深化基层组织和部门、行业依法治理，深化法治城市、法治县（市、区）等法治创建活动，全面提高全社会法治化治理水平。要推进法治教育与道德教育相结合，促进实现法律和道德相辅相成、法治和德治相得益彰。要健全普法宣传教育机制，实行国家机关"谁执法谁普法"的普法责任制，健全媒体公益普法制度，推进法治宣传教育工作创新，不断增强法治宣传教育的实效。要通过深入开展法治宣传教育，传播法律知识，弘扬法治精神，建设法治文化，充分发挥法治宣传教育在全面依法治国中的基础作用，推动全社会树立法治意识，为顺利实施"十三五"规划、全面建成小康社会营造良好的法治环境。

中共中央 国务院
2016年3月25日

# 中央宣传部、司法部关于在公民中开展法治宣传教育的第七个五年规划（2016—2020年）

在党中央、国务院正确领导下，全国第六个五年法制宣传教育规划（2011—2015年）顺利实施完成，法治宣传育工作取得显著成效。以宪法为核心的中国特色社会主义法律体系得到深入宣传，法治宣传教育主题活动广泛开展，多层次多领域依法治理不断深化，法治创建活动全面推进，全社会法治观念明显增强，社会治理法治化水平明显提高，法治宣传教育在建设社会主义法治国家中发挥了重要作用。

党的十八大以来，以习近平同志为总书记的党中央对全面依法治国作出了重要部署，对法治宣传教育提出了新的更高要求，明确了法治宣传教育的基本定位、重大任务和重要措施。十八届三中全会要求"健全社会普法教育机制"；十八届四中全会要求"坚持把全民普法和守法作为依法治国的长期基础性工作，深入开展法治宣传教育"；十八届五中全会要求"弘扬社会主义法治精神，增强全社会特别是公职人员尊法学法守法用法观念，在全社会形成良好法治氛围和法治习惯"。习近平总书记多次强调"领导干部要做尊法学法守法用法的模范"，要求法治宣传教育"要创新宣传形式，注重宣传实效"，为法治宣传教育工作指明了方向，提供了基本遵循。与新形势新任务的要求相比，有的地方和部门对法治宣传教育重要性的认识还不到位，普法宣传教育机制还不够健全，实效性有待进一步增强。深入开展法治宣传教育，增强全民法治观念，对于服务协调推进"四个全面"战略布局和"十三五"时期经济社会发展，具有十分重要的意义。为做好第七个五年法治宣传教育工作，制定本规划。

## 一、指导思想、主要目标和工作原则

第七个五年法治宣传教育工作的指导思想是：高举中国特色社会主义伟大旗帜，全面贯彻党的十八大和十八届三中、四中、五中全会精神，以马克思列宁主义、毛泽东思想、邓小平理论、"三个代表"重要思想、科学发展观为指导，深入贯彻习近平总书记系列重要讲话精神，坚持"四个全面"战略布局，坚持创新、协调、绿色、开放、共享的发展理念，按照全面依法治国新要求，深入开展法治宣传教育，扎实推进依法治理和法治创建，弘扬社会主义法治精神，建设社会主义法治文化，推进法治宣传教育与法治实践相结合，健全普法宣传教育机制，推动工作创新，充分发挥法治宣传教育在全面依法治国中的基础作用，推动全社会树立法治意识，为"十三五"时期经济社会发展营造良好法治环境，为实现"两个一百年"奋斗目标和中华民族伟大复兴的中国梦作出新的贡献。

第七个五年法治宣传教育工作的主要目标是：普法宣传教育机制进一步健全，法治宣传教育实效性进一步增强，依法治理进一步深化，全民法治观念和全体党员党章党规意识明显增强，全社会厉行法治的积极性和主动性明显提高，形成守法光荣、违法可耻的社会氛围。

第七个五年法治宣传教育工作应遵循以下原则：

——坚持围绕中心，服务大局。围绕党和国家中心工作开展法治宣传教育，更好地服务协调推进"四个全面"战略布局，为全面实施国民经济和社会发展"十三五"规划营造良好法治环境。

——坚持依靠群众，服务群众。以满足群众不断增长的法治需求为出发点和落脚点，以群众喜闻乐见、易于接受的方式开展法治宣传教育，增强全社会尊法学法守法用法意识，使国家法律和党内法规为党员群众所掌握、所遵守、所运用。

——坚持学用结合，普治并举。坚持法治宣传教育与依法治理有机结合，把法治宣传教育融入立法、执法、司法、法律服务和党内法规建设活动中，引导党员群众在法治实践中自觉学习、运用国家法律和党内法规，提升法治素养。

——坚持分类指导，突出重点。根据不同地区、部门、行业及不同对象的实际和特点，分类实施法治宣传教育。突出抓好重点对象，带动和促进全民普法。

——坚持创新发展，注重实效。总结经验，把握规律，推动法治宣传教育工作理念、机制、载体和方式方法创新，不断提高法治宣传教育的针对性和时效性，力戒形式主义。

## 二、主要任务

（一）深入学习宣传习近平总书记关于全面依法治国的重要论述。党的十八大以来，习近平总书记站在坚持和发展中国特色社会主义全局的高度，对全面依法治国作了重要论述，提出了一系列新思想、新观点、新论断、新要求，深刻回答了建设社会主义法治国家的重大理论和实践问题，为全面依法治国提供了科学理论指导和行动指南。要深入学习宣传习近平总书记关于全面依法治国的重要论述，增强走中国特色社会主义道路的自觉性和坚定性，增强全社会厉行法治的积极性和主动性。深入学习宣传以习近平同志为总书记的党中央关于全面依法治国的重要部署，宣传科学立法、严格执法、公正司法、全民守法和党内法规建设的生动实践，使全社会了解和掌握全面依法治国的重大意义和总体要求，更好地发挥法治的引领和规范作用。

（二）突出学习宣传宪法。坚持把学习宣传宪法摆在首要位置，在全社会普遍开展宪法教育，弘扬宪法精神，树立宪法权威。深入宣传依宪治国、依宪执政等理念，宣传党的领导是宪法实施的最根本保证，宣传宪法确立的国家根本制度、根本任务和我国的国体、政体，宣传公民的基本权利和义务等宪法基本内容，宣传宪法的实施，实行宪法宣誓制度，认真组织好"12·4"国家宪法日集中宣传活动，推动宪法家喻户晓、深入人心，提高全体公民特别是各级领导干部和国家机关工作人员的宪法意识，教育引导一切组织和个人都必须以宪法为根本活动准则，增强宪法观念，坚决维护宪法尊严。

（三）**深入宣传中国特色社会主义法律体系**。坚持把宣传以宪法为核心的中国特色社会主义法律体系作为法治宣传教育的基本任务，大力宣传宪法相关法、民法商法、行政法、经济法、社会法、刑法、诉讼与非诉讼程序法等多个法律部门的法律法规。大力宣传社会主义民主政治建设的法律法规，提高人民有序参与民主政治的意识和水平。大力宣传保障公民基本权利的法律法规，推动全社会树立尊重和保障人权意识，促进公民权利保障法治化。大力宣传依法行政领域的法律法规，推动各级行政机关树立"法定职责必须为、法无授权不可为"的意识，促进法治政府建设。大力宣传市场经济领域的法律法规，推动全社会树立保护产权、平等交换、公平竞争、诚实信用等意识，促进大众创业、万众创新，促进经济在新常态下平稳健康运行。大力宣传有利于激发文化创造活力、保障人民基本文化权益的相关法律法规，促进社会主义精神文明建设。大力宣传教育、就业、收入分配、社会保障、医疗卫生、食品安全、扶贫、慈善、社会救助和妇女儿童、老年人、残疾人合法权益保护等方面法律法规，促进保障和改善民生。大力宣传国家安全和公共安全领域的法律法规，提高全民安全意识、风险意识和预防能力。大力宣传国防法律法规，提高全民国防观念，促进国防建设。大力宣传党的民族、宗教政策和相关法律法规，维护民族地区繁荣稳定，促进民族关系、宗教关系和谐。大力宣传环境保护、资源能源节约利用等方面的法律法规，推动美丽中国建设。大力宣传互联网领域的法律法规，教育引导网民依法规范网络行为，促进形成网络空间良好秩序。大力宣传诉讼、行政复议、仲裁、调解、信访等方面的法律法规，引导群众依法表达诉求、维护权利，促进社会和谐稳定。在传播法律知识的同时，更加注重弘扬法治精神、培育法治理念、树立法治意识，大力宣传宪法法律至上、法律面前人人平等、权由法定、权依法使等基本法治理念，破除"法不责众"、"人情大于国法"等错误认识，引导全民自觉守法、遇事找法、解决问题靠法。

（四）**深入学习宣传党内法规**。适应全面从严治党、依规治党新形势新要求，切实加大党内法规宣传力度。突出宣传党章，教育引导广大党员尊崇党章，以党章为根本遵循，坚决维护党章权威。大力宣传《中国共产党廉洁自律准则》、《中国共产党纪律处分条例》等各项党内法规，注重党内法规宣传与国家法律宣传的衔接和协调，坚持纪在法前、纪严于法，把纪律和规矩挺在前面，教育引导广大党员做党章党规党纪和国家法律的自觉尊崇者、模范遵守者、坚定捍卫者。

（五）推进社会主义法治文化建设。以宣传法律知识、弘扬法治精神、推动法治实践为主旨，积极推进社会主义法治文化建设，充分发挥法治文化的引领、熏陶作用，使人民内心拥护和真诚信仰法律。把法治文化建设纳入现代公共文化服务体系，推动法治文化与地方文化、行业文化、企业文化融合发展。繁荣法治文化作品创作推广，把法治文化作品纳入各级文化作品评奖内容，纳入艺术、出版扶持和奖励基金内容，培育法治文化精品。利用重大纪念日、民族传统节日等契机开展法治文化活动，组织开展法治文艺展演展播、法治文艺演出下基层等活动，满足人民群众日益增长的法治文化需求。把法治元素纳入城乡建设规划设计，加强基层法治文化公共设施建设。

（六）推进多层次多领域依法治理。坚持法治宣传教育与法治实践相结合，把法律条文变成引导、保障经济社会发展的基本规则，深化基层组织和部门、行业依法治理，深化法治城市、法治县（市、区）等法治创建活动，提高社会治理法治化水平。深入开展民主法治示范村（社区）创建，进一步探索乡村（社区）法律顾问制度，教育引导基层群众自我约束、自我管理。发挥市民公约、乡规民约、行业规章、团体章程等社会规范在社会治理中的积极作用，支持行业协会商会类社会组织发挥行业自律和专业服务功能，发挥社会组织对其成员的行为导引、规则约束、权益维护作用。

（七）推进法治教育与道德教育相结合。坚持依法治国和以德治国相结合的基本原则，以法治体现道德理念，以道德滋养法治精神，促进实现法律和道德相辅相成、法治和德治相得益彰。大力弘扬社会主义核心价值观，弘扬中华传统美德，培育社会公德、职业道德、家庭美德、个人品德，提高全民族思想道德水平，为全面依法治国创造良好人文环境。强化规则意识，倡导契约精神，弘扬公序良俗，引导人们自觉履行法定义务、社会责任、家庭责任。发挥法治在解决道德领域突出问题中的作用，健全公民和组织守法信用记录，完善守法诚信褒奖机制和违法失信行为惩戒机制。

### 三、对象和要求

法治宣传教育的对象是一切有接受教育能力的公民，重点是领导干部和青少年。

坚持把领导干部带头学法、模范守法作为树立法治意识的关键。完善国家工作人员学法用法制度，把宪法法律和党内法规列入党委（党组）中心组学习内容，列为党校、行政学院、干部学院、社会主义学院必修课；把法治教育纳入干部教育培训总体规划，纳入国家工作人员初任培训、任职培训的必训内容，在其他各类培训课程中融入法治教育内容，保证法治培训课时数量和培训质量，切实提高领导干部运用法治思维和法治方式深化改革、推动发展、化解矛盾、维护稳定的能力。加强党章和党内法规学习教育，引导党员领导干部增强党章党规党纪意识，严守政治纪律和政治规矩，在廉洁自律上追求高标准，自觉远离违纪红线。健全日常学法制度，创新学法形式，拓宽学法渠道。健全完善重大决策合法性审查机制，积极推行法律顾问制度，各级党政机关和人民团体普遍设立公职律师，企业可设立公司律师。把尊法学法守法用法情况作为考核领导班子和领导干部的重要内容，领导班子和领导干部在年度考核职中进行述法。把法治观念强不强、法治素养好不好作为衡量干部德才的重要标准，把能不能遵守法律、依法办事作为考察干部的重要内容。

坚持从青少年抓起。切实把法治教育纳入国民教育体系，制定和实施青少年法治教育大纲，在中小学设立法治知识课程，确保在校学生都能得到基本法治知识教育。完善中小学法治课教材体系，编写法治教育教材、读本，地方可将其纳入地方课程义务教育免费教科书范围，在小学普及宪法基本常识，在中、高考中增加法治知识内容，使青少年从小树立宪法意识和国家意识。将法治教育纳入"中小学幼儿园教师国家级培训计划"，加强法治课教师、分管法治教育副校长、法治辅导员培训。充分利用第二课堂和社会实践活动开展青少年法治教育，在开学第一课、毕业仪式中有机融入法治教育内容。加强对高等院校学生的法治教育，增强其法治观念和参与法治实践的能力。强化学校、家庭、社会"三位一体"的青少年法治教育格局，加强青少年法治教育实践基地建设和网络建设。
各地区各部门要根据实际需要，从不同群体的特点出发，因地制宜开展有特色的法治宣传教育。突出加强对企业经营管理人员的法治宣传教育，引导他们树立诚信守法、爱国敬业意识，提高依法经营、依法管理能力。加强对农民工等群体的法治宣传教育，帮助、引导他们依法维权，自觉运用法律手段解决矛盾纠纷。

### 四、工作措施

第七个法治宣传教育五年规划从2016年开始实施，至2020年结束。各地区各部门要根据本规划，认真制定本地区本部门规划，深入宣传发动，全面组织实施，确保第七个五年法治宣传教育规划各项目标任务落到实处。

（一）健全普法宣传教育机制。各级党委和政府要加强对普法工作的领导，宣传、文化、教育部门和人民团体要在普法教育中发挥职能作用。把法治教育纳入精神文明创建内容，开展群众性法治文化活动。人民团体、社会组织要在法治宣传教育中发挥积极作用，健全完善普法协调协作机制，根据各自特点和实际需要，有针对性地组织开展法治宣传教育活动。积极动员社会力量开展法治宣传教育，加强各级普法讲师团建设，选聘优秀法律和党内法规人才充实普法讲师团队伍，组织开展专题法治宣讲活动，充分发挥讲师团在普法工作中的重要作用。鼓励引导司法和行政执法人员、法律服务人员、大专院校法律专业师生加入普法志愿者队伍，畅通志愿者服务渠道，健全完善管理制度，培育一批普法志愿者优秀团队和品牌活动，提高志愿者普法宣传水平。加强工作考核评估，建立健全法治宣传教育工作考评指导标准和指标体系，完善考核办法和机制，注重考核结果的运用。健全激励机制，认真开展"七五"普法中期检查和总结验收，加强法治宣传教育先进集体、先进个人表彰工作。围绕贯彻中央关于法治宣传教育的总体部署，健全法治宣传教育工作基础制度，加强地方法治宣传教育条例制定和修订工作，制定国家法治宣传教育法。

（二）健全普法责任制。实行国家机关"谁执法谁普法"的普法责任制，建立普法责任清单制度。建立法官、检察官、行政执法人员、律师等以案释法制度，在执法司法实践中广泛开展以案释法和警示教育，使案件审判、行政执法、纠纷调解和法律服务的过程成为向群众弘扬法治精神的过程。加强司法、行政执法案例整理编辑工作，推动相关部门面向社会公众建立司法、行政执法典型案例发布制度。落实"谁主管谁负责"的普法责任，各行业、各单位要在管理、服务过程中，结合行业特点和特定群体的法律需求，开展法治宣传教育。健全媒体公益普法制度，广播电视、报纸期刊、互联网和手机媒体等大众传媒要自觉履行普法责任，在重要版面、重要时段制作刊播普法公益广告，开设法治讲堂，针对社会热点和典型案（事）例开展及时权威的法律解读，积极引导社会法治风尚。各级党组织要坚持全面从严治党、依规治党，切实履行学习宣传党内法规的职责，把党内法规作为学习型党组织建设的重要内容，充分发挥正面典型倡导和反面案例警示作用，为党内法规的贯彻实施营造良好氛围。

（三）推进法治宣传教育工作创新。创新工作理念，坚持服务党和国家工作大局、服务人民群众生产生活，努力培育全社会法治信仰，增强法治宣传教育工作实效。针对受众心理，创新方式方法，坚持集中法治宣传教育与经常性法治宣传教育相结合，深化法律进机关、进乡村、进社区、进学校、进企业、进单位的"法律六进"主题活动，完善工作标准，建立长效机制。创新载体阵地，充分利用广场、公园等公共场所开展法治宣传教育，有条件的地方建设宪法法律教育中心。在政府机关、社会服务机构的服务大厅和服务窗口增加法治宣传教育功能。积极运用公共活动场所电子显示屏、服务窗口触摸屏、公交移动电视屏、手机屏等，推送法治宣传教育内容。充分运用互联网传播平台，加强新媒体新技术在普法中的运用，推进"互联网＋法治宣传"行动。开展新媒体普法益民服务，组织新闻网络开展普法宣传，更好地运用微信、微博、微电影、客户端开展普法活动。加强普法网站和普法网络集群建设，建设法治宣传教育云平台，实现法治宣传教育公共数据资源开放和共享。适应我国对外开放新格局，加强对外法治宣传工作。

五、组织领导

（一）切实加强领导。各级党委和政府要把法治宣传教育纳入当地经济社会发展规划，定期听取法治宣传教育工作情况汇报，及时研究解决工作中的重大问题，把法治宣传教育纳入综合绩效考核、综治考核和文明创建考核内容。各级人大要加强对法治宣传教育工作的日常监督和专项检查。健全完善党委领导、人大监督、政府实施的法治宣传教育工作领导体制，加强各级法治宣传教育工作组织机构建设。高度重视基层法治宣传教育队伍建设，切实解决人员配备、基本待遇、工作条件等方面的实际问题。

（二）加强工作指导。各级法治宣传教育领导小组每年要将法治宣传教育工作情况向党委（党组）报告，并报上级法治宣传教育工作领导小组。加强沟通协调，充分调动各相关部门的积极性，发挥各自优势，形成推进法治宣传教育工作创新发展的合力。结合各地区各部门工作实际，分析不同地区、不同对象的法律需求，区别对待、分类指导，不断增强法治宣传教育的针对性。坚持问题导向，深入基层、深入群众调查研究，积极解决问题，努力推进工作。认真总结推广各地区各部门开展法治宣传教育的好经验、好做法，充分发挥先进典型的示范和带动作用，推进法治宣传教育不断深入。

（三）加强经费保障。各地区要把法治宣传教育相关工作经费纳入本级财政预算，切实予以保障，并建立动态调整机制。把法治宣传教育列入政府购买服务指导性目录。积极利用社会资金开展法治宣传教育。

中国人民解放军和中国人民武装警察部队的第七个五年法治宣传教育工作，参照本规划进行安排部署。

# 全国人民代表大会常务委员会
## 关于开展第七个五年法治宣传教育的决议

（2016年4月28日第十二届全国人民代表大会常务委员会第二十次会议通过）

2011年至2015年，我国法治宣传教育第六个五年规划顺利实施，法治宣传教育在服务经济社会发展、维护社会和谐稳定、建设社会主义法治国家中发挥了重要作用。为深入学习宣传习近平总书记关于全面依法治国的重要论述，全面推进依法治国，顺利实施"十三五"规划，全面建成小康社会，推动全体公民自觉尊法学法守法用法，推进国家治理体系和治理能力现代化建设，从2016年至2020年在全体公民中开展第七个五年法治宣传教育，十分必要。通过开展第七个五年法治宣传教育，使全社会法治观念明显增强，法治思维和依法办事能力明显提高，形成崇尚法治的社会氛围。特作决议如下：

一、突出学习宣传宪法。坚持把学习宣传宪法摆在首要位置，在全社会普遍开展宪法宣传教育，重点学习宣传宪法确立的我国的国体、政体、基本政治制度、基本经济制度、公民的基本权利和义务等内容，弘扬宪法精神，树立宪法权威。实行宪法宣誓制度，组织国家工作人员在宪法宣誓前专题学习宪法。组织开展"12·4"国家宪法日集中宣传活动，教育引导一切组织和个人以宪法为根本活动准则。

二、深入学习宣传国家基本法律。坚持把学习宣传宪法相关法、民法商法、行政法、经济法、社会法、刑法、诉讼与非诉讼程序法等法律法规的基本知识，作为法治宣传教育的基本任务，结合学习贯彻创新、协调、绿色、开放、共享发展理念，加强对相关法律法规的宣传教育。在全社会树立宪法法律至上、法律面前人人平等、权由法定、权依法使等基本法治理念。

三、推动全民学法守法用法。一切有接受教育能力的公民都要接受法治宣传教育。坚持把全民普法和守法作为依法治国的长期基础性工作，加强农村和少数民族地区法治宣传教育，以群众喜闻乐见、易于接受的方式开展法治宣传教育，引导公民努力学法、自觉守法、遇事找法、解决问题靠法，增强全社会厉行法治的积极性、主动性和自觉性。大力弘扬法治精神，培育法治理念，树立法治意识，共同维护法律的权威和尊严。

四、坚持国家工作人员带头学法守法用法。坚持把各级领导干部带头学法、模范守法、严格执法作为全社会树立法治意识的关键。健全国家工作人员学法用法制度，将法治教育纳入干部教育培训总体规划。坚持把依法办事作为检验国家工作人员学法用法的重要标准，健全重大决策合法性审查机制，推行政府法律顾问制度，推动行政机关依法行政，促进司法机关公正司法。坚持把尊法学法守法用法情况作为考核领导班子和领导干部的重要内容。

五、切实把法治教育纳入国民教育体系。坚持从青少年抓起，制定青少年法治教育大纲，设立法治知识课程，完善法治教材体系，强化学校、家庭、社会"三位一体"的青少年法治教育格局，加强青少年法治教育实践基地建设，增强青少年的法治观念。

六、推进社会主义法治文化建设。把法治文化建设纳入现代公共文化服务体系，繁荣法治文化作品创作推广，广泛开展群众性法治文化活动。大力弘扬社会主义核心价值观，推动法治教育与道德教育相结合，促进法律的规范作用和道德的教化作用相辅相成。健全公民和组织守法信用记录，建立和完善学法用法先进集体、先进个人宣传表彰制度。

七、推进多层次多领域依法治理。坚持法治宣传教育与法治实践相结合，把法律规定变成引领保障经济社会发展的基本规范。深化基层组织和部门、行业依法治理，深入开展法治城市、法治县（市、区）、民主法治示范村（社区）等法治创建活动，提高社会治理法治化水平。

八、推进法治宣传教育创新。遵循现代传播规律，推进法治宣传教育工作理念、方式方法、载体阵地和体制机制等创新。结合不同地区、不同时期、不同群体的特点和需求，分类实施法治宣传教育，提高法治宣传教育的针对性和实效性，力戒形式主义。充分发挥报刊、广播、电视和新媒体新技术等在普法中的作用，推进互联网＋法治宣传教育行动。建立法官、检察官、行政执法人员、律师等以案释法制度，充分运用典型案例，结合社会热点，开展生动直观的法治宣传教育。加强法治宣传教育志愿者队伍建设。深化法律进机关、进乡村、进社区、进学校、进企业、进单位等活动。

九、健全普法责任制。一切国家机关和武装力量、各政党和各人民团体、企业事业组织和其他社会组织都要高度重视法治宣传教育工作，按照"谁主管谁负责"的原则，认真履行普法责任。实行国家机关"谁执法谁普法"的普法责任制，建立普法责任清单制度。健全媒体公益普法制度，落实各类媒体的普法责任，在重要频道、重要版面、重要时段开展公益普法。把法治宣传教育纳入当地经济社会发展规划，进一步健全完善党委领导、人大监督、政府实施、部门各负其责、全社会共同参与的法治宣传教育工作体制机制。

　　十、加强组织实施和监督检查。各级人民政府要积极开展第七个五年法治宣传教育工作，强化工作保障，做好中期检查和终期评估，并向本级人民代表大会常务委员会报告。各级人民代表大会及其常务委员会要充分运用执法检查、听取和审议工作报告以及代表视察、专题调研等形式，加强对法治宣传教育工作的监督检查，保证本决议得到贯彻落实。

# 最新全国"七五"普法系列读物

总顾问：张苏军　　　总主编：李林　陈甦　　陈泽宪　莫纪宏

| 名　　　　称 | 规格 | 定价 |
|---|---|---|
| **全国"七五"普法统编教材**（以案释法版，共25册） | | |
| 宪法知识党员干部读本（以案释法版） | 16开 | 28 |
| 宪法知识中小学生读本（以案释法版） | 16开 | 18 |
| 宪法知识公民读本（以案释法版） | 16开 | 18 |
| 全面推进依法治国党员干部读本（以案释法版） | 16开 | 28 |
| 领导干部法治思维和法治方式读本（以案释法版） | 16开 | 28 |
| 党委（党组）理论学习中心组法治学习读本（以案释法版） | 16开 | 38 |
| 领导干部学法用法读本（以案释法版） | 16开 | 38 |
| 公务员学法用法读本（以案释法版） | 16开 | 38 |
| 事业单位人员学法用法读本（以案释法版） | 16开 | 38 |
| 企业经营管理人员学法用法读本（以案释法版） | 16开 | 38 |
| 非公有制企业和商会学法用法读本（以案释法版） | 16开 | 38 |
| 职工学法用法读本（以案释法版） | 16开 | 28 |
| 农民工学法用法读本（以案释法版） | 16开 | 24 |
| 社区居委会干部学法用法读本（以案释法版） | 16开 | 28 |
| 社区居民学法用法读本（以案释法版） | 16开 | 24 |
| 农村"两委"干部学法用法读本（以案释法版） | 16开 | 32 |
| 农民学法用法读本（以案释法版） | 16开 | 24 |
| 公民学法用法读本（以案释法版） | 16开 | 28 |
| 青少年法治教育（以案释法小学版） | 16开 | 12 |
| 青少年法治教育（以案释法初中版） | 16开 | 15 |
| 青少年法治教育（以案释法高中版） | 16开 | 18 |
| 教职工法治教育读本（以案释法版） | 16开 | 38 |
| "大众创业万众创新"法律知识读本（以案释法版） | 16开 | 28 |
| "一带一路"法律知识读本（以案释法版） | 16开 | 28 |
| 党内法规宣传读本（以案释法版） | 16开 | 28 |
| **"谁执法谁普法"行业普法读本**（以案释法版70册） | | |
| 审判法律知识读本（以案释法版） | 16开 | 28 |
| 检察法律知识读本（以案释法版） | 16开 | 28 |
| 监察法律知识读本（以案释法版） | 16开 | 28 |
| 政府法制法律知识读本（以案释法版） | 16开 | 28 |
| 保密法律知识读本（以案释法版） | 16开 | 28 |
| 档案法律知识读本（以案释法版） | 16开 | 28 |

| | | |
|---|---|---|
| 信访法律知识读本（以案释法版） | 16 开 | 28 |
| 国防法律知识读本（以案释法版） | 16 开 | 28 |
| 发展改革法律知识读本（以案释法版） | 16 开 | 28 |
| 粮食法律知识读本（以案释法版） | 16 开 | 28 |
| 教育法律知识读本（以案释法版） | 16 开 | 28 |
| 体育法律知识读本（以案释法版） | 16 开 | 28 |
| 科技法律知识读本（以案释法版） | 16 开 | 28 |
| 工业和信息化法律知识读本（以案释法版） | 16 开 | 28 |
| 烟草法律知识读本（以案释法版） | 16 开 | 28 |
| 民族法律知识读本（以案释法版） | 16 开 | 28 |
| 宗教法律知识读本（以案释法版） | 16 开 | 28 |
| 公安法律知识读本（以案释法版） | 16 开 | 28 |
| 国家安全法律知识读本（以案释法版） | 16 开 | 28 |
| 民政法律知识读本（以案释法版） | 16 开 | 28 |
| 司法协助法律知识读本（以案释法版） | 16 开 | 28 |
| 财政法律知识读本（以案释法版） | 16 开 | 28 |
| 审计法律知识读本（以案释法版） | 16 开 | 28 |
| 国土资源法律知识读本（以案释法版） | 16 开 | 28 |
| 人力资源和社会保障法律知识读本（以案释法版） | 16 开 | 28 |
| 环境保护法律知识读本（以案释法版） | 16 开 | 28 |
| 住房和城乡建设法律知识读本（以案释法版） | 16 开 | 28 |
| 交通法律知识读本（以案释法版） | 16 开 | 28 |
| 铁路法律知识读本（以案释法版） | 16 开 | 28 |
| 民航法律知识读本（以案释法版） | 16 开 | 28 |
| 邮政法律知识读本（以案释法版） | 16 开 | 28 |
| 商务法律知识读本（以案释法版） | 16 开 | 28 |
| 农业法律知识读本（以案释法版） | 16 开 | 28 |
| 林业法律知识读本（以案释法版） | 16 开 | 28 |
| 水利法律知识读本（以案释法版） | 16 开 | 28 |
| 文化法律知识读本（以案释法版） | 16 开 | 28 |
| 新闻出版广电法律知识读本（以案释法版） | 16 开 | 28 |
| 卫生法律知识读本（以案释法版） | 16 开 | 28 |
| 计划生育法律知识读本（以案释法版） | 16 开 | 28 |
| 人民银行法律知识读本（以案释法版） | 16 开 | 28 |
| 海关法律知识读本（以案释法版） | 16 开 | 28 |
| 国资监管法律知识读本（以案释法版） | 16 开 | 28 |
| 税务法律知识读本（以案释法版） | 16 开 | 28 |
| 工商行政管理法律知识读本（以案释法版） | 16 开 | 28 |
| 质量检验检疫法律知识读本（以案释法版） | 16 开 | 28 |
| 安全生产监管法律知识读本（以案释法版） | 16 开 | 28 |
| 食品药品监管法律知识读本（以案释法版） | 16 开 | 28 |

| | | |
|---|---|---|
| 统计法律知识读本（以案释法版） | 16 开 | 28 |
| 旅游法律知识读本（以案释法版） | 16 开 | 28 |
| 地震法律知识读本（以案释法版） | 16 开 | 28 |
| 气象法律知识读本（以案释法版） | 16 开 | 28 |
| 银行业监管法律知识读本（以案释法版） | 16 开 | 28 |
| 证券监管法律知识读本（以案释法版） | 16 开 | 28 |
| 保险监管法律知识读本（以案释法版） | 16 开 | 28 |
| 能源法律知识读本（以案释法版） | 16 开 | 28 |
| 编制法律知识读本（以案释法版） | 16 开 | 28 |
| 海洋法律知识读本（以案释法版） | 16 开 | 28 |
| 外汇管理法律知识读本（以案释法版） | 16 开 | 28 |
| 文物法律知识读本（以案释法版） | 16 开 | 28 |
| 中医药法律知识读本（以案释法版） | 16 开 | 28 |
| 国防科工法律知识读本（以案释法版） | 16 开 | 28 |
| 港澳台法律知识读本（以案释法版） | 16 开 | 28 |
| 知识产权法律知识读本（以案释法版） | 16 开 | 28 |
| 供销社法律知识读本（以案释法版） | 16 开 | 28 |
| 工会法律知识读本（以案释法版） | 16 开 | 28 |
| 共青团法律知识读本（以案释法版） | 16 开 | 28 |
| 妇联法律知识读本（以案释法版） | 16 开 | 28 |
| 文联作协法律知识读本（以案释法版） | 16 开 | 28 |
| 残联法律知识读本（以案释法版） | 16 开 | 28 |
| 红十字会法律知识读本（以案释法版） | 16 开 | 28 |
| **"谁执法谁普法"宣传册丛书**（漫画故事版，共 70 册） | | |
| 审判普法宣传册（漫画故事版） | 大 32 | 8 |
| 检察普法宣传册（漫画故事版） | 大 32 | 8 |
| 监察普法宣传册（漫画故事版） | 大 32 | 8 |
| 政府法制普法宣传册（漫画故事版） | 大 32 | 8 |
| 保密普法宣传册（漫画故事版） | 大 32 | 8 |
| 档案普法宣传册（漫画故事版） | 大 32 | 8 |
| 信访普法宣传册（漫画故事版） | 大 32 | 8 |
| 国防普法宣传册（漫画故事版） | 大 32 | 8 |
| 发展改革普法宣传册（漫画故事版） | 大 32 | 8 |
| 粮食普法宣传册（漫画故事版） | 大 32 | 8 |
| 教育普法宣传册（漫画故事版） | 大 32 | 8 |
| 体育普法宣传册（漫画故事版） | 大 32 | 8 |
| 科技普法宣传册（漫画故事版） | 大 32 | 8 |
| 工业和信息化普法宣传册（漫画故事版） | 大 32 | 8 |
| 烟草普法宣传册（漫画故事版） | 大 32 | 8 |
| 民族普法宣传册（漫画故事版） | 大 32 | 8 |
| 宗教普法宣传册（漫画故事版） | 大 32 | 8 |

| | | |
|---|---|---|
| 公安普法宣传册（漫画故事版） | 大32 | 8 |
| 国家安全普法宣传册（漫画故事版） | 大32 | 8 |
| 民政普法宣传册（漫画故事版） | 大32 | 8 |
| 司法协助普法宣传册（漫画故事版） | 大32 | 8 |
| 财政普法宣传册（漫画故事版） | 大32 | 8 |
| 审计普法宣传册（漫画故事版） | 大32 | 8 |
| 国土资源普法宣传册（漫画故事版） | 大32 | 8 |
| 人力资源和社会保障普法宣传册（漫画故事版） | 大32 | 8 |
| 环境保护普法宣传册（漫画故事版） | 大32 | 8 |
| 住房和城乡建设普法宣传册（漫画故事版） | 大32 | 8 |
| 交通普法宣传册（漫画故事版） | 大32 | 8 |
| 铁路普法宣传册（漫画故事版） | 大32 | 8 |
| 民航普法宣传册（漫画故事版） | 大32 | 8 |
| 邮政普法宣传册（漫画故事版） | 大32 | 8 |
| 商务普法宣传册（漫画故事版） | 大32 | 8 |
| 农业普法宣传册（漫画故事版） | 大32 | 8 |
| 林业普法宣传册（漫画故事版） | 大32 | 8 |
| 水利普法宣传册（漫画故事版） | 大32 | 8 |
| 文化普法宣传册（漫画故事版） | 大32 | 8 |
| 广电新闻出版普法宣传册（漫画故事版） | 大32 | 8 |
| 卫生普法宣传册（漫画故事版） | 大32 | 8 |
| 计划生育普法宣传册（漫画故事版） | 大32 | 8 |
| 人民银行普法宣传册（漫画故事版） | 大32 | 8 |
| 海关普法宣传册（漫画故事版） | 大32 | 8 |
| 国资监管普法宣传册（漫画故事版） | 大32 | 8 |
| 税务普法宣传册（漫画故事版） | 大32 | 8 |
| 工商行政管理普法宣传册（漫画故事版） | 大32 | 8 |
| 质量检验检疫普法宣传册（漫画故事版） | 大32 | 8 |
| 安全生产监管普法宣传册（漫画故事版） | 大32 | 8 |
| 食品药品监管普法宣传册（漫画故事版） | 大32 | 8 |
| 统计普法宣传册（漫画故事版） | 大32 | 8 |
| 旅游普法宣传册（漫画故事版） | 大32 | 8 |
| 地震普法宣传册（漫画故事版） | 大32 | 8 |
| 气象普法宣传册（漫画故事版） | 大32 | 8 |
| 银行业监管普法宣传册（漫画故事版） | 大32 | 8 |
| 证券监管普法宣传册（漫画故事版） | 大32 | 8 |
| 保险监管普法宣传册（漫画故事版） | 大32 | 8 |
| 能源普法宣传册（漫画故事版） | 大32 | 8 |
| 编制普法宣传册（漫画故事版） | 大32 | 8 |
| 海洋普法宣传册（漫画故事版） | 大32 | 8 |
| 外汇管理普法宣传册（漫画故事版） | 大32 | 8 |

| | | |
|---|---|---|
| 文物普法宣传册（漫画故事版） | 大 32 | 8 |
| 中医药普法宣传册（漫画故事版） | 大 32 | 8 |
| 国防科工普法宣传册（漫画故事版） | 大 32 | 8 |
| 港澳台普法宣传册（漫画故事版） | 大 32 | 8 |
| 知识产权普法宣传册（漫画故事版） | 大 32 | 8 |
| 供销社普法宣传册（漫画故事版） | 大 32 | 8 |
| 工会普法宣传册（漫画故事版） | 大 32 | 8 |
| 共青团普法宣传册（漫画故事版） | 大 32 | 8 |
| 妇联普法宣传册（漫画故事版） | 大 32 | 8 |
| 文联作协普法宣传册（漫画故事版） | 大 32 | 8 |
| 残联普法宣传册（漫画故事版） | 大 32 | 8 |
| 红十字会普法宣传册（漫画故事版） | 大 32 | 8 |
| **青少年《法治教育》教材**（法治实践版，共 30 册） | | |
| 法治教育（法治实践版·小学一年级注音版上） | 16 开 | 6.8 |
| 法治教育（法治实践版·小学一年级注音版下） | 16 开 | 6.8 |
| 法治教育（法治实践版·小学二年级注音版上） | 16 开 | 6.8 |
| 法治教育（法治实践版·小学二年级注音版下） | 16 开 | 6.8 |
| 法治教育（法治实践版·小学三年级上） | 16 开 | 8.8 |
| 法治教育（法治实践版·小学三年级下） | 16 开 | 8.8 |
| 法治教育（法治实践版·小学四年级上） | 16 开 | 8.8 |
| 法治教育（法治实践版·小学四年级下） | 16 开 | 8.8 |
| 法治教育（法治实践版·小学五年级上） | 16 开 | 8.8 |
| 法治教育（法治实践版·小学五年级下） | 16 开 | 8.8 |
| 法治教育（法治实践版·小学六年级上） | 16 开 | 8.8 |
| 法治教育（法治实践版·小学六年级下） | 16 开 | 8.8 |
| 法治教育（法治实践版·初中一年级上） | 16 开 | 10.8 |
| 法治教育（法治实践版·初中一年级下） | 16 开 | 10.8 |
| 法治教育（法治实践版·初中二年级上） | 16 开 | 10.8 |
| 法治教育（法治实践版·初中二年级下） | 16 开 | 10.8 |
| 法治教育（法治实践版·初中三年级上） | 16 开 | 10.8 |
| 法治教育（法治实践版·初中三年级下） | 16 开 | 10.8 |
| 法治教育（法治实践版·高中一年级上） | 16 开 | 12.8 |
| 法治教育（法治实践版·高中一年级下） | 16 开 | 12.8 |
| 法治教育（法治实践版·高中二年级上） | 16 开 | 12.8 |
| 法治教育（法治实践版·高中二年级下） | 16 开 | 12.8 |
| 法治教育（法治实践版·高中三年级上） | 16 开 | 12.8 |
| 法治教育（法治实践版·高中三年级下） | 16 开 | 12.8 |
| 法治教育（法治实践版·中职中专一年级） | 16 开 | 14.8 |
| 法治教育（法治实践版·中职中专二年级） | 16 开 | 14.8 |
| 法治教育（法治实践版·中职中专三年级） | 16 开 | 14.8 |
| 法治教育（法治实践版·大学一年级） | 16 开 | 19.8 |

| | | |
|---|---|---|
| 法治教育（法治实践版·大学二年级） | 16 开 | 19.8 |
| 法治教育（法治实践版·大学三年级） | 16 开 | 19.8 |
| **"七五"普法书架——"以案释法"丛书** （共60册） | 16 开 | 2160 |
| 《公民权益保护法律指南》丛书（10册/套） | 16 开 | 360<br>（量大时外包装纸盒上可署名\*\*编印或\*\*捐赠，订60册全套增书架一幅） |
| 公民权利义务法律指南（以案释法版） | 16 开 | |
| 未成年人权益保护法律指南（以案释法版） | 16 开 | |
| 妇女权益保护法律指南（以案释法版） | 16 开 | |
| 老年人权益保护法律指南（以案释法版） | 16 开 | |
| 务工人员权益保护法律指南（以案释法版） | 16 开 | |
| 军人权益保护法律指南（以案释法版） | 16 开 | |
| 消费者维权法律指南（以案释法版） | 16 开 | |
| 征地拆迁维权法律指南（以案释法版） | 16 开 | |
| 监狱罪犯维权法律指南（以案释法版） | 16 开 | |
| 国家赔偿法律指南（以案释法版） | 16 开 | |
| 《大众创业风险防范法律指导》丛书（10册/套） | 16 开 | 360<br>（量大时外包装纸盒上可署名\*\*编印或\*\*捐赠，订60册全套增书架一幅） |
| 合同纠纷防范法律指导（以案释法版） | 16 开 | |
| 民间借贷纠纷防范法律指导（以案释法版） | 16 开 | |
| 合伙纠纷防范法律指导（以案释法版） | 16 开 | |
| 公司设立与股权纠纷防范法律指导（以案释法版） | 16 开 | |
| 企业税收风险防范法律指导（以案释法版） | 16 开 | |
| 抵押担保纠纷防范法律指导（以案释法版） | 16 开 | |
| 商标、专利纠纷防范法律指导（以案释法版） | 16 开 | |
| 票据存单纠纷防范法律指导（以案释法版） | 16 开 | |
| 委托理财纠纷防范法律指导（以案释法版） | 16 开 | |
| 企业改制与破产清算纠纷防范法律指导（以案释法版） | 16 开 | |
| 《一生中要远离这些违法犯罪》丛书（10册/套） | 16 开 | 360<br>（量大时外包装纸盒上可署名\*\*编印或\*\*捐赠，订60册全套增书架一幅） |
| 什么是违法（以案释法版） | 16 开 | |
| 什么是犯罪（以案释法版） | 16 开 | |
| 哪些行为构成危害公共安全罪（以案释法版） | 16 开 | |
| 哪些行为构成破坏社会主义市场经济秩序罪（以案释法版） | 16 开 | |
| 哪些行为构成侵犯公民人身权利、民主权利罪（以案释法版） | 16 开 | |
| 哪些行为构成侵犯财产罪（以案释法版） | 16 开 | |
| 哪些行为构成妨害社会管理秩序罪（以案释法版） | 16 开 | |
| 哪些行为构成贪污贿赂罪（以案释法版） | 16 开 | |
| 哪些行为构成渎职罪（以案释法版） | 16 开 | |
| 违法犯罪后如何辩护代理（以案释法版） | 16 开 | |
| 《民事纠纷法律适用指南》丛书（10册/套） | 16 开 | 360<br>（量大时外包装纸盒上可署名\*\*编印 |
| 人身伤害赔偿纠纷法律适用指南（以案释法版） | 16 开 | |
| 医疗事故赔偿纠纷法律适用指南（以案释法版） | 16 开 | |
| 环境污染赔偿纠纷法律适用指南（以案释法版） | 16 开 | |
| 工伤赔偿与劳动合同纠纷法律适用指南（以案释法版） | 16 开 | |

| | | |
|---|---|---|
| 交通事故赔偿纠纷法律适用指南（以案释法版） | 16 开 | |
| 婚姻家庭纠纷法律适用指南（以案释法版） | 16 开 | |
| 收养、抚养、赡养与继承纠纷法律适用指南（以案释法版） | 16 开 | |
| 房屋纠纷法律适用指南（以案释法版） | 16 开 | |
| 宅基地与土地承包纠纷法律适用指南（以案释法版） | 16 开 | |
| 民事证据与民事诉讼法律适用指南（以案释法版） | 16 开 | |
| **《"法治创建"法律适用指导》丛书（10 册/套）** | 16 开 | 360（量大时外包装纸盒上可署名**编印或**捐赠，订60册全套增书架一幅） |
| 安全生产法律适用指导（以案释法版） | 16 开 | |
| 食品安全法律适用指导（以案释法版） | 16 开 | |
| 道路交通安全法律适用指导（以案释法版） | 16 开 | |
| 工程建设质量与安全法律适用指导（以案释法版） | 16 开 | |
| 环境污染赔偿法律适用指导（以案释法版） | 16 开 | |
| 治安管理法律适用指导（以案释法版） | 16 开 | |
| 村民自治法律适用指导（以案释法版） | 16 开 | |
| 农村治安法律适用指导（以案释法版） | 16 开 | |
| 社区矫正法律适用指导（以案释法版） | 16 开 | |
| 人民调解法律适用指导（以案释法版） | 16 开 | |
| **《阳光执法适用指导》丛书（10 册/套）** | 16 开 | 360（量大时外包装纸盒上可署名**编印或**捐赠，订60册全套增书架一幅） |
| 公安执法监督适用指导（以案释法版） | 16 开 | |
| 环保执法监督适用指导（以案释法版） | 16 开 | |
| 食药品监督管理适用指导（以案释法版） | 16 开 | |
| 安全生产监督管理适用指导（以案释法版） | 16 开 | |
| 行政处罚适用指导（以案释法版） | 16 开 | |
| 行政复议适用指导（以案释法版） | 16 开 | |
| 行政证据收集、举证、审查适用指导（以案释法版） | 16 开 | |
| 行政诉讼适用指导（以案释法版） | 16 开 | |
| 冤错案件的防范与纠正适用指导（以案释法版） | 16 开 | |
| 国家赔偿适用指导（以案释法版） | 16 开 | |
| **普法连续出版物《普法漫画》（合订本）** | 48 辑 | 1440 |
| 全国普法办审定《普法漫画》月刊（1-12 辑） | 12 辑 | 360 |
| 全国普法办审定《普法漫画》月刊（13-24 辑） | 12 辑 | 360 |
| 全国普法办审定《普法漫画》月刊（25-36 辑） | 12 辑 | 360 |
| 全国普法办审定《普法漫画》月刊（37-48 辑） | 12 辑 | 360 |
| **普法连续出版物《普法音像》（合订本）** | 48 辑 | 19200 |
| 全国普法办监制《普法音像》月刊（1-12 辑） | 12 辑 | 4800 |
| 全国普法办监制《普法音像》月刊（13-24 辑） | 12 辑 | 4800 |
| 全国普法办监制《普法音像》月刊（25-36 辑） | 12 辑 | 4800 |
| 全国普法办监制《普法音像》月刊（37-48 辑） | 12 辑 | 4800 |
| **普法连续出版物《普法挂图》（合订本）** | 48 辑 | 960 |
| 《普法挂图》月刊（1-12 辑） | 24 张 | 240 |
| 《普法挂图》月刊（13-24 辑） | 24 张 | 240 |

| | | |
|---|---|---|
| 《普法挂图》月刊（25-36辑） | 24张 | 240 |
| 《普法挂图》月刊（37-48辑） | 24张 | 240 |
| **"七五"普法挂图系列（45种）** | | |
| 《中华人民共和国国家安全法》挂图 | 2张 | 20 |
| 《中华人民共和国食品安全法(修订版)》挂图 | 2张 | 20 |
| 《中华人民共和国广告法》挂图 | 2张 | 20 |
| 《中华人民共和国立法法》挂图 | 2张 | 20 |
| 《中华人民共和国行政许可法》挂图 | 2张 | 20 |
| 《中华人民共和国行政复议法》挂图 | 2张 | 20 |
| 《中华人民共和国行政处罚法》挂图 | 2张 | 20 |
| 《中华人民共和国社会救助暂行办法》挂图 | 2张 | 20 |
| 《中华人民共和国水污染防治法》挂图 | 2张 | 20 |
| 《中华人民共和国药品管理法》挂图 | 2张 | 20 |
| 《工伤保险条例》挂图 | 2张 | 20 |
| 《不动产登记暂行条例》挂图 | 2张 | 20 |
| 《中华人民共和国社会保险法》挂图 | 2张 | 20 |
| 《中华人民共和国突发事件应对法》挂图 | 2张 | 20 |
| 《中华人民共和国劳动合同法》挂图 | 2张 | 20 |
| 《中华人民共和国土地管理法》挂图 | 2张 | 20 |
| 《中华人民共和国禁毒法》挂图 | 2张 | 20 |
| 《中华人民共和国刑事诉讼法》挂图 | 2张 | 20 |
| 《校车安全管理条例》挂图 | 2张 | 20 |
| 《中华人民共和国道路交通安全法》挂图 | 2张 | 20 |
| 《中华人民共和国民事诉讼法》（修正案)挂图 | 2张 | 20 |
| 《中华人民共和国老年人权益保障法》挂图 | 2张 | 20 |
| 《中华人民共和国预防未成年人犯罪法》挂图 | 2张 | 20 |
| 《国有土地上房屋征收与补偿条例》挂图 | 2张 | 20 |
| 《中华人民共和国物权法》挂图 | 2张 | 20 |
| 《中华人民共和国治安管理处罚法》挂图 | 2张 | 20 |
| 《中华人民共和国教师法》挂图 | 2张 | 20 |
| 《中华人民共和国劳动法》挂图 | 2张 | 20 |
| 《中华人民共和国农业法》挂图 | 2张 | 20 |
| 《中华人民共和国旅游法》挂图 | 2张 | 20 |
| 《中华人民共和国消费者权益保障法》挂图 | 2张 | 20 |
| 《中华人民共和国职业病防治法》挂图 | 2张 | 20 |
| 《中华人民共和国村民委员会组织法》挂图 | 2张 | 20 |
| 《社区矫正实施办法》挂图 | 2张 | 20 |
| 《信访条例》挂图 | 2张 | 20 |
| 《法律援助条例》挂图 | 2张 | 20 |
| 《中华人民共和国环境保护法(修订版)》挂图 | 2张 | 20 |
| 《中华人民共和国劳动争议调解仲裁法》挂图 | 2张 | 20 |

| | | |
|---|---|---|
| 《中华人民共和国侵权责任法》挂图 | 2 张 | 20 |
| 《中华人民共和国国家赔偿法》挂图 | 2 张 | 20 |
| 《中华人民共和国安全生产法(修订版)》挂图 | 2 张 | 20 |
| 《中华人民共和国教育法》挂图 | 2 张 | 20 |
| 《中华人民共和国著作权法》挂图 | 2 张 | 20 |
| 《中华人民共和国人民调解法》挂图 | 4 张 | 30 |
| 《中华人民共和国反家庭暴力法》挂图 | 2 张 | 20 |
| **"七五"普法·"法律六进"系列普法挂图** | **72 张** | **720** |
| 《法律进农村》系列普法挂图 | 12 张 | 120 |
| 《法律进社区》系列普法挂图 | 12 张 | 120 |
| 《法律进学校》系列普法挂图 | 12 张 | 120 |
| 《法律进企业》系列普法挂图 | 12 张 | 120 |
| 《法律进单位》系列普法挂图 | 12 张 | 120 |
| 《法律进机关》系列普法挂图 | 12 张 | 120 |
| **"七五"普法·新时期法治宣传教育微讲座** | | |
| 《立法法修正解读与立法实务操作》高端讲座 | 12DVD | 1800 |
| 《行政执法能力提升培训》高端讲座 | 12DVD | 2900 |
| 《宪法知识微讲座100讲》 | 10DVD | 980 |
| 《法治思维100例》(领导干部、公务员、事业、国企、村居) | 10DVD | 1980 |
| 《公职人员法律和廉政风险防范讲座·领导干部篇》 | 2DVD | 396 |
| 《公职人员法律和廉政风险防范讲座·公务员篇》 | 2DVD | 396 |
| 《公职人员法律和廉政风险防范讲座·事业单位人民团体管理人员 | 2DVD | 396 |
| 《公职人员法律和廉政风险防范讲座·国企经营管理人员篇》 | 2DVD | 396 |
| 《公职人员法律和廉政风险防范讲座·基层村（居）干部篇》 | 2DVD | 396 |
| 《开心普法——校园篇》电视情景短剧30集 | 10DVD | 1800 |
| **"七五"普法·法学名家讲座系列（75讲）** | | |
| 《全面推进依法治国基本方略》(中国社科院莫纪宏) | 2DVD | 200 |
| 《宪法的价值和我国宪法的实施》(中国社科院陈云生) | 2DVD | 200 |
| 《坚持依法行政建设法治政府》(国家行政学院杨伟东) | 1DVD | 100 |
| 《行政许可法讲座》(国家行政学院杨伟东) | 1DVD | 100 |
| 《行政处罚法讲座》(中国政法大学解志勇) | 1DVD | 100 |
| 《行政复议法讲座》(国家行政学院杨伟东) | 1DVD | 100 |
| 《行政强制法讲座》(全国人大法工委李援) | 2DVD | 200 |
| 《行政诉讼法(修订)讲座》(首都经贸大兰燕卓) | 2DVD | 200 |
| 《国家赔偿法讲座》(中国政法大学解志勇) | 1DVD | 100 |
| 《突发事件应对法讲座》(中国政法大学王敬波) | 2DVD | 200 |
| 《公共应急体制和应急预案体系》(中国政法大学林鸿潮) | 1DVD | 100 |
| 《义务教育法》讲座(中国劳动学院宋艳慧) | 1DVD | 100 |
| 《未成年人保护法》讲座(北京外国语大学姚金菊) | 1DVD | 100 |
| 《校车安全管理条例》讲座(中国政法大学王敬波) | 1DVD | 100 |
| 《预防未成年人犯罪法》讲座(中国政法大学皮艺军) | 1DVD | 100 |

| | | |
|---|---|---|
| 《中小学幼儿园安全管理办法》讲座(中国政法大学王敬波) | 1DVD | 100 |
| 《未成年人保护法》讲座(中国政法大学皮艺军) | 1DVD | 100 |
| 《中小学公共安全教育指导纲要》讲座(中国政法大学王敬波) | 1DVD | 100 |
| 《教师法》讲座(北京外国语大学姚金菊) | 1DVD | 100 |
| 《学生伤害事故处理办法》讲座(中国政法大学王敬波) | 1DVD | 100 |
| 《消防法》讲座(中国劳动学院颜峻) | 1DVD | 100 |
| 《治安管理处罚法》讲座(中国公安大学陈天本) | 1DVD | 100 |
| 《禁毒法》讲座(国家禁毒委领导专家) | 4DVD | 400 |
| 《侵权责任法》讲座(中国人民大学邢海宝) | 2DVD | 200 |
| 《精神卫生法》讲座(北京大学医学部刘瑞爽) | 1DVD | 100 |
| 《全国人民代表大会和地方各级人民代表大会代表法》(莫纪宏) | 2DVD | 200 |
| 《村民委员会组织法》讲座(民政部基层司汤晋苏) | 1DVD | 100 |
| 《保守国家秘密法(修订)》讲座(全国人大法工委孙镇平) | 1DVD | 100 |
| 《出境入境管理法》讲座(北京理工大学刘国福) | 2DVD | 200 |
| 《物权法》讲座(中国社科院法学所渠涛) | 2DVD | 200 |
| 《公司法(修订)》讲座(中国人民大学贾林青) | 2DVD | 200 |
| 《合伙企业法》讲座(中国社科院法学所崔勤之) | 2DVD | 200 |
| 《消费者权益保护法》讲座(中国人民大学刘俊海) | 2DVD | 200 |
| 《商标法》讲座(中国政法大学冯晓青) | 2DVD | 200 |
| 《著作权法》讲座(中国政法大学杨利华) | 2DVD | 200 |
| 《专利法》讲座(中国政法大学陈丽苹) | 1DVD | 100 |
| 《信息网络传播权的保护》(中国政法大学冯晓青) | 2DVD | 200 |
| 《非物质文化遗产法》讲座(全国人大法工委李文阁) | 1DVD | 100 |
| 《税收征收管理法实施细则》讲座(北京大学翟继光) | 2DVD | 200 |
| 《征信业管理条例》讲座(中国人民大学刘俊海) | 2DVD | 200 |
| 《安全生产法》讲座(国务院发展研究中心常纪文) | 2DVD | 200 |
| 《药品管理法》讲座(南开大学宋华琳) | 1DVD | 100 |
| 《食品安全法与食品安全法制建设》讲座(全国人大李援) | 1DVD | 100 |
| 《环境保护法》讲座(国务院发展研究中心常纪文) | 1DVD | 100 |
| 《节约能源法》讲座(首都经贸大学高桂林) | 1DVD | 100 |
| 《清洁生产促进法》讲座(中国青年政治学院刘映春) | 1DVD | 100 |
| 《循环经济促进法》讲座(中国人民大学周珂) | 1DVD | 100 |
| 《水环境与水资源法律制度》讲座(中国人民大学周珂) | 1DVD | 100 |
| 《水土保持法》讲座(中国人民大学周珂) | 1DVD | 100 |
| 《渔业法》讲座(国务院发展研究中心常纪文) | 1DVD | 100 |
| 《土地管理法》讲座(北京立天律师事务所张捷) | 1DVD | 100 |
| 《国有土地上房屋征收与补偿条例》讲座(最高法院原法官王达) | 3DVD | 300 |
| 《城市房地产管理法》讲座(中国政法大学符启林) | 2DVD | 200 |
| 《物业管理条例》讲座(中国政法大学薛克刚) | 1DVD | 100 |
| 《农村土地承包法》讲座(中国社科院法学所刘海波) | 1DVD | 100 |
| 《农村土地承包经营纠纷调解仲裁法》讲座(社科院法学所刘海波) | 1DVD | 100 |

| | | |
|---|---|---|
| 《旅游法》讲座(对外经贸大学苏号朋) | 2DVD | 200 |
| 《保险法》讲座(对外经贸大学李青武) | 1DVD | 100 |
| 《交强险条例》讲座(中国人民大学贾林青) | 2DVD | 200 |
| 《劳动合同法》讲座(北京市劳动仲裁委吴立华) | 2DVD | 200 |
| 《劳动争议调解仲裁法》讲座(北京市劳动仲裁委梁桂琴) | 1DVD | 100 |
| 《职业病防治法》讲座(中国劳动学院孟燕华) | 1DVD | 100 |
| 《社会保险法》讲座(人社部政策研究司李月田) | 1DVD | 100 |
| 《军人保险法》讲座(中国人民大学邢海宝) | 1DVD | 100 |
| 《婚姻法司法解释(三)》讲座(中国社科院法学所薛宁兰) | 2DVD | 200 |
| 《老年人权益保障法》讲座(河北经贸大学田宝会) | 1DVD | 100 |
| 《妇女权益保障法》讲座(河北经贸大学梁洪杰) | 1DVD | 100 |
| 《残疾人权益保障法》讲座(河北经贸大学梁洪杰) | 1DVD | 100 |
| 《刑法修正案(八)》讲座(中国政法大学阮齐林) | 2DVD | 200 |
| 《刑事诉讼法(修订)》讲座(中国社科院冀祥德) | 2DVD | 200 |
| 《民事诉讼法(修订)》讲座(中国政法大学肖建华) | 2DVD | 200 |
| 《刑事法律援助制度的发展和实施》(中国政法大学顾永忠) | 2DVD | 200 |
| 《人民调解法》讲座(中国人民大学范愉) | 1DVD | 100 |
| 《调解制度在司法实践中的运用》(国家法官学院徐继军) | 2DVD | 200 |
| 《社区矫正的理论与实务》讲座(司法部预防犯罪所陈志海) | 4DVD | 400 |
| **"七五"普法·"宪法"宣传图书** | | |
| 《宪法》宣誓·手持本(精装) | 32开 | 28 |
| 《宪法》宣誓·手按本(精装) | 32开 | 40 |
| 《宪法与我》宣传册(漫画案例版) | 32开 | 5 |
| 《宪法》单行本(平装) | 32开 | 4 |
| 《宪法》单行本(精装) | 32开 | 16 |
| 《宪法》单行本(口袋书,简装,2000册起订) | 64开 | 2 |
| 《中小学生"宪法晨读"本》(口袋书) | 64开 | 5 |
| 《国家工作人员"我读宪法"本》(口袋书) | 64开 | 5 |
| **"七五"普法·"宪法"广播电视和新媒体系列** | | |
| 《宪法》宣传条幅(室外,每包10条,红底白字内容不同) | 10条 | 2000 |
| 《宪法》宣传标语(社区、农村,每包10条,红底白字内容不同) | 10条 | 30 |
| 《宪法》摘要广播(流动车大喇叭,著名播音员录制,23分钟) | 23分钟 | 1000 |
| 《宪法》宣传电视专题片(电视台,多画面,播音员录制,26分钟) | 26分钟 | 5000 |
| 《宪法讲座—著名宪法学家陈云生》(上、下集120分钟,2DVD光盘) | 2DVD | 200 |
| 《宪法》宣传动漫公益广告(源文件)(6分钟9个主题,可自主编 | 9个 | 4000 |
| 《宪法与我》手机短信(生活中的宪法,50条) | 50条 | 1000 |
| 《宪法与我》手机报(彩信版,漫画生活中的宪法,10条) | 10条 | 1000 |
| 《宪法与我》手机微信(漫画生活中的宪法,10条) | 10条 | 1000 |
| **"七五"普法·"宪法"单页挂图展板台日历系列** | | |
| 《宪法》宣传单页(16开,铜版纸,双面彩印,5000起订) | 16开 | 0.6 |
| 《宪法》宣传单页(电子版,16开,正背彩印,漫画故事) | 16开 | 2000 |

| 项目 | 规格 | 单价 |
| --- | --- | --- |
| 《"宪法与我"宣传折页》（漫画故事5折12面彩印，5000册起订） | 5折页 | 5000 |
| 《"宪法与我"宣传折页》（电子版，可自主印制署名，含若干漫画） | 5折页 | 5000 |
| 《宪法宣传挂图》（一套6张，铜版纸彩色印刷，100套起订） | 6张 | 60 |
| 《宪法宣传挂图》（电子版，一套6张，可自主印刷署名） | 6张 | 6000 |
| 《宪法宣传展板》（易拉宝，含架，一套6块） | 6块 | 1200 |
| 《宪法宣传展板》（电子版，一套6张，可自主喷绘署名） | 6块 | 6000 |
| 宪法宣传年度桌历（大32，13张高档铜板彩印，500册起订） | 大32 | 8 |
| 宪法宣传年度桌历(电子版，可自主印制署名，含若干漫画) | 大32 | 10000 |
| 宪法宣传年度周历（大32，53张高档铜板彩印，500册起订） | 大32 | 20 |
| 宪法宣传年度周历(电子版，可自主印制署名，含若干漫画) | 大32 | 20000 |
| 宪法宣传年度年历（4开1张，彩色高档印制，1000册起订） | 4开 | 3 |
| 宪法宣传年度年历(电子版，可自主印刷署名) | 4开 | 5000 |
| 宪法宣传年度日历（365页，手撕，72开，5000起订） | 72开 | 10 |
| **"七五"普法·"宪法"宣传办公和生活用品系列** | | |
| 宪法宣传笔记本（皮革，精装，16开，500册起订） | 16开 | 20 |
| 宪法宣传笔记本（简装，2000册起） | 大32 | 5 |
| 宪法宣传鼠标垫（常规，1000个起订） | 常规 | 3.5 |
| 宪法宣传纸杯（常规，2000个起订） | 常规 | 1 |
| 宪法宣传水写笔（常规，2000支起订） | 常规 | 3 |
| 宪法宣传书签（常规，10000起订） | 常规 | 0.5 |
| 宪法宣传茶具（普通青花瓷，1套7件，即1壶6杯，现货） | 7件 | 160 |
| 宪法宣传茶具（优质骨瓷，1套11件，现货） | 11件 | 360 |
| 宪法宣传茶杯（青花牡丹图）（高档优质骨瓷带盖、每箱10杯，现货） | 10杯 | 420 |
| 宪法宣传茶杯（墨竹图）（普通陶瓷带盖、每箱10杯，现货） | 10杯 | 190 |
| 宪法宣传笔筒（红瓷，1个，现货） | 1个 | 198 |
| 宪法宣传扑克牌（72开，高档印制，1000起订） | 72开 | 5 |
| 宪法宣传扑克牌（漫画+条文，电子版，可自主署名） | 72开 | 10000 |
| 宪法宣传手提袋（无纺布，30cm×40cm×8cm，1000个起订） | 无纺布 | 3 |
| 宪法宣传围裙（防水布，长80×宽65cm，1000个起订） | 防水布 | 8 |
| 宪法宣传围裙(优质型/韩版，77×67×23cm，1000个起) | 常规 | 15 |
| 宪法宣传毛巾（常规，1000个起订） | 全棉 | 10 |
| 宪法宣传太阳伞（名牌杭州天堂伞，7-8片，500个起订） | 7-8片 | 28 |
| 宪法宣传晴雨伞(广告品牌伞、7片-8片、500个起订) | 7-8片 | 20 |
| 宪法宣传太阳帽（常规，1000个起订） | 夏 | 10 |

**银行汇款**：开户名：中国民主法制出版社有限公司，账号：1100 1071 6000 5604 0867，开户行：建行北京市右安门支行（行号：1051 0000 9098）。**注：开发票时品名均为"图书"。**

**分社地址**：北京市海淀区北三环西路32号恒润国际大厦711、901、911（邮编100086）。

**咨询电话：400-659-2288**（多线，免长话费），传真：010-62167260、62151293。

**网　　址：** www.faxuan.net 或者 www.pfcx.cn 或者 www.Law124.com.cn 。